KLAUS SCHERER
Am Ende der Eiszeit

KLAUS SCHERER

Am Ende der Eiszeit

Die Arktis im Wandel

Mit 28 farbigen Abbildungen

Piper München Zürich

Mehr über unsere Autoren und Bücher:
www.piper.de

ISBN 978-3-492-05618-2
© Piper Verlag GmbH, München 2013
© Abbildungen: Helmut Hansen (Tafel 8, 10, 13, 19, 21 – 24);
Kristian Baum (Tafel 2, 5, 6, 15, 18, 20); dive.is (Tafel 9)
Alle übrigen Abbildungen stammen vom Autor
Gesetzt aus der Swift
Karten: cartomedia, Karlsruhe
Satz: Kösel, Krugzell
Litho: Lorenz & Zeller, Inning am Ammersee
Druck und Bindung: CPI – Clausen & Bosse, Leck
Printed in Germany

»If I had a choice to go back to the way things used to be, I probably would go back. But we can never go back.«

S. Tuzroyluk, Point Hope, Alaska

GRÖNLAND
(zu DÄNEMARK)

Nördlicher Polarkreis

ISLAND

FINNLAND

NORWEGEN SCHWEDEN

Mittelmeer

Atlantischer Ozean

Nördlicher Polarkreis

ALASKA
(USA)

RUSSLAND

MONGOLEI

CHINA

JAPAN

INDIEN

Pazifischer Ozean

Indischer Ozean

Inhalt

Zurück am Polarkreis

Was verbindet einen Gemüsegärtner in Grönland, isländische Kaltwassertaucher und einen norwegischen Elitemajor? Und was wiederum diese mit Eispistenpräparatoren in Schweden, einer Rentiere züchtenden finnischen Drummerin, russischen Studenten, die Militärschrott einsammeln, und einem Professor für Mammutknochenschnitzkunst? Zum einen ist es der Ort, an dem sie alle leben, obwohl sie Tausende von Kilometer voneinander entfernt sind: der Polarkreis.

Sie alle stehen aber auch für den Aufbruch der Arktis aus ihrer bisherigen Weltabgewandtheit. Einen Aufbruch, mit dem die Region mehr und mehr auf sich aufmerksam macht, seit ihn Globalisierung und Klimawandel forcieren – und den mithin auch wir in unseren Breiten mit ausgelöst haben. Denn statt weiter vergeblich darauf zu warten, dass die Welt ihre Erwärmung nicht nur beklagt, sondern handelt, beginnen gerade die Arktisbewohner, deren Heimat der Wandel am schnellsten verändert, sich in diesem einzurichten oder ihn gar für sich zu nutzen.

So rückt der ehedem so ferne Norden uns näher – zunächst noch ohne all seinen Charme als weißes Naturwunder zu verlieren. Doch das Ende ist absehbar, wie Klimaforscher versichern, auch wenn das Tempo unklar bleibt, in dem die Breiten sich einander anpassen. Selbst Grönlands Eisschild werde abtauen, sagen die Experten voraus, egal, ob sie gerade noch eine Beschleunigung des Temperatur- und Wetterwandels errechnet haben, wie am Klimainstitut des US-Bundesstaates Maine, oder melden, er vollziehe sich langsamer als zunächst befürchtet, wie an den Universitäten Oxford und Zürich. Dass er fortschreite, sagen sie alle. Ein Grund mehr, eine Reise zu Ende zu bringen, die ich vor Jahren begann: meine Reise auf dem Polarkreis.

Damals führte sie mich mit meinem Kamerateam von Alaska aus ostwärts, vom Inuit-Dorf Tikigaq, das amtlich auch Point Hope heißt, durch die letzten Nomadengebiete des Nationalparks »Gates of the Arctic«, dann über den Yukon, den Porcupine und den Mackenzie River durch den kanadischen Norden bis zur Baffininsel und quer durch Grönland bis nach Tasiilaq, das nur per Hubschrauber erreichbar ist. Ebendort nehmen wir unsere Polarroute nun wieder auf, um die Erde letztlich ganz zu umrunden – durch die jungen, noch heranwachsenden Landschaften Islands, die malerisch-bizarren Lofoten, die schwarzen Fjorde und weißen Gebirgspässe Norwegens, dann durch das schwedische und finnische Lappland als Heimat der Sami-Ureinwohner, schließlich durch die Weiten Russlands samt Taiga und Tundra von Murmansk nach Jakutsk und zuletzt erneut zu den Inuit von Tikigaq, jenseits der Beringstraße, wo alles begann.

Wir, das sind meine Hamburger Kameraleute Sandra Korth und Kristian Baum sowie Tonmann Helmut Hansen, die mich schon zuvor auf nördliche Drehreisen begleitet haben, sowie Producerin Angela Andersen aus Boston, mit der ich zuletzt als Amerikakorrespondent der ARD Filme drehte. Zudem der gebürtige St. Petersburger Eduard Botchanov, der die Recherchen für die Etappe durch Russland übernahm, und Kameraassistent Sebastian Sievert, der uns in Alaska unterstützte.

Natürlich treffen wir auf der Reise nicht nur auf Zweckoptimisten. Der globale Wetterwandel, dessen Folgen sich womöglich auf Jahrtausende verteilen und zugleich schon jetzt Jahr für Jahr spürbar sind, bedroht Tiere und Menschen, irritiert und verunsichert sie, er beraubt sie ihrer Lebensräume und stellt ihre Gewohnheiten und Traditionen infrage. Kein Ort wird dies anschaulicher widerspiegeln als Point Hope, das sich sowohl dem steigenden Meeresspiegel und den wärmeren Durchschnittstemperaturen entgegenstemmt als auch der internationalen Öllobby – die Klimaforscher am liebsten auf dankbare Datensammler reduzieren würde, die als Untermieter ein Zimmerchen in ihren neuen Bohrtürmen bewohnten.

Dabei könnten die Zeichen nicht deutlicher sein. Im arktischen Norden Norwegens fanden Forscher zuletzt einen Eisbären, der vermutlich kläglich verhungerte. Das Eis, auf dem er als Meerestier noch hätte jagen müssen, war verschwunden, bevor er sich Reserven für den Sommer hatte anfressen können. Abgemagert bis auf Knochen und Fell, lag der Kadaver in der grünen Tundra wie ein leeres Theaterkostüm.

Ende der Vorstellung.

Wiederholungsfehler

»Wie oft muss ich eigentlich noch in die Arktis reisen, um nicht immer wieder den gleichen Fehler zu machen?« Das ist das Erste, was ich mir unterwegs notiere. In Erwartung klischeehafter Kälte trat ich schon die Fahrt zum Heimatflughafen wieder einmal in reichlich unterfütterter Kleidung an, nur um dann unzählige Flugstunden lang darin zu dünsten, verstärkt vom vereinten Gepäckverladen an Check-ins und Transportbändern, vom ständigen Laptopauspacken und Stiefelaufschnüren – während das Airportpersonal in ganzjährig kurzen Ärmeln unsere Übergepäckrechnungen addiert. Am Zielort blicken mich dann vermutlich wieder belustigte Kinder in T-Shirts an und fragen, ob ich friere.

So war es in Alaska, als wir einst in Point Hope tatsächlich bibbernd vom Heck eines Pick-up-Trucks stiegen, der uns von der Landepiste durch eisigen Wind zum Quartier gebracht hatte, und sich die Dorfkinder im Schein der Mitternachtssonne kichernd nach uns umdrehten. Vom Dauerlicht hyperaktiviert, hüpften sie in Turnhosen auf Trampolinen und weigerten sich unbeeindruckt, dem Schlafappell der Eltern zu folgen. Oder auf den Diomedes-Inseln in der Beringstraße, die sowohl von der amerikanisch-russischen als auch von der Datumsgrenze geteilt werden: Dort schienen schon Grundschüler mit bis zu vierzig Grad Kälte so routiniert umzugehen wie andere mit einem kühlen Luftzug am Abend.

Viel habe ich gelernt auf diesen Reisen, die mich an den Polarkreis führten. Dass in Point Hope ein Kalifornier lebt, der in der dunklen Jahreszeit Sportwagen in all ihre Teile zerlegt, nur um sie dann wieder zusammenzufügen. »Ich liebe Langeweile«, erklärte er mir. Dabei gibt es dort nicht einmal eine Landstraße.

Ich lernte, dass unsere Seefahrer erst dann die arktischen Winter überlebten, als sie sich wie die Inuit ernährten und nicht mehr in großen Schiffen ankamen, die das Packeis zerdrückte, sondern in kleinen, die sich aufs Eis ziehen und mit Iglus umbauen ließen. Mit meinem Kamerateam sah ich Jugendlichen zu, die, nur auf eine Hand gestützt, ihren Körper waagerecht in der »arktischen Schwebe« hielten und damit die Inuit-Olympiade gewannen. Zudem legte mir eine ihrer Wortführerinnen eindrucksvoll dar, dass die Eigenschaften eines erfolgreichen Jägers sich nicht von denen unterscheiden, die in urbaneren Welten gewöhnlich die Stellenanzeigen verlangen: Weitsicht und Wachsamkeit, Entscheidungsstärke und Erfahrung, Teamgeist und Improvisationsgeschick, Zielstrebigkeit und Geduld.

Wir besuchten in Booten die Fischgründe der Gwich'in-Indianer und schliefen in Trapperhütten, durch die nachts die Mäuse huschten. Wir lernten Kanadier kennen, deren Beruf es war, in der Tundra die Moschusochsen zu zählen, und bereuten auf staubigen Schotter-Highways Richtung Eismeer, uns auf eine Rast verständigt zu haben, sobald eine Kurve komme. Denn es kam keine. Küstenbewohner zeigten uns schon damals, wie der Klimawandel auf verhängnisvolle Weise die Jagdzeit der Eisbären verkürzt. Und Piloten am Rande des Eisschilds, warum sie auf ihren Flugkarten reihenweise Gletscherzungen durchgestrichen hatten. Zuvor hatte ich noch gedacht, sie hätten sich nur die schönsten Motive für Rundflüge markiert. Doch die Gletscherausläufer, sagten sie, seien bereits verschwunden. Dabei waren die Karten fast neu.

Tropen und Turbulenzen

Die Nachrichtenmeldungen zum globalen Wetterwandel, die uns allein in den Reisewochen erreichen, sind nicht weniger alarmierend als damals. Die schmelzenden Gletscher der Alpen drohten Schlammlawinen auszulösen, warnen Wissenschaftler. Auch könnten transatlantische Flüge häufiger in Turbulenzen geraten, weil sich die Luftströmungen zwischen den Tropen und den wärmer werdenden Polarzonen verlagerten. Sogar der Telefon- und Internetverkehr würde leiden, und da die Gefahrenzonen für Piloten und Satelliten nicht frühzeitig erkennbar seien, müssten womöglich bald neue Flugrouten her. Zudem sei das veränderte Verhalten jener sogenannten Jetstreams, die sich bisher zuverlässig in zehn- bis fünfzehntausend Meter Höhe ostwärts bewegten und Flügen auf solchen Routen merklich über den Ozean halfen, für extreme Wetterlagen verantwortlich. Sie mäandrierten nunmehr und verlangsamten sich, weil die Arktis sich stärker erwärme als jede andere Zone des Globus. Meteorologen, schreibt der britische *Observer*, hätten es nun noch schwerer, Voraussagen zu treffen. So hätten extrem trockene Winter etwa die Regierung in London fast Trinkwasser rationieren und Rasensprengen verbieten lassen – bevor dann monatelange Regenfälle Hochwasser hinterließen. Derweil häufen sich in Deutschland, während wir in der Ferne unterwegs sind, die Klagen über den Verlust der gewohnten Jahreszeiten – der Winter zu warm, das Frühjahr zu kalt, der Sommer zu spät. Selbst im leidgeprüften Hamburg bricht der Regen Rekorde. Kein Mai war jemals so feucht, seit Meteorologen Niederschlagsmengen messen. Schon in drei Wochen fällt das Doppelte des Durchschnitts. In Süddeutschland steigt der Donaupegel mit fast dreizehn Metern auf einen historischen Hochwasserstand, im Osten und Norden die Elbe samt ihrer Nebenflüsse. Die Bundeswehr stellt fast zwanzigtausend Soldaten zum bisher größten humanitären Inlandseinsatz ab – der »Operation Sandsack«. Um gebrochene Deiche zu stopfen, versenken die Helfer sogar alte Schiffe.

Fachleute fordern vehement eine Korrektur der Umweltpolitik. Wenn uns sogenannte Jahrhunderthochwasser nunmehr alle zehn Jahre heimsuchten, müsse man von neuen Realitäten ausgehen. Die wahre Deichfront sei der Klimaschutz. Dennoch scheinen wir im gewohnten Denken gefangen, dass nichts so schicksalhaft und unabänderlich über uns komme wie das Wetter.

Dabei hatte zuletzt ein Hurrikan über der amerikanischen Ostküste sogar den US-Präsidentschaftswahlkampf aufgewühlt, weil die Schäden anschaulich bewiesen, wie weltfremd das Beschönigen der Klimakrise war, auf das die Konservativen gesetzt hatten – und wie nötig Washingtons Soforthilfe für die verwüsteten Küsten. Der republikanische Kandidat, der Wirtschaftsfreund Mitt Romney, hatte dem freien Markt zuliebe sogar den Katastrophenschutz privatisieren wollen. Nun pflichteten der Gouverneur des am härtesten betroffenen Bundesstaates New Jersey sowie New Yorks Bürgermeister, wenngleich beide keine Parteigänger von Präsident Barack Obama, diesem bei – und klagten offen und eindringlich wie nie zuvor, dass auch Amerika endlich umdenken müsse.

»In den Sommern von nur drei Jahrzehnten schrumpfte das arktische Eis um vierzig Prozent«, konstatierte auch

New Jerseys Universität, »das sind Millionen Quadratkilometer, die zeigen, welche Ausmaße der Temperaturwandel erreicht.«

Kaum wiedergewählt, muss Obama in Oklahoma den nächsten Notstand ausrufen, wo ein Tornado mit dreihundert Stundenkilometer Windgeschwindigkeit wütete wie kaum einer vor ihm. »Eine wärmere Atmosphäre bindet auch mehr Wasser«, erklären Experten in den Nachrichtensendungen, »und wo mehr Wasserdampf aufsteigt, muss er auch irgendwann wieder runter.«

Unterdessen folgt dem deutschen Dauerregen eine Hitzewelle mit Temperaturen bis zu vierzig Grad und krachenden Sturmgewittern. Nun ächzen die Bürger unter Trockenheit, tropischer Schwüle und Starkregen. Straßenämter melden hitzebedingte Autobahnschäden, Ministerien beschließen Tempolimits, Orkanböen legen für Tage Schnellzugstrecken lahm, die Bundesliga führt zusätzliche Trinkpausen ein. Wer Tageszeitungen liest, bekommt den Eindruck, das Land sei einem Zwangsstudium unterworfen, um schon mal den Umgang mit dem einzuüben, was Fachleute als »Zunahme extremer Wetterereignisse« voraussagen.

Selbst Meldungen zum Klimawandel, die vorherige Warnungen relativieren, sind nicht wirklich ein Trost. So korrigierten Forscher immer wieder das vorausgesagte Tempo, in dem sich Grönlands Gletscher zurückbildeten. Dann aber entdeckten wiederum andere eine Art Rutschbahneffekt, wonach Gletscher auf dem eigenen Schmelzwasser umso schneller zum Meer gleiten. Zudem eint die Wissenschaftler ohnehin die Prognose, dass das arktische Festlandeis schmelze und als Folge der Meeresspiegel meterhoch ansteige. Allenfalls bleibe den Regierungen von Küstenstaaten mehr Zeit, sich darauf einzustellen. Denn schon ein Meter Anstieg brächte neben New York auch Ballungsräume wie London, Schanghai und Mumbai in Bedrängnis, von Florida oder Bangladesch gar nicht zu reden.

Weggefährte Klimawandel

Seit ich Journalist bin, begleiten mich solche Meldungen. Unvergessen sind mir zwei junge Delegierte aus Dhaka, die ich auf dem ersten Klimakongress in Berlin porträtierte, nachdem die gastgebende Bundesumweltministerin Angela Merkel ihn eröffnet hatte. Wie Kinder standen die beiden an der Glasfront des Internationalen Congress Centrums, um draußen den ersten Schneeflocken ihres Lebens zuzusehen. Wieder und wieder appellierten seitdem die armen Länder an die Weltmächte, mehr gegen Klimawandel und Meeresanstieg zu tun. Doch zuerst nahm die Welt die Katastrophe nicht ernst, weil ihre Auswirkungen zeitlich zu fern schienen. Dann blockierten Weltmächte wie China, Russland und Amerika die nötigen Beschlüsse, allen voran die US-Regierung unter George W. Bush, die schon das Wort »Klimawandel« aus jeder NASA- oder Wetterdienststudie herausstreichen ließ. Irgendwann schließlich beschlich einen der Eindruck, der Zeitpunkt, an dem sich noch etwas aufhalten ließe, sei ohnehin überschritten.

Als Fernostkorrespondent im ARD-Studio in Tokio drehte ich Reportagen auf versinkenden Südseeinseln wie Tuvalu, Kiribati oder den Marshall Islands, deren Parlamente fast flehentlich um Beachtung baten. Und ich berichtete in all diesen Jahren auch selbst von gescheiterten Kompromisssuchen, sei es auf Klima-, G8- oder Weltbankkonferenzen. Die Klagen der Kritiker waren immer die gleichen.

Bis ich im Osten Grönlands auf Dines Mikaelsen traf, einen jungen Inuit, der uns mit Schlitten und Hundegespann zu den kalbenden Gletschern führte. Zwar sorgte auch er sich um Bestand und Schönheit seiner glitzernden Heimat. Doch ich schrieb mir von ihm auch den Satz in meinen Reporterblock: »Wenn uns das Eis wegschmilzt und keiner mehr zum Schlittenfahren kommt, pflanzen wir eben Kartoffeln und gehen wandern.«

Dabei war Dines weder ein Ignorant des Wandels, wie sie sich eher in unseren Breiten fanden, noch ein wendiger Nutznießer desselben – wie die Ölkonzerne, die sich laut über neue Zugänge zu fossilen Ressourcen freuten. Er war nur pragmatisch und machte mir so als Erster klar, dass sich dort, wo der Wandel sich auswirkt, Menschen bereits darauf einstellten, statt noch länger vergeblich zu warten, bis die Welt sie erhörte. Tatsächlich siedelten auch in der Südsee schon damals erste Klimaflüchtlinge um, etwa auf die Felseninsel Niue nahe Neuseeland, die um Zuzügler warb, um ihre sinkende Bevölkerungszahl zu stabilisieren.

Das ändert nichts an der globalen Bedrohung, auf die vor allem Küstenregionen weiterhin zusteuern. Und wenig spricht dafür, dass Regierungen dem Klimaschutz auch nur Vorrang geben vor der Jagd nach neuen Ölquellen. Im Gegenteil, das wird uns auch die neue Reise lehren: Je zugänglicher die Ölvorkommen in der Arktis erscheinen, desto schwerer fällt es offenbar, an ihrem langfristigen Nutzen zu zweifeln oder sich gar davon abzuwenden.

Auch deshalb führt diese Reise zu Menschen wie Dines, die auf andere Weise einen Aufbruch verkörpern.

In der – im doppelten Sinne – aufbrechenden Arktis finden wir sie auch jenseits von Grönland. So wie er hoffen sie auf mehr Reisende, denen sie ihr Naturerbe zeigen können – und sei es nur, weil kommende Generationen dieses so nicht mehr antreffen dürften. Oder sie gehen, wie die jungen Sami in Finnland, eigene Wege zu Bildung und Berufen, ohne ihre Heimat zu verleugnen und auch nur zu verlassen. Sie treiben auch jenseits der Ölindustrie Projekte voran, die vor Jahren nicht denkbar waren, weil ihre Regionen zu weltabgewandt schienen – von der Tauchschule in Island über Kältemanöver in Norwegen oder Megadatenspeicher in Nordschweden bis zur russischen Kunstwerkstatt, in der Studenten Mammutknochen verarbeiten, die nach und nach die tauende Tundra freigibt. Statt Leidtragende einer Misere zu sein, denken gerade sie plötzlich globaler als andere und tragen so dazu bei, dass ihre Heimat dem Rest der Welt näher kommt.

Wandeln statt warten

Navigatoren bestätigen, dass Touren entlang Grönlands Küste, die einst Wochen erforderten, auf eisfreiem Meer nun in einem Tag zu bewältigen seien. Robbenjäger, deren Familien jahrzehntelang ihre Nahrung aus dem Meer zogen, wissen noch von ihren Großeltern, die nur ein Kilometer von ihrem Jagdgebiet trennte. Sie selbst müssen heute bis zu hundert Kilometer zurücklegen, weil sich das Eis früher zurückzieht und mit ihm die Robben. Und auch das Eis ändere sich, sagten mir vor Jahren schon Arktisbewohner. Sie hätten sogar schon Eisbären darin einbrechen sehen. Früher habe das Eis zuverlässiger getragen, heute sei es unter der Oberfläche oft instabil, porös oder matschig.

Allein wenn der Temperaturwandel völlig verrückt-spielt, hilft er ihnen gelegentlich auf überraschende Weise: Am abgelegensten Golfplatz Alaskas etwa, einem recht rustikalen Parcours, wo unsere Polarreise endet, kann sich der Eigentümer Jahr um Jahr über Raumge-winn freuen – weil sich das Land dort dank leichter ge-wordener Gletscher schneller hebt als der angrenzende Meeresspiegel. Landhub nennen das Wissenschaftler. Er nennt es Platz für neue Löcher.

GRÖNLAND

Nördlicher Polarkreis

Tiniteqilaaq
Tasiilaq
Kulusuk

Nuuk

ISLAND

Qaqortoq

1

GRÖNLAND

Hütten und Hoffnung

Alles auf Anfang

»Du hast zugenommen«, rufe ich, als ich am Ortsrand von Tasiilaq auf Dines Mikaelsen zugehe. Dann sehe ich erst, dass es sein gut gefütterter Blaumann ist, der ihn so rund macht. »Gar nicht«, wehrt er sich denn auch, »ich bin drei Kilo leichter. Aber du hast mehr graue Haare.« Danach fallen wir uns in die Arme, während über uns der knallrote Hubschrauber von Air Greenland wieder zurück zum benachbarten Kulusuk fliegt, um mit den nächsten Ankömmlingen noch den Rest unseres Gepäcks herzuholen.

Vor acht Jahren hatte ich Dines und seine Freundin Drusilla hier kennengelernt, seitdem hielten wir Kontakt. Dines war unser Guide, als in Grönland unsere erste Polarkreistour endete. Und wie damals fällt mir als Erstes die erfrischende Luft auf, die ich so genussvoll einatme, wie jemand nach langer Durststrecke Quellwasser trinkt.

»Zieht Drusilla gerade wieder Fische aus dem See?«, frage ich, denn es ist Feiertag, und in der Ferne erkennen wir Menschengruppen auf dem Eis. »Ja, natürlich«, weist Dines auf die zahlreichen Schlittenspuren, die vom Dorf aus zum Ufer und darüber hinaus führen. Bevor ich Drusilla dort damals die Hand gab, musste sie erst die Angelschnur beiseitelegen. Dann zeigte sie mir, wie man beim Eisangeln den Arm auf- und niederbewegt, damit den Fischen der Köder auffällt. Als ich kurz darauf tatsächlich einen am Haken hatte, johlte der halbe See.

Dabei ist es in Wahrheit gar kein See, auf den Tasiilaqs bunte Häuser von den Hügeln herabblicken. Denn eine schmale Meerenge verbindet ihn ostwärts mit dem Atlantik. Über dessen formenreiche Treibeisdecke kamen wir zuvor angeflogen, zunächst zum ersten Landeplatz in Kulusuk, wo man in den Hubschrauber umsteigt, und dann zu Tasiilaqs Heliport. Vom Flugzeugfenster aus war lange nicht zu unterscheiden, ob die weißen Wirbel unter uns noch Wolkenströme waren oder schon die verzweigten Ränder der Eisflächen um Grönland. Dann näherten wir uns den schneestrotzenden Küstenfelsen, als flögen wir nicht übers Meer auf sie zu, sondern über einer weißen Wolkendecke, aus denen nur die Spitzen eines verborgenen Gebirges ragten. So kalt und unberührt gab sich unser Flugziel zu erkennen. Nichts deutete darauf hin, dass das, was wir sahen, für Menschen als Lebensraum taugt.

Als der Lastenhubschrauber erneut einfliegt, in dem sich nun andere zwischen Gepäcknetzen voller Kisten und Kartons festschnallten, haben Sandra und Kristian die Kameras schon postiert. Der eine filmt aus der Sicht angeleinter Schlittenhunde den Anflug, die andere seine Landung im Schneewirbel. So kann ich später im Film auch unsere eigene Ankunft bebildern.

Im Lagerraum des Flugplatzes zeigt mir Dines später eine bereitstehende Ladung neuer Fenster. »Die sind für mich«, sagt er, »morgen sind die Zollpapiere da, und ich kann sie abholen. Dann kommen die Arbeiten am Haus wieder voran.« Als er uns auf kurvigen Sträßchen zu seinem ersten Gästequartier bringt, das er betreibt, frage ich mich jedoch bald, welches Haus er damit meint. Denn gleich mehrmals zeigt er auf gelbe, braune oder grüne Hütten, die er gerade gemietet oder gekauft habe. Selbst ein ausgebranntes Boot, das fern des Hafens zwischen anderen Wracks im Eis liegt, gehört ihm. »Ein Betrunkener hat hier vor Jahren den Heiztank mit seiner Zigarette in Brand gesetzt«, erzählt er. »Der Mann überlebte gerade so eben, aber zwölf Fischerboote sind dabei draufgegangen.« Zum Glück seien die meisten versichert gewesen. Irgendwann werde er sich wohl wieder eines zulegen, dann aber als Ausflugsboot.

Vor einer Hütte mit Flachdach und Wintergartenanbau hält er den Wagen an. Die drei Schlafräume teilen wir unter uns auf. Im Anbau, dessen Fensterfront fast komplett unter Schnee liegt, stapeln wir unser Equipment. Acht Jahre lang habe das Haus leer gestanden, bevor er den Zuschlag erhalten habe, sagt uns Dines. Die Eigentümerin sei nach Dänemark gezogen. Um den Besitz habe sie sich nicht mehr gekümmert. Dann überreiche ich ihm die Zigarettenstangen, die wir mitbringen sollten, obwohl er nicht raucht. Denn in den kommenden Tagen braucht er sie als Zahlungsmittel für Freundschaftsdienste der Nachbarn, von denen wir profitieren – ein Hundeschlitten hier, ein Schneemobil da, ein zusätzliches Auto für die Heliport-Anfahrt.

Dines ist geschäftig und geduldig zugleich. Er ist in der alten Zeit aufgewachsen und wird einer derjenigen sein, die Tasiilaq in eine neue Zeit führen. Zugleich will er beides bruchlos verbinden, das braucht Ausdauer. Als ich ihn kennenlernte, wohnte er bei seinen Eltern, hatte ein paar Hunde vor dem Haus angekettet und bot Schlittentouren an. Nun hat er ein Wirtschaftsstudium abgeschlossen und schickt sich an, einer der Unternehmerpioniere Grönlands zu werden. Knapp zweitausend Menschen leben in seinem Ort, in fünf Dörfern der Umgebung noch einmal dreitausend. In einem davon wuchs Dines auf. Dann zogen die Eltern nach Tasiilaq, weil es dort eine Schule gab und er einmal Englisch lernen sollte.

»Heute spreche ich Ostgrönländisch, Westgrönländisch, Dänisch und Englisch«, sagt er und lacht. Tatsächlich sind die beiden grönländischen Sprachen derart verschieden, dass selbst einfachste Wörter einander nicht ähneln. »Wir sagen hier ›iiji‹ für ›ja‹ und ›eeqqe‹ für ›nein‹«, lehrt er mich und betont dabei den kehligen Q-Laut, an dem ich mich hilflos verschlucke. »An der Westküste sagt man stattdessen ›aap‹ und ›naamik‹.« Er habe die Sprache büffeln müssen wie ein Fremder.

Geschichte der Not

»Sie haben eine kaum bewohnte Ecke der Welt betreten«, begrüßt Tasiilaq seine Gäste mit einer neuen Broschüre. Den Namen übersetzt sie mit »So wie ein See«. Ob tief in geschützten Buchten wie hier oder dicht an Küste und Packeis, näher können Siedlungen der Natur kaum kommen. Dennoch wäre es töricht, ihre Geschichte zu romantisieren. Im Lauf der Jahrhunderte verfielen sie vielfach, bevor neue Dorfgründer in Ruderbooten ankamen. Hunger, Krankheiten und Familienfehden stürzten die ohnehin ärmlichen Flecken immer wieder ins Verderben. Tasiilaq blieb die einzige dauerhaft bewohnte Siedlung, und auch deren Einwohnerzahl sank auf unter dreihundert, bevor die Kolonialherren in Kopenhagen beschlossen, hier eine Handels- und Missionsstation einzurichten. Gesundheit und Ernährungslage hätten sich seitdem gebessert, notierten Chronisten. Dass sie bis heute nicht gut ist, erfuhren wir schon nach unserer ersten Ankunft von Drusilla und ihren Kolleginnen bei einem Besuch an ihrem Arbeitsplatz – dem Kindergarten. Er sei rund um die Uhr aufnahmebereit, auch für die Mütter, schilderte uns ihre Vorgesetzte etwas verlegen. Das Haus diene auch Müttern als Fluchtburg. »Der Wandel von der alten in die neue Zeit geht vielen zu schnell«, erklärte sie mir. »Nicht alle Frauen wollen heute ihr Leben lang Robbenfelle bearbeiten. In den Familien kommt es deshalb zu Konflikten.« Sie erwähnte Alkohol als Problem und häusliche Gewalt als Folge. Auch für die Männer sei der Rollenwandel schwer. Wer früher als erfolgreicher Jäger geachtet und respektiert war, gelte heute rasch als rückständiger Analphabet. Zumal wenn die Ehefrau als Kassiererin im Supermarkt nunmehr verlässlicher für die Familie sorge.

Heute gibt es für Tasiilaq sogar einen therapeutischen Dienst, der ganze Familien in Obhut nimmt. Und wie verbreitet die Alkoholsucht noch immer ist, verraten torkelnde Passanten, die sich schon morgens von der Straße in ihren Hauseingang davonstehlen, Männer wie Frauen.

Besucher ahnen davon zunächst nichts. Ich weiß noch, wie wir beim ersten Anblick der wie von Kinderhand gemalten Häuschen, der erleuchteten Kreuzfenster und des Sternenhimmels über dem Schnee alle dachten, was unserer damaliger Kameramann laut sagte: »Käme jetzt auch noch der Weihnachtsmann auf seinem Rentierschlitten vorbeigeflogen, es würde einen nicht wundern.«

Tasiilaqs Begrüßungstext dreht den Zwiespalt zwischen alten und neuen Herausforderungen der Inuit-

Familien, zwischen Naturvolk und Neuzeitgemeinde, ins Positive: Trotz aller Technologien, die auch Tasiilaqs Bewohnern heute zur Verfügung stünden, heißt es da, kehre ein jeder am Ende des Tages mit leeren Händen zurück, der die Zeichen der Natur nicht zu deuten wisse.

Dass Dines' Alltag als Grenzgänger zwischen diesen Welten spontaner verläuft, als wir es zwischen all unseren Flug- und Drehplänen gewohnt sind, bemerken wir bald. Den Wagen, mit dem wir uns hier bewegen wollten, muss er plötzlich zurückgeben, weil er noch einem anderen versprochen war. Die beiden Taxifahrer, die in Tasiilaq unterwegs sind, sind meist nicht erreichbar, die Internetverbindung ist wenig verlässlich. Doch zugleich erkennen wir, dass hier vieles auf Zuruf geschieht. Dann schnallen wir das Equipment eben auf einen Schlitten, oder Dines borgt sich vom Nachbarn dessen Schneemobil samt Anhänger.

Wäsche, gefriergetrocknet

Gegen Abend zeigt er uns seine neue Wohnung. Ein Haus mit mehreren Zwei-Zimmer-Appartements. In einem davon lebt er mit Drusilla. Vom flachen Dach hängen getrocknete Fischleiber und ein Wolfsfell für den Schlitten. Die Mülltonne hat er ganz auf das Dach hinaufgehoben, unerreichbar für die Hunde.

Da er seine Zughunde zuletzt noch neben seinem Elternhaus fütterte, frage ich ihn, warum sie nun auf der anderen Talseite im Schneehang liegen. »Die Regierung erlaubt nicht mehr, dass Hunde bei den Häusern sind«, sagt er, während diese von fern zu uns herüberheulen. »Es wurde zu laut, und viele suchten im Hausmüll nach

Fressbarem. Jetzt leinen wir sie in Sichtweite am Ortsrand an. Dort vertreiben sie außerdem beizeiten die Eisbären.«

Als wir an die Tür klopfen, öffnet Drusilla das Badezimmerfenster. Wie Dines ist sie sonnengebräunt von den zuletzt schönen Tagen im Freien. Dines hat an Fenstern gezimmert und einen Schlitten gebaut. Drusilla fischte auf dem Eis. Nun kommt sie mit einem Korb Wäsche aus der Haustür, um sie zum Trocknen aufzuhängen.

Wie lange die bei der Kälte dafür brauche, frage ich sie.

»Einen Tag lang gefriert sie nun«, sagt sie lächelnd, nachdem wir uns begrüßt haben, »aber nach zwei Tagen ist sie trocken.«

An ihren Handschuhen und am Anorak erkenne ich drei Sorten weiches, wärmendes Fell.

»Polarfuchs, Wolf, Seehund«, zählt sie auf.

Ich fasse an den Rand meiner eigenen Kapuze. »Plastik«, sage ich, zeige auf den grauen Kunstfellkranz, und wir bepacken lachend unseren Lastschlitten.

Unten auf dem See beobachten wir später Familien, die sich auf ein Schlittenrennen vorbereiten. Ungeduldige Zughunde werden in Position gebracht, Leinen gespannt. Nur eine Runde über das Eis, niemand gerät außer Sichtweite. Die längeren Strecken fuhren die Gespanne schon an den Tagen zuvor. Heute beschließt eine Party die Rennen. Zwischen hochgestellten Holzpaletten verkaufen Frauen Brühwürste und Cola. Fußbälle rollen. Neue Smartphones und Sonnenbrillen werden verglichen. Die Vehikel, die im Einsatz sind, reichen vom Dreirad bis zum Schneemobil.

Als die Rennen der Familienschlitten abgeschlossen sind, machen Eltern sogar noch ihre Kleinkinder startklar. Dines sprüht aus einer Farbdose die Ziellinie aufs Eis und begrüßt als Wettkampfrichter das Teilnehmerfeld. Trotz Megafon verschafft er sich nur mühsam Gehör. Die Stimmung auf dem Festplatz unterscheidet sich nicht von der Dorfkirmes oder den Fischer- und Schützenfesten meiner eigenen Heimat, bis Dines auch die kleinsten Sieger geehrt hat, die dick verpackt und reglos auf ihre Sitzschlitten geschnallt die Linie überqueren, ein jeder gezogen von seinen zwei Lieblingshunden. Die meisten Kinder verziehen dabei keine Miene, denn sie wissen kaum, was mit ihnen geschieht. Dennoch könnten die Mini-Musher mit ihren Hundepaaren nicht putziger posieren. Stolz applaudierend, packen Geschwister, Mütter und Väter sie unter den Armen und heben sie jubelnd gen Himmel.

»So lernt hier jeder, sich an Hundegespanne zu gewöhnen«, sagt Dines. »Wer immer gewinnt, will natürlich im nächsten Jahr seinen Titel verteidigen.«

»Was genau gefällt euch so an Hundeschlittenrennen?«, wende ich mich zuletzt den umstehenden Kleinen zu – der Reportererfahrung folgend, Kindern nie Fragen zu stellen, die sie mit »Ja«, »Nein« oder »Gut« beantworten können, da niemand so gnadenlos einsilbig reagiert wie sie. Und erhalte dennoch nur die Antwort, die ich verdiene: »Na, alles«, zählen sie lachend auf, »die Hunde, die Schlitten und das Rennen.«

Prima Klima?

Das zweite Haus, das Dines aufmöbelt, steht nahe dem Skilift, der diesen Winter wegen eines Maschinenschadens stillliegt. Noch ist die Umgebung eher trist als tur-

bulent, vom bunten Treiben europäischer Wintersport-
orte nicht nur geografisch weit entfernt. Doch Dines
denkt weiter, denn Landschaft und Rundblick sind wun-
derschön. Das Haus wirkt gemütlich und doch groß
genug. Drei Räume unten, zwei unterm Dach. »Es stand
sogar fünfzehn Jahre lang leer. Der Besitzer starb, die
Erben leben nicht hier, sie konnten sich kaum darum
kümmern«, sagt er, »es dauert ewig, bis da die Regierung
den Verkauf regeln kann. Oft wartete sie sogar, bis fünf
oder mehr Objekte zusammenkamen, bevor sie Gebote
annahm. Unterdessen sind die Häuser verfallen, und du
musst noch mehr Geld hineinstecken. All das muss sich
bessern.«

Er werde ein Café daraus machen, schwärmt er nun,
während ich ihm helfe, die neuen Fenster hinein zu tragen. »Lass sie bloß nicht fallen«, scherzt er, »ich musste
sie extra aus Island einfliegen lassen.« Dann zeigt er mir,
wo er Küche und Gästeraum plant. Unterm Dach könnte
der Platz für einen Souvenirladen reichen. »Wenn mir
die Bank den Kredit gibt, kommt hier bald Leben rein«,
freut er sich. Tatsächlich hat er noch keines der Häuser
abbezahlt. Aber Dines sieht Tasiilaq nicht, wie es heute
ist, sondern wie es einmal sein könnte. »Es gibt außer
mir mittlerweile drei Leute, die Service Economy studiert haben«, sagt er, bevor wir den letzten Rahmen an-
packen. »Wir alle waren zwei Jahre in Südgrönland und
sammelten in monatelangen Praktika in Island und Norwegen Erfahrungen, die einem zeigen, wie Tourismus
funktioniert. Wir können zusammenarbeiten und Tasiilaq zu neuen Jobs verhelfen.«

Die Studienabschlüsse garantieren den Jungunterneh-
mern auch, an staatliche Förderkredite zu gelangen. Bei
Dines kommt zudem die Erfahrung als Tour Guide dazu,

denn er empfängt seit Jahren Grönlandfreunde, die er mit Hundeschlitten über Seen, Gletscher und Gebirgspässe fährt. Mal Fotografen auf Abenteuertour, mal eine Gruppe Skiläufer, die das Extreme sucht, mal Forscher, die den Klimawandel vermessen. Die Veränderungen, die in Tasiilaq zutage treten, beurteilte Dines vor Jahren schon auffallend nüchtern. »Wir können das hier ohnehin nicht aufhalten«, meinte er. »Wenn das Eis nicht mehr trägt, gehen wir eben ins Inland. Und wenn wir nicht mehr mit dem Schlitten fahren können, klettern wir auf die Berge.«

Als wir diesmal in Kulusuk für den Hubschrauber anstanden, drängten sich hinter uns zehn mit Proviant beladene Schweizer, die wir seitdem immer mal wieder mit offenen Stiefeln und geschulterten Skiern einen Hang hochstaksen sehen. Und nach der Ankunft sprach ich mit einem Anbieter von Heli-Skiing-Touren, der für Tasiilaq ebenfalls eigene Pläne hat. Die Kundschaft verbindet nicht nur die Liebe zu Grönland, sondern noch etwas anderes, auf das Dines hofft: Sie sind bereit, für ihren Trip in die Arktis gutes Geld auszugeben. »Ich hatte sogar schon Kunden«, lacht er, »die sich im Privatflieger Schokolade nachliefern ließen.«

Bei Muttern

Für einen der Nachmittage in Tasiilaq hat uns Dines' Mutter zum Essen eingeladen. Schon beim Dorffest auf dem See hatte er sie uns vorgestellt, eine resolute, noch immer jung wirkende Frau, trotz ihres ergrauten Haars, das sie lang und offen trägt wie ein Teenager. Als wir ankommen, hilft Drusilla ihr in der Küche. Auch der Vater ist präsent, obwohl er gar nicht da ist. Ein Regal biegt sich unter einem ganzen Dutzend schwerer Pokale, die er bei Schlittenhunderennen gewann. Auf Fotos lacht er zwischen Sommerblumen von einer Berglandschaft mit weitläufigen Gletschern oder vom Jagdboot, mit der Hand am Außenbordmotor. In diesen Tagen sei er in Nuuk, erfahren wir, wo sich monatlich das Parlament treffe. Er sei als Abgeordneter der Ostküste gewählt worden, und in Kürze seien Neuwahlen, bei denen er seinen Sitz verteidigen müsse. »Als wir noch zusammen zur Jagd gingen«, sagt Dines' Mutter, »fuhren wir für einen Eisbären schon mal tagelang im Boot nach Süden und für einen Narwal ebenso weit nach Norden. Das waren unsere schönsten Ausflüge.«

In Schüsseln servieren sie Meeresschnecken und Preiselbeeren, getrockneten Kabeljau und Sardinen, Narwalspeck, wilden Rosenkohl und wilden Lauch, den sie im Gefrierfach lagern. Als sie einen Teller mit grünlichen, faustgroßen Eiern dazu reichen, frage ich, von welchem Vogel sie stammten. Drusilla weiß die Antwort jedoch nur in Landessprache, die ich nicht deuten kann. »Krokodil?«, scherze ich, und beide schütteln kichernd die Köpfe. Dann entschwindet Drusilla und kommt kurz darauf mit einer toten Ente zurück, die sie am Hals hält.

Auch getrocknete Fleischstreifen des Narwals bittet sie uns zu kosten und warmes, fettrandiges Kochfleisch, das wir für Rindfleisch halten. »Das ist Eisbär«, sagt Drusilla stolz und nimmt wahr, wie verlegen wir plötzlich in den Topf schauen.

»Tasiilaq und seine Außendörfer dürfen zwanzig Bären im Jahr erlegen, für den Eigenbedarf«, erklärt uns Dines, der ahnt, warum wir zögern. »Alles davon wird verwertet, außer der Leber. Die ist nicht genießbar. Wir geben sie den Schlittenhunden.« Im letzten Schälchen, das die Frauen auf den Tisch schieben, häufen sich kleine schwarzweiße Würfel, ähnlich den Narwalhäppchen. »Delfin«, erläutert Drusilla und blickt uns noch immer wohlmeinend an.

Die Frauen haben mit Skepsis gerechnet. »Ihr müsst nicht alles probieren«, sagen sie erheitert. »Andere Gerichte haben wir erst gar nicht vorbereitet. Fermentierten Hai etwa, den Fremde kaum riechen können.« Als ihr eigenes Lieblingsgericht nennt sie Robbenflossen.

Wie oft habe ich Debatten darüber geführt, was man als aufgeklärter Weltbürger essen darf und was nicht? Über die Unsitten chinesischer Feinschmecker, die Affenhirn löffeln, den Hundefleischkonsum in Korea oder japanische Starköche, die lebenden Fisch filetieren. Wovon auch immer ich mich abwandte und dies bis heute tue – die Zweifel an unserer eigenen Konsumentenmoral, die etwa Delfine als zu liebenswert für den Verzehr erachtet, ereilten mich spätestens, wenn ich auf neudeutschen Speisekarten von »Milchzicklein an Lavendel« las. Auch habe ich allein von meinen *Panorama*-Kollegen zu viele Berichte über Putenzucht, Tiertransporte und den Routinebetrieb von Schlachthöfen gesehen, um noch hochmütig über Jagdkulturen den Stab zu brechen. Am Ende gab ich mir drei Regeln: Ich esse kein Fleisch von Tieren, die – wie Hunde in Korea – zu Tode gequält werden müssen, um genießbar zu sein; nichts, was mir erwartbar den Appetit oder gar den Magen verdirbt; und nichts von Tieren, die zu gefährdeten Arten zählen – es sei denn aus Respekt vor Gastgebern, die selbst von der Natur leben. Denn die Welt hat inzwischen gelernt, dass es Kompromisse erfordert, wenn man sowohl die Kultur der Inuit schützen möchte als auch Wale und Eisbären, deren Bestand die Naturvölker niemals gefährdet haben. Als Gast von Mutter Mikaelsen hält mich letztlich Regel zwei davon ab, nach dem Delfinspeck zu greifen. Das Bärenfleisch aber, das auch in Dines' Familie den Rang eines Festessens einnimmt, schmeckt sehr nahrhaft – und erinnert mich wirklich an zart gekochtes Rind.

Als ich danach das etwas matschige Wildgemüse mit der Zunge zerdrücke, frage ich die Frauen, ob sie jemals versuchten, hier Gemüse anzupflanzen. Immerhin ernten an Grönlands Südküste Bauern bereits tonnenweise Kartoffeln und machen sich bereits daran, sogar Erdbeeren zu züchten. Zudem hat Dines von einem Dänen berichtet, der sich im Ort erfolgreich an Kräuterbeeten versucht.

»Das macht zu viel Mühe«, erwidert jedoch Dines' Mutter, »allein schon weil die Hunde immer wieder alles zertrampeln würden.«

Mein Favorit bleibt an diesem Abend die Muschelschnecke, obwohl sie mir etwas glibberig erscheint. Allerdings habe ich Mühe, sie aus ihrem Haus zu bekommen. Aber Drusillas Technik scheue ich nachzuahmen. Wie ein Nussknacker zerdrückt sie die Schalen zwischen ihren Kiefern, dass es nur so kracht. »Sie muss es ja können, zumindest seit sie den Job wechselte«, amüsiert sich Dines, »sie arbeitet jetzt beim Zahnarzt.«

Während sich auf den Tellern der Frauen allmählich die Muschelreste häufen, als schälten sie Pistazien, wechselt Dines wortlos ins Wohnzimmer, wo er sich an Kaffee und Keksen bedient.

»Kommt einfach irgendwann herüber«, ruft er uns kurz darauf zu. »Ihr müsst wissen, dass Grönländer nicht aufeinander warten.«

Pionier des Gemüsegartens

Wein aus Rhabarber

Der Sturm kommt aus dem Innern der Insel. Eine Flut-
welle hätten die Küstenberge gestoppt, die Tasiilaqs
Bucht seit jeher schützend umgeben. Doch diese Katastrophe speist sich gerade aus Bergen, jenen im Zentrum
der Insel, dessen Eisschild dort weit über dreitausend
Meter Höhe erreicht. Zerstörerisch jagen die Windböen
ins Tal und zur Küste und reißen mit sich, was immer im
Weg steht: Boote, Dächer, ganze Hütten und Häuser.
Mogens Kofoed ist Mitte zwanzig und lebt in Nuuk an der
Westküste, als er von dem Unheil erfährt. Weil er einer
Freiwilligeneinheit angehört, schickt ihn die Regierung
mit anderen Ersthelfern hinüber nach Tasiilaq. So lernt
er den Ort kennen, der »So wie ein See« heißt – oder das,
was der Sturm noch von ihm übrig ließ. Doch der Zau-
ber der Bucht, den Mogens bald trotz der Not der Bewohner entdeckt, lässt ihn nicht mehr los. Auch als
Kopenhagen den Hilfstrupp aus Nuuk durch Handwer-
ker aus Dänemark ersetzt hat, die den Wiederaufbau des
Dorfes vorantreiben, kommt Mogens immer wieder zurück. Schließlich bezieht er ein Haus hoch auf einem der
Hügel. Durch das Fenster am Esstisch sieht man hinunter zum See.

Über vierzig Jahre später sitze ich ihm an diesem Tisch gegenüber. Nun ist er fast siebzig, raucht Pfeife und gilt in Tasiilaq als ein Pionier der Neuzeit.

An der Wand über ihm hängt sein Diplom der Universität Kopenhagen. Die Arbeit schrieb er über Gletscher. Ein zweiter Bilderrahmen umschließt eine Urkunde, die er für seine Verdienste für Natur und Umwelt erhielt. Etwas kauzig erscheint er, und die Fingerspitzen zittern schon ein wenig. Doch seine Augen glitzern noch immer wie in jüngeren Jahren. Der graue Schopf weist wuschelig wie bei Pumuckl in alle Richtungen.

Als wir an Mogens' Tür klopften, waren wir schon achtlos an der Stätte seiner Umweltverdienste vorbeigegangen, denn sie lag unter Schnee – ein stattliches Frühbeet, das sich von der Hausecke bis zum Eingang erstreckt. Die Fotos, die er uns jetzt über den Tisch schiebt, zeigen Phasen seiner letztjährigen Ernte. Da blühen nicht nur Margeriten und Lupinen, sondern an der Hauswand entlang sogar Sonnenblumen. Dazwischen wachsen büschelweise Kerbel und Dill, Kohlrabi und Erbsen.

»Weil die Kräuter hier nur langsam gedeihen, schmecken sie viel intensiver«, erklärt er mir und gestikuliert dabei wie ein Drei-Sterne-Koch. Die letzten beiden Fotos, die er zückt, zeigen prächtigen Feldsalat und respektablen Rhabarber. Danach holt er zwei pralle Tüten aus dem Gefrierschrank, eine jede mit penibel aufnotierter Gewichtsangabe, gefüllt mit einem Kilo und neunhunderteinundfünfzig Gramm Schnipseln roter Rhabarberstauden. »Das reicht nicht nur für Nachtisch und Kuchenbeläge«, ruft er sichtlich stolz in den Raum, »daraus mache ich sogar Wein.«

Als wir mit Mogens vor sein Haus treten, zeigt er uns zunächst seine neueste Baustelle. Von zwei Sonnenkollektoren an der Hauswand führen Leitungen unter die Erde. »Sie beheizen den Garten?«, frage ich. Er nickt.

Aus einer Schüssel nimmt er eine Handvoll verschrumpelte Kartoffeln, aus denen Ansätze kleiner Triebe spitzeln. Dann dreht er einen Finger wie ein Steckholz in den Boden, um zu prüfen, wie weich dieser schon ist. »Noch zwei Wochen vielleicht«, sagt er, »dann beginnt hier die Saat.«

Zehn Kilogramm Kartoffeln habe er letztes Jahr geerntet. Die ersten gingen ihm vor Jahren verloren, weil er das Beet nicht zugedeckt hatte. Seitdem aber ist er auch Tasiilaqs verlässlichster Kartoffelbauer.

»Bei mir kommen die Kinder vorbei und staunen, weil sie nicht wussten, dass Kartoffeln in der Erde wachsen. Sie sagen, die kommen aus dem Einkaufsmarkt und vom Schiff. Die haben auch noch nie eine Milchkuh gesehen«, winkt er ab. Aus einer Beetecke fingert er ein paar gelbe Sprossen, die den Winter überdauert haben. Wie Sojabohnenkeimlinge fühlen sie sich an, aber als ich sie zerreibe, dringt kräftiger Knoblauchgeruch an meine Nase. »Siehst du«, sagt Mogens, »meine Pflanzen duften sogar unterm Eis.«

Wir sollten im Sommer noch einmal kommen und uns den Süden Grönlands ansehen, meint er. Dort werde die Rieseninsel längst zum Agrarland.

Grünes Grönland?

Mogens Kofoed ist auch unter Grönlands Gartenpionieren noch ein Exot, denn seine Experimentierbeete liegen von allen am weitesten nördlich. Hunderte Kilometer von seinen Kräutern entfernt, in Qaqortoq am Südzipfel der Insel, den Einheimische schon den Bananengürtel nennen, freuen sich Agrartüftler über profitablere Ernten, wenn auch nicht ohne Rückschläge. Kenneth Høegh beispielsweise, ein langjähriger Berater des Landwirtschaftsministers in Nuuk, pflanzt nicht nur erfolgreich Rübsen an, ein ölhaltiges Futtergewächs. Er hofft auch darauf, dass Grönlands Bauern nun mehr und mehr Winterfutter für ihre Nutztiere anbauen können, um weniger importieren zu müssen. Im Fachblatt *National Geographic*, das auch in Mogens' Regal steht, klagte er zuletzt jedoch über unbeständiges Wetter und Trockenheit. Die Winter würden ärmer an Schnee. Stattdessen regne es öfter und kühle danach wieder ab. Das aber schade dem Gras und mithin dem Heu.

Dennoch erklärt das Blatt Grönland schon jetzt zum »Gewinner des Klimawandels«. Tatsächlich treiben Farmer heute Schafherden übers Land, unterstützt durch staatliche Zuschüsse, wo einst die eingewanderten Wikinger mit Feldbauversuchen noch scheiterten. Im Sommer pressen Erntemaschinen Gras für Zuchtschafe zu mannshohen Walzen, und Anwohner füllen in Gartenstiefeln und T-Shirt Kohl und Salatköpfe in ihre Tragen, nur wenige Kilometer vom Eisschild entfernt, um sie an Restaurants in der Hauptstadt zu liefern.

Es war vor der ersten Jahrtausendwende, als die Wikinger einwanderten. Angeführt von Erik dem Roten, kamen sie aus Island herüber und berichteten später von »Grünland« – Historikern zufolge allerdings nur, damit es sich besser anhörte. Die Kirchen und Bauernhöfe, die sie aufbauten, überließen sie ein paar Jahrhunderte später dem Verfall, als sie die Insel wieder verließen. Dennoch knüpft der neue Boom von Viehzucht und Landwirtschaft an ihre Tradition an. Wäre die Insel nicht die größte der Welt, deren Orte kaum miteinander verbunden sind, könnten die Bauern die fünfzigtausend Bewohner sogar versorgen.

Wie es kam, dass er mit dem Gartenbau anfing, frage ich Mogens. Er habe beweisen wollen, dass es auch in Ostgrönland möglich sei, Gemüse zu pflanzen, sagt er, und gehofft, dass die Dörfler es ihm nachmachten. Aber abgesehen davon, dass einige Nachbarn ihn baten, er möge ihnen doch auch ein paar Lupinen vor ihr Haus setzen, habe er noch wenig erreicht.

»Die Grönländer haben jahrhundertelang wilde Beeren und Kräuter gesammelt, wenn der Frühling angebrochen war«, schmunzelt er. »Sie müssen sich erst daran gewöhnen, dass man Pflanzen auch setzen und ernten kann.« Dann rudert er wieder mit den Armen, um anzudeuten, wie er hier bald seine Furchen ziehen wird. Vor jeder stülpe er dann wie immer das Samentütchen auf einen Holzstab, das eine Abbildung des Salats oder der Kräuter zeigt, die später erscheinen. »Für die Kinder ist das wie Fernsehen«, lacht er. »Dann freuen sie sich umso mehr, wenn sie mir helfen, die kleinen Samen in die Ritzen zu streuen, und zugleich sehen, was daraus einmal wird.«

Da Mogens einst Gletscherkunde studierte, frage ich ihn, ob er den Temperaturanstieg in Grönland nur als Gärtner beobachte. »Wechsel zwischen kalten und warmen Phasen gab es in der Erdgeschichte tatsächlich schon oft«, antwortet er, »aber heute sind mehr Schadstoffe im Spiel, die wir überall in die Luft blasen.« Gerade deshalb sei es ja wünschenswert, dass die Orte hier selbst anbauten, was sie nicht fischen oder jagen könnten. All die Schiffs- und Flugzeugladungen verursachten ja auch Kohlendioxidemissionen. »Und denken Sie doch mal weiter«, schwärmt er mit blitzenden Augen, »Grönlandmilch, das klingt doch prima.«

Neue Jagd nach alten Schätzen

Die Hoffnung auf Grönland als Klimagewinner nährt sich nicht nur aus Knollenfrüchten. Spätestens seit Wissenschaftler voraussagen, dass der Eisschild komplett abschmelzen dürfte, der bisher noch vier Fünftel der Insel bedeckt, lockt die Aussicht auf Förderlizenzen internationale Konzerne an. Jedes Jahr verliert der Schild zweihundert Kubikkilometer Eis. Fast seine gesamte Oberfläche taut mittlerweile jeden Juli zumindest an. Das Ausmaß des Tauvorgangs sei größer als in allen zurückliegenden Jahren, meldet die US-Raumfahrtbehörde NASA, deren Satelliten die Daten seit über dreißig Jahren vergleichen. Zuletzt habe die Schmelze so sehr zugelegt, heißt es, dass die Wissenschaftler im kalifornischen Pasadena an einen Messfehler glaubten. Dann bestätigten weitere Satelliten die auffällig hohen Temperaturen über dem Eis. In Studien sprechen die Forscher gar von einer neuartigen Hitzeglocke. Tatsächlich erwärmt sich das Erdklima derzeit nirgendwo rascher als hier, auch deshalb weil immer mehr Sonnenlicht nun nicht mehr ganzjährig von Schnee und Eis reflektiert, sondern vom dunkleren, frei liegenden Fels oder vom offenen Meer absorbiert wird.

Internationale Konzerne rechnen unterdessen längst mit Billionensummen, die ihnen allein die geschätzten Ölvorkommen des Nordens einbringen könnten. Die Förderlizenzen, die Grönlands Behörde für Bodenschätze vergeben hat, erlauben zunächst Bohrungen auf einer Fläche, die so groß ist wie England – ausgerechnet nach dem Rohstoff, dessen weltweiter Verbrauch maßgeblich zum Wandel des Weltklimas beiträgt. Doch die Insel braucht Einnahmen, will sie sich vom ehemaligen Kolonialherrn Dänemark unabhängiger machen, der noch immer für einen Großteil des grönländischen Budgets aufkommt.

Auch Dines hofft darauf, dass Grönland mit den Bohrlizenzen andere Wirtschaftszweige querfinanzieren kann, darunter den Tourismus, auch wenn Kritiker warnen, das Land möge nicht blindlings seine Seele verkaufen. Bohrinseln könnten kentern, eine einzige Ölpest könne gerade die Pionierarbeit der Reisebranche zunichtemachen. Andere Konzerne schielen denn auch auf Bodenschätze, die grüner daherkommen: Seltene Erden etwa, ein für die Kommunikationselektronik und Batterietechnik wichtiger Rohstoff, den Grönlands Untergrund ebenfalls birgt. Und das in Mengen, die über Jahrzehnte hin Arbeitsplätze und Gewinne versprechen und so dem bisherigen Hauptlieferanten auf dem Weltmarkt zu einer ersten Konkurrenz verhelfen könnten – China.

Viel sprach zuletzt dafür, dass Grönland auf der Jagd nach Ressourcen tatsächlich einem besonneneren Kurs folgt als andere Eismeeranrainer, obwohl es als aufholendes, junges Land mehr Grund hätte als diese, rein wirtschaftlich und kurzfristig zu denken. So verabschiedete das Parlament in Nuuk Ende 2012 ein Gesetz, das sogar eigens den geltenden Mindestlohn im Land lockerte, um gerade chinesischen Firmen entgegenzukommen, die eigene Minenarbeiter für den Grubenbau schicken wollen. Peking macht keinen Hehl daraus, wo immer möglich, eigene Zugänge zu den Schätzen der Polarregion zu suchen. Auch die dänische Regierung sicherte sich ihren Einfluss. Gestützt auf ein Gutachten des Verteidigungsressorts, reklamierte Kopenhagen, dass die Vorkommen Seltener Erden ihrer strategischen Bedeutung wegen in den Zuständigkeitsbereich der grönländischen Außen- und Sicherheitspolitik fallen müssten – der geltenden Verfassung zufolge mithin in die Hand Kopenhagens.

Doch im folgenden Frühjahr setzte die neu gewählte Regierung in Nuuk andere Prioritäten. Einerseits hegt sie noch weniger Vorbehalte gegen den Abbau Seltener Erden. Andererseits pocht sie auf die Einhaltung des Mindestlohns auch für Gastarbeiter. Und sie will künftig mehr Geld für vergebene Förderlizenzen, selbst wenn die Konzerne noch keine Profite daraus ziehen. Premierministerin Aleqa Hammond, die erste Frau an der Spitze des Landes, kündigte zudem an, keine neuen Ölbohrungen auf See mehr zu erlauben. Damit erfüllte sich die Hoffnung der Energiekonzerne auf eine weitere Öffnung der grönländischen Gewässer nicht. Stattdessen erhielt Hammond den Beifall von Umweltorganisationen wie Greenpeace, die zuvor mit Protestaktionen vor Bohrinseln im Eismeer und ihren europäischen Betreibern auf sich aufmerksam gemacht hatten. Bis dahin mussten die Firmen nicht einmal öffentlich beantworten, welche Krisenpläne sie für den Fall eines Bohrunfalles entwickelt hatten.

»Die Risiken der Ölförderung in den arktischen Meeren sind bisher von Politik und Konzernen beschönigt worden«, lobten Ökologen und forderten als Folge einen Stopp aller Bohrungen. Tatsächlich hatte die Inuit-nahe Partei der Premierministerin, der auch Dines' Vater angehört, die Wahl mit dem Leitthema Umweltschutz gewonnen – und mit Vorbehalten gegen Konzerne wie Shell oder Cairn Energy, die ihren Hunger nach fossilen Brennstoffen wichtiger nähmen als die Belange der Bewohner. Natur und Identität wahren und zugleich neue Chancen nutzen, um mehr Unabhängigkeit zu erreichen – die Mehrheit der Wähler folgte offenbar dem gemäßigten Programm der Regierungspartei. Wahlsiegerin Hammond verkörpert es schon durch ihre Biografie: Wie Dines wuchs sie in einem kleinen Küstendorf auf. Ihr Vater starb früh. Er brach auf der Jagd durch das Eis. Zwar war auch ihr Gegner in seiner Jugend als Walfänger unterwegs, doch zuletzt wurde er dafür kritisiert, zu willfährig gegenüber dem Ausland zu sein. »Hier wurde zu viel über Bergbau geredet und zu wenig über die Fischer«, klagten Wähler. Diese Stimmung hatte Hammond aufgegriffen. »Die Frage ist, wer das Land führt«, gab sie als Parole aus, »wir selbst oder die internationalen Konzerne.«

Nachttour zum Eisberg

»Wie schaffst du es eigentlich, deine Hunde auseinanderzuhalten?«, fragte ich Dines schon vor Jahren, als ich zum ersten Mal beobachtete, wie er sie anspannte. Da unterschieden sie sich immerhin noch hier und da in der Fellfarbe. Heute sind sogar alle zehn Zughunde von der gleichen Rasse, und ich wundere mich noch mehr, wie vertraut er jeden beim Namen ruft. Nicht einmal zwei von ihnen könnte ich unterscheiden. »Grönlandhunde«, schwärmt er, »jeden davon habe ich selbst großgezogen.«

Sie haben fülliges, gelbliches Fell, rötliche Augen und schwarzrot gefleckte Nasen. Und sie zerren laut jaulend an ihren Ketten, weil sie wissen, dass wir auf Tour gehen.

Einen nach dem anderen schirrt Dines nun an und bringt ihn in Position. Doch weil sie auch dann noch durcheinanderlaufen und über ihre Zugseile hüpfen, muss er den zentralen Knoten, auf den alle Seile zulaufen, immer wieder entwirren, noch bevor wir überhaupt losfahren.

»Kommen die beiden Stärksten immer nach vorne?«, frage ich weiter.

»Nein, die Klügsten«, sagt er, während schon Schweiß von seiner Stirn tropft, »die beiden, die am zuverlässigsten auf mich hören.«

Das Leinengewirr ist eine grönländische Eigenheit. In Alaska etwa laufen die Hunde entlang eines Hauptseils, von dem paarweise die Einzelleinen abzweigen und sich so kaum verheddern können.

»Wir bleiben trotzdem bei unseren«, sagt Dines trotzig. »Man muss zu seiner Tradition stehen.« Dann zieht er das Wolfsfell auf dem Schlitten zurecht und weist mir darauf zuvorkommend meinen Platz zu.

Es ist schon Nachmittag, und wir wollen vor Mitternacht den nördlichen Außenposten Tasiilaqs erreichen: Tiniteqilaaq. Die Siedlung liegt knapp fünfzig Kilometer entfernt. Die Wegstrecke, so hat mir Dines auf der Karte gezeigt, wird über vier Pässe und einen Gletscher führen. Als Belohnung erwarten uns unvergessliche Ausblicke und eine Bucht voller Eisberge.

Schon am Starthang, vom Schlafplatz der Hunde hinunter zum Seeufer, rutsche ich fast vom Schlitten. Flach hinlegen, am Rahmen festhalten, bei Seitenneigung den Körper zum Hang hinwenden, hatte mir Dines geraten. Als die Hunde schon unerträglich lärmten, löste er die Haltekette des Schlittens und hob den Fuß von der Eisenkralle, die am Heck als Bremse dient. Nun gleiten wir still über den See. Zu hören ist nur das rhythmische Hecheln der Hunde, während die Häuser Tasiilaqs hinter uns kleiner werden.

Den Schlitten hat sich Dines in der Schulwerkstatt gezimmert. Das Holz erhielt er von einem Onkel, das Handwerk lehrte ihn sein Vater. »Er war oft nicht da, weil er jagen ging«, erzählt er. »Dann waren wir wie alle Kinder bei den Großeltern. Kindergärten gab es ja nicht. Nur wenn das Wetter sehr schlecht war, waren alle zu Hause, und Vater zeigte uns, was wir wissen mussten. Eben wie man einen Schlitten baut oder wie man eine Robbe, ein Rentier oder einen Moschusochsen häutet und ausnimmt. Zwischen September und Dezember war dafür die beste Zeit, denn da kommen die Stürme, der Schnee ist zu tief, und man kann nicht mit dem Schlitten hinaus.«

Last Exit Tiniteqilaaq

Bevor wir das andere Seeufer erreichen, hält er, um erneut seine Zugschnüre zu entwirren. Mir würden dabei die Finger abfallen, die ich mühsam warm halte, in dicken Fäustlingen, als wäre ich unterwegs zu einem Boxkampf. Dines dagegen reicht mir offen seine Hand.

»Fühl mal«, fordert er mich auf. Tatsächlich ist sie warm wie die meines Vaters, die ich als Kind gern beim Winterspaziergang ergriff, um meine eigene zu wärmen. »Dickes Blut, das kommt vom Robbenfett«, sagt er, »wer sich so ernährt, friert nicht. Es macht uns winterfest.«

Wann immer wir anhalten, drücken die Hunde schon jetzt ihre Schnauzen und Hälse auf den Schnee, um sich zu kühlen, und schaufeln ihn selbst im Lauf in ihre Mäuler gegen den Durst. Als Dines einen Moment lang nicht alle Seilenden festhält, entweichen vier von ihnen in der Spur auf und davon, als freuten sie sich, dass das Ziehen plötzlich so leicht falle.

»Akii«, ruft er sie zurück und lacht schallend. Sie kämen wieder, versichert er mir.

»Bist du dir sicher?«, spöttele ich. »Du warst es, der sagte, Grönländer würden nicht aufeinander warten.«

Die erste Steigung fällt weniger quälend aus als befürchtet. Ich hatte noch in Erinnerung, wie wir uns beim ersten Besuch mehrere Hundert Höhenmeter im Tiefschnee auf einen Pass Richtung Westen hocharbeiteten, bis ich fast umkehren wollte, so erschöpft war ich. Statt den Schlitten mit zu schieben, wie ich es anfangs noch konnte, hielt ich mich am Ende nur noch mit einer Hand daran fest, um nicht zurückzufallen. Doch da reisten wir im Neuschnee des Januars. Nun ist die Spur festgefahren, und wenn ich in kleinen Schritten bergan steige, fällt es kaum schwerer als auf einer sommerlichen Bergtour.

Auf den zweiten See folgen ein engeres Tal und der zweite, etwas höhere Pass. Dann streifen unsere Blicke nach Osten über die Gipfel, den Packeisgürtel vor der Küste und das offene, hellblaue Meer. »Das ist es, was mich hier hält, neben Drusilla«, sagt Dines, zieht die Thermoskanne aus dem Schlittenbeutel und gießt uns heißen Tee ein. »Die Weite, die Stille, der Schnee und die Hunde. Und es ist meine Heimat.«

Der neue Schlitten laufe bestens, und die Tiere seien gut gelaunt, freut er sich. »Ihre Schwänze weisen nach oben, das heißt, auch sie sind glücklich.«

Ich frage, ob er denn manchmal Sorge habe, dass sich hier alles rascher verändere als gedacht. Er nickt. »Der Gletscher da drüben reichte vor Jahren noch bis weit hinunter ins Tal«, sagt er. »Und in Tasiilaq bricht in der Meerenge schon das Eis. Bisher konnten wir um diese Zeit dort noch unbekümmert an Löchern fischen.« Der Anstieg des Gletschers sei viel flacher gewesen, nun müsse man steiler hinauf. Das Eis schmelze weit schneller, als er je geahnt habe.

Dann mahnt Dines zur Eile. Wenn es dunkel werde, sei man vor Bären weniger sicher. Die nächsten Talfahrten geraten holpriger, die Anstiege länger als jene zuvor. Als wir den Fuß des Gletschers erreichen, über den wir hinwegmüssen, beginnt es zu dämmern. Er liegt in keinem Bergkessel, sondern wölbt sich selbst zu einem Berg und senkt seine Zungen in mehrere Richtungen hinab. Allein für den Anstieg brauchen wir eine Stunde, in der sich meine Grundstimmung seltsam wandelt. Zuerst überwältigt mich allein der Anblick der riesigen Schneekuppe, die sanft auslaufende Masse, das strahlende Weiß. Fast scheint es, man könne hinaufspazieren bis zum leicht geschwungenen Horizont, um dann rückseitig auf dem Schlitten einfach hinunterzugleiten. Doch dann bemerke ich, wie wenig sich das Bild ändert, obwohl wir stetig voransteigen. Die Wölbung vor uns bleibt immer gleich, als hätten wir uns vorgenommen, die Erdkrümmung zu kreuzen, die dann immer wieder vor uns zurückweicht. Ein Anflug von Panik ereilt mich, zumal sich längst tiefblaue Nacht über uns gelegt hat.

Dann wird es endlich flacher. Aus dem zu erklimmenden Scheitel ist eine weite Ebene geworden, als wären wir nie auf etwas hinaufgestiegen, sondern in einer breiten Talsohle unterwegs. Immerhin aber sitzen wir wieder auf dem Schlitten, und die Hunde ziehen uns vertraut durch die Nacht. Ich lehne mich zurück, decke mich mit dem Schlafsack zu, während Dines verlässlich den Schlitten lenkt, blicke zum dichten Sternenhimmel und lausche dem Gleiten der Kufen, dem Hundehecheln, dem Knirschen des Schnees.

Heller scheinen die Sterne hier zu leuchten, weil von nirgendwoher mehr Stadtlichter den Blick trüben. Irgendwann weist Dines in die Ferne, wo ein paar leuchtende Punkte in die Nacht funkeln. »Tiniteqilaaq«, sagt er und strahlt wie ein Kind. Dann rutschen wir talwärts, verlieren die Lichter wieder aus den Augen, rasen holpernd Steilhänge hinab, bis mein Rücken schmerzt, während Dines die Bremse in den Schnee treibt, damit wir die Hunde nicht überfahren. Zwischendurch springt er mit auf die Sitzfläche, um von dort aus mal links und mal rechts mit dem fräsenden Stiefel die Richtung zu ändern, dass der Schnee nur so hochspritzt. Über eine letzte Steigung erreichen wir schließlich den Rand des Dorfes. Lange schien es mir am tiefsten Punkt unserer Strecke zu liegen, bis seine Lichter plötzlich verschwanden, als hätten wir uns kurz vor der Ankunft noch verfahren. Tatsächlich haben wir da unterhalb der Häuser noch einen Meeresarm überquert, denn Tiniteqilaaq liegt bereits auf der Hauptinsel Grönlands. Tasiilaq dagegen, zeigte die Karte, thront auf den Hügeln der zerklüfteten Außeninsel Ammassalik, deren Name von einem örtlichen Kleinfisch stammt, einem Verwandten des Stints.

»Viele verwechseln den Dorfnamen mit dem der Insel«, sagt mir Dines, als wir schon vom Schlitten absteigen. »Dabei ist es ganz einfach. Ammassalik ist New York State. Und Tasiilaq ist Manhattan.«

»Aber was ist dann Tiniteqilaaq?« frage ich.

»Keine Ahnung«, lacht er, »ein Dorf eben, nördlich von New York.«

Arktische Schmetterlinge

Zwischen mannshohen Schneewänden führt ein enger Hohlweg zu den Hütten der fünfzig Bewohner. Das Dorf wirkt ärmlicher als Tasiilaq. Häuser stehen leer. Eines ist ausgebrannt, mit schwarzen Fensterlöchern wie Augenhöhlen. Auch scheinen sie weniger bunt. Doch dann schickt uns der Himmel den Lohn für die lange Anreise. Als schwinge ein Naturgeist den Malpinsel, bewegen sich minutenlang grün leuchtende Linien und Schleier über der Siedlung. Mal stehen sie aufrecht wie ein kurviger Zaun, als würden sich Millionen von Nadeln aneinanderreihen, mal wabern sie durcheinander, um sich dann wieder zu neuen Motiven zu verbinden. Einmal glauben wir einen Schmetterling zu erkennen. Zuletzt sogar einen Engel. Märchenhaft und unwirklich erscheinen mir diese nächtlichen Anblicke, als triebe mich die Müdigkeit zu fiebernden Phantasien. Doch dann genieße ich nur dankbar das arktische Schauspiel und hoffe, von Figur zu Figur, dass es nicht endet.

In einem leer stehenden Haus richten wir auf Luftmatratzen und Isomatten Schlafplätze für das Team her. Dines wird auf dem Sofa eines befreundeten alten Ehepaares nächtigen. Ich darf mich über dessen bestes Quartier freuen – das Kinderzimmer. Der Enkel, der es sonst bewohnt, schläft diese Nacht mit in ihrem Bett.

Kurz bevor ich ins Haus trete, bemerke ich die erlegte Robbe, die neben dem Eingang liegt. Daneben türmen sich Leinen, Körbe und Fischereizeug. Auch drinnen sind alle Räume überladen, Kartons reihen sich entlang der Wände, Garderobenhaken verschwinden unter Gebirgen aus Winterkleidung, Schuhe bedecken den Fußboden. Dazwischen hängen Mobiltelefone an Ladegeräten, quietschbunte Plastikblumensträuße drängen sich in Regalen, ein Flachbildfernseher versperrt fast den Zugang zum Wohnraum. Waschplatz für alle ist die Küche. Unter dem Klodeckel nebenan steht ein Blecheimer.

Todmüde von der Tour und vom Tag an der frischen Luft, falle ich in der winzigen Dachkammer auf das Bett.

An der Wand entdecke ich ein Klassenfoto mit Inuit-Kindern. Daneben blickt mich von einem verblassten Poster aus traurigen Augen der junge, schwarz gelockte Sylvester Stallone an, mit Stirnband und blankem, muskelbepacktem Oberkörper. Mir fällt auf, dass seine Konturen einer Luftmatratze nicht unähnlich sind. Dann schlafe ich ein.

Ein Ende des Dorfsterbens?

Am Morgen klebt Dines an der Sofakante wie ein Seestern. Die alte Hausherrin, mit der ich kaum reden kann, solange er nicht übersetzt, deutet auf Pulverkaffee und heißes Wasser in der Thermoskanne, als ich mit der Zahnbürste in ihrer Küche erscheine. Nach der Ankunft hatte sie uns allen noch ein Nachtmahl aus Kartoffeln, Schweinebauch und Karotten aufgetischt. Sie ist freundlich, aber schweigsam. In ihr rundes Gesicht tritt kaum ein Lächeln. Selbst ihren Namen erfahre ich nur von ihrem Mann: Thomasine.

Der Hausherr, der am Vortag mit dem Schneemobil unser Equipment vorausfuhr, sitzt wie sie noch in Schlafhemd und langen Unterhosen da. Jahrelang war Paulus Larsen hier Bürgermeister. Nun ist er fast siebzig, obwohl er jünger wirkt, als wir uns am Tisch gegenübersitzen und im Kaffee rühren. Hohe, wulstige Wangenknochen prägen sein kantiges Gesicht.

Als Dines aufgewacht ist, frage ich den Mann über den Ort und seine Geschichte aus und notiere Details. Ich habe schon viele Politiker interviewt, vom Bundespräsidenten beim Staatsempfang im Cutaway bis zu Premierministern von Inselvölkern in Flipflops. Dieses ist das erste Gespräch, bei dem mir der Befragte in langen Unterhosen antwortet.

»Die letzte Regierung wollte das Dorf aufgeben«, sagt Larsen. »Sie hatte als Maßgabe festgelegt, dass Dörfer, die nicht wachsen, nicht mehr länger versorgt würden. Niemand wäre zwangsweise umgesiedelt worden, aber sie kündigte an, die Strom- und Dieselversorgung auszusetzen, was auf das Gleiche herauskommt.« Viele seien damals weggezogen, nach Tasiilaq oder nach Dänemark, sagt er. Tatsächlich seien andere Siedlungen so von der Küste verschwunden.

»Qernertuarsuit und Ikateq sind nicht mehr bewohnt«, bestätigt Dines. »In Nuuk dachten sie, sie könnten mal eben ein paar Ölquellen finden und dann Robbenjäger und Fischer über Nacht in neue Industrien stecken. Aber so einfach ist das nicht. Andere machen sich jetzt wieder stark für die Dörfer.«

Larsen erzählt von der Fischerei, die das Dorf neben der Jagd immer ernährt habe, und zeigt durch das Fenster auf ein benachbartes Gebäude. Der kleine Betrieb habe zwar nur eine Nebenrolle gespielt, da die Gegend nur wenige Wochen im Jahr eisfrei sei. »Aber jetzt gibt es hier immer mehr Schwarzen Heilbutt«, erklärt er mir, »und die Bucht wird zugänglicher, je wärmer es wird. Deshalb drängen wir, dass man uns hilft, den Betrieb auszubauen.«

Stets sei der Rhythmus der Dörfer von der Natur bestimmt worden, sagt er. Von Januar bis April jage man Eisbären, wenn auch heute nur noch, bis das Quotenlimit erreicht sei. Dann fischten die Dörfler Sardinen, die sie trockneten und an Händler verkauften. Einen Teil davon bewahrten sie auf, als Köder für den Heilbuttfang, dessen Saison bis in den September reicht.

Studien bestätigen die Verschiebung von Fischbeständen. In Island und Schweden werden wir ähnliche Befunde hören. Als Ursache gilt der Temperaturwandel in den Gewässern.

Auch Seetang und Muscheln sammle man aus dem Meer, endet Larsen, Sommer wie Winter. Im Herbst beginne dann die Jagd auf die Robben. »Auch deren Felle brachten uns Einnahmen«, sagt er. »Aber dann kam der Importstopp der Europäer. Jetzt verkaufen die Händler sie allenfalls nach China, Südkorea und Russland.« Trotzdem würden Robben nie allein der Felle wegen gejagt, beteuert auch Dines. Zudem würden sie geschossen und nicht mehr erschlagen, wie viele im Ausland noch glaubten.

»Wenn der Fischfang dem Dorf die Zukunft sichern könnte, die anderen verwehrt blieb, erscheint der Klimawandel da nicht wie ein Helfer?«, frage ich Larsen.

»Das ist so«, nickt er. »Die Jagd wird zurückgehen wie das Eis. Aber der Fischfang wird uns retten.«

Eisgeister

Das Meer, über dem sich Tiniteqilaaqs Häuser auf kleinen Hügeln verteilen, wirkt auf den ersten Blick wie ein Schwarz-Weiß-Foto. Die treibenden Eisberge weiß, das Wasser fast schwarz. Erst als wir mit dem Boot hinausfahren, erkenne ich farbige Nuancen. Einzelne Brocken schimmern bläulich zwischen den anderen, als enthielten sie Frostschutzmittel. Und vom Boot aus lässt sich der verborgene Teil jedes Eisbergs erkennen, der unter der Wasserlinie meist wie eine Wolke anquillt. Als ich eine Eiswand abtaste, fühlen sich manche der Bruchkanten scharf wie Beile an. Andere Stellen sind porös und schmutzig ergraut. Ältere Wasserlinien, die sich höher an den Eisbergen abzeichnen, verraten, dass diese leichter werden und sich langsam heben. Auch neigen sich manche durch das Abschmelzen zur Seite. Wo sich Eiszapfen gebildet haben, weisen diese dann seltsam schräg hinab oder gar waagerecht zur Seite. Manche Gebilde blicken uns an wie zerzauste, bärtige Geistergesichter.

Plötzlich schreckt uns ein glucksendes Geräusch auf. Direkt vor dem Boot teilt ein dunkler Buckel das Wasser. Wir vermuten eine Robbe oder einen Kleinwal und erwarten, dass der Körper sich weiter bewegt. Dann scheint er durchsichtig wie aus Glas, und es ist klar, dass der Eisberg in der Tiefe nur ein weiteres Stück von sich preisgegeben hat, das nun selbst schwimmt, bis es zu Wasser wird.

An einer leicht zugänglichen Eisinsel binden wir das Boot fest, und ich steige mit Dines hinüber. »Vorsicht, es könnte stellenweise glatt sein«, scherzt Tonmann Helmut vom Boot aus. »Wir kommen dann im Sommer wieder und holen euch ab.«

An hervorstehenden Knubbeln halte ich mich beim Hochsteigen fest. Dabei fühle ich mich fast wie ein Zwerg, der in einem Cocktailglas schwimmende Eiswürfel besteigt. Mir kommen die Klimaprognosen in den Sinn, die voraussagen, dass hier einmal alles Eis so davonfließen wird. Ein Gedanke, der mir diese herrliche Winterbucht plötzlich wie eine Vorbotin der Endzeit erscheinen lässt.

Auch Wissenschaftler brachte Dines schon auf seinen Hundeschlitten über die Gletscher. Andere flogen in Helikoptern heran oder kreuzten auf Schiffen. Manche maßen, dass sich die Geschwindigkeit, mit der sie hinunter zu den Buchten gleiten, um mehrere Kilometer pro Jahr steigerte. Mitunter könne man die Bewegung – über ein Zentimeter pro Minute – sogar mit bloßem Auge erkennen, stellten sie fest. Oder sie bemerkten, dass Grönland kontinuierlich von Mikroerdbeben erschüttert wird. Manche erreichten sogar die Stärke fünf auf der Messskala, ohne jedoch gewöhnlichen Seismographen aufzufallen, weil sie sich nicht abrupt ereigneten, sondern über Minuten hinzögen. Da sie sich mit dem Eisverlust häuften, liege nahe, dass es die abbrechenden Eismengen seien, die derlei Erdstöße aussendeten.

»Kannst du dir denn vorstellen, dass hier einmal keine Gletscher mehr sind?«, frage ich Dines, als wir auf die weißen Bergrücken blicken, über die wir hierherkamen.

»Nein«, sagt er. »Aber ich konnte mir auch nicht vorstellen, dass unsere Dörfer sterben. Die Veränderungen gehen heute viel schneller voran. Trotzdem darfst du nicht nur die Bedrohung sehen, sonst lähmt sie dich. Du musst auch nach Chancen suchen, die der Wandel mitbringt. Der Eisberg zum Beispiel, auf den wir geklettert sind, wäre vor Jahren viel größer gewesen. Er hätte die Fangleinen der Fischer zerrissen. Heute können sie hier viel leichter fischen. Und weil Menschen dorthin gehen, wo sie auf Einkommen hoffen, ist das gut für das Dorf. Zuletzt hatten alle nur noch die Gemeindejobs in Tasiilaq vor Augen. Nun aber kann man hier tatsächlich den Fischfang vorantreiben. Und davon besser leben als früher.«

Berghütten mit Whirlpool

Dines war nie jemand, der Wandel lange betrauerte. Er denkt lieber pragmatisch. »Wir sind ja selbst aus unserem Dorf weggezogen, damit ich in eine bessere Schule kam«, sagt er. »Nur deshalb kann ich heute mit euch reden und euch das alles zeigen. Die Zukunft liegt hier auch nicht nur im Fischbetrieb. Ich möchte Besucher hierherbringen, damit sie sehen, wie schön Grönland ist. Egal, in welcher Jahreszeit und in welchem Klima.«

Dann träumt er wieder laut von neuen Berghütten mit heißem Außenbad und Blick auf den endlosen Ozean, von Gästen auf Skiern oder in Wanderstiefeln. Von seiner Idee, damit Wohlstand in diesen Weltwinkel zu tragen, ohne ihm seine Traditionen zu nehmen. Jede Woche bringe er jemanden mit dem Hundeschlitten hierher, sagt er. Aber er müsse zugleich in Tasiilaq sein, um die Firma zu führen, und er müsse selbst jagen und fischen, Hunde großziehen und Schlitten zimmern, um zu wissen, was die Eigenart seines Volkes ausmache.

Ich bewundere ihn dafür, was er sich zutraut. Meine Zweifel daran, dass das zugleich alles machbar ist, behalte ich für mich. Dann klettern wir zurück ins Boot, denn es wird Mittag, und der Himmel beginnt sich zu bewölken.

Als wir mit den Schlitten den Rückweg meistern, wieder sechs Stunden lang und über dieselben Pässe, wenn auch teils auf anderen Routen, frage ich mich nach längeren Abfahrten mehrmals, ob wir tatsächlich all diese Hänge erklommen haben. Auf abschüssigen Strecken offenbart Dines auf dem Hinweg wahre Rennfahrerqualitäten. Statt auf der Bremse zu stehen, setzt er sich dann vor mich auf den Schlitten und lenkt hektisch, aber vorausblickend mit den Stiefelhacken, das Tempo immer gerade so hoch, dass wir die Hunde nicht einholen. Schließlich, als wir uns den Seen vor Tasiilaq nähern, scheint die Sonne wieder, und wir lassen ein letztes Mal den Panoramablick auf uns wirken, auf das letzte gewundene Hohltal, durch das wir gleich hinabrutschen, die Gipfel, die es einrahmen, den weißen Packeisgürtel vor der Küste und das Meer in der Ferne, das ein weich gezeichneter Horizont sanft mit dem Himmel verbindet. Dann wünsche ich Dines im Stillen, er möge sein Herzblut behalten und dennoch Erfolg haben.

Fliegender Friseur

Am Tag vor der Abreise bereiten wir noch einmal einen Innendreh vor. Denn in Tasiilaq ist ein Gast aus Island eingetroffen, auf den auch wir gewartet haben. Er übt ein Gewerbe aus, das im Ort sonst niemand beherrscht: Haareschneiden. Er heißt Stefán und tritt womöglich das Erbe eines Russen an, der sich hier zuletzt als Friseur versuchte – bis er aufgab, weil ihm der Lohn nicht zum Leben reichte.

Auch aus Reykjavík waren schon Haarschneider gekommen, die in Island auf ähnliche Weise ihre kleinen Küstendörfer mit Frisuren versorgen. Nun hat sich Stefán bereiterklärt, einen Kurzeinsatz als fliegender Friseur zu testen und zu sehen, ob es sich rechnet. Die Kommune, meint Dines, würde die Versorgungslücke gerne schließen. Der Bedarf sei da und damit die Kundschaft. Und die Fluglinie könne dem Gast auf Dauer wohl auch einen Gewerbetarif bieten.

Zwar gibt es in einem heruntergekommenen Mehrzweckgebäude des Ortes noch einen Frisiersessel vor großem Spiegel, den der Russe zurückließ. Doch der Raum ist kartonweise vollgestapelt mit leeren Tuborg- und Carlsberg-Bierdosen, und zwischen Tresen und Tisch torkeln ganztägig ein paar Unglückliche, die die nächsten austrinken. Deshalb zieht Stefán es vor, die Kunden in einem Privathaus zu bedienen.

Als wir mit der Kamera erscheinen, haben sich dreißig Interessierte angemeldet, von der Chefin des Supermarkts, die sich einen Pagenschnitt wünscht, bis zu Dines' jüngerer Schwester, die ein Foto aus dem Internet als Muster eines »Halfcut« heruntergeladen hat. Später wird sie mit zur Hälfte kurz rasiertem Schädel und sonst weiter wallender Mähne zufrieden den Raum verlassen.

Wäre der akkurate Vollbart nicht, Stefán selbst ginge bei uns derweil glatt als isländischer Oliver Bierhoff durch, so telegen ist sein dichter Schopf, wenngleich er ihn zur Kurzbürste stutzt. An einer Schläfe scheint so die geschwungene Linie einer Narbe von einem Autounfall durch, als machte er Werbung für Nike.

»Wo arbeiten Sie hier?«, fragt er seine erste Kundin, während er aus seinem Gürtelköcher Spitzschere und Kamm zieht.

»Im Shopping Center«, sagt sie. Sie nutze eben die Mittagspause.

»Wie kommt es, dass es niemanden gibt, der hier Haare schneidet?«, frage ich sie. »Es gibt doch auch einen Zahnarzt, Lehrerinnen und Lehrer und sogar einen Bäcker.«

Die würden, außer dem Bäcker, alle von der Regierung bezahlt, antwortet sie. Um nur von Kunden zu leben, sei der Ort zu klein. Entweder man brauche weitere Jobs, oder man gehe zudem auf die Jagd und versorge sich so teilweise selbst.

»Wie schneiden Sie hier denn sonst Haare?«, frage ich. »Mit der Küchenschere«, lacht sie da. »Zuletzt machte es bei uns eine Bekannte, aber die zog nach Nuuk. Immer wenn wir sie treffen, frisiert sie die ganze Familie.« Tochter Sandra und Sohn Rass, die auf Hockern neben ihr warten, nicken zustimmend. Sandra kann sich sogar vorstellen, selbst einmal Friseurin zu werden. Ihr Bruder dagegen erträgt seine Zeit unter der Schere schweigend und mit blinzelnden Augen, bis er aufstehen darf. Wir sind uns sicher, er würde jeden anderen Beruf vorziehen.

Bald tauchen weitere Dörfler auf, die Stefán auf ihrem Smartphone die Wunschfrisur zeigen. Dazwischen fertigt er Schulkinder ab, die von den Eltern geschickt wurden, bürstenhaarig entlässt er die Jungs, variantenreicher die Mädchen, die im Ort sonst fast alle den gleichen Pferdeschwanz tragen.

Das Fazit der Kundschaft fällt am Ende eindeutig aus. Wenn Stefán ihnen den Spiegel vorhält und fragt, ob sie »happy« seien, antworten fast alle mit einem begeisterten »Yeah!«. Er solle mindestens zweimal im Jahr wiederkommen, geben sie ihm mit auf den Rückweg. Auf Facebook taucht bald das erste Foto von ihm in Aktion auf. Darunter steht: »Hurra, wir haben wieder einen Friseur.«

»Sie scheinen hier ja richtige Freundschaften zu schließen«, beglückwünsche ich ihn. »Haben Sie schon entschieden, ob Sie wiederkommen?«

»Wenn ich den Flug einrechne und den entgangenen Arbeitstag zu Hause, lohnt es sich sicherlich nicht«, meint er. »Aber warum sollte ich mir und meiner Familie so nicht gelegentlich einen Wochenendausflug nach Grönland finanzieren? Meine Frau und mein Sohn waren noch nie hier.« Und vielleicht könne er ja tatsächlich einmal Sandra ausbilden, wenn sie mit der Schule fertig sei, meint er schmunzelnd. »Dann kann sie den Posten hier übernehmen.«

Was ist Kultur?

Am Abend sitzen wir mit Dines und Stefán, der im gleichen Flieger wie wir nach Island abreisen wird, in redseliger Runde. Wir hätten nun viel über Dines' Pläne gelernt, sage ich und frage ihn, was mich hier außer einer von Stefán ausgebildeten Friseurin bei meiner nächsten Rückkehr wohl erwarten werde.

»Zimmer mit eigenem WC und Dusche«, sagt er, »zwei Berghütten in Tagesentfernung und das Café, dessen Einnahmen die Firma absichern.«

Auch Grönlands Regierung wolle neue Angebote für Reisende fördern. »Vielleicht hat Tasiilaq dann sogar seinen eigenen Flughafen«, sagt Dines. »Im Sommer reichen schon jetzt die Helikopter-Shuttles nicht mehr aus. Da fliegen zwei Hubschrauber parallel. Es ist ein ewiges Geknatter.«

Zwei Entwürfe lägen vor. Einer plane die Landepiste hinter dem jetzigen Heliport, der andere favorisiere die gegenüberliegende Seeseite. »Dorthin müsste aber eine neue Straße führen«, sagt er. »Die wäre dann die längste Ostgrönlands.«

Skifahren und Gummischlauch-Tubing auf dem Gletscher, Schlittenbaukurse für Kinder, Kajakfahrten zu Eisbergen, Extremtouren quer über Grönlands Eisschild – Dines hat vieles im Sinn, was sich hier noch erweitern oder neu anbieten ließe.

Als er Stefáns skeptischen Blick bemerkt, räumt er ein, dass auch Tourismus eine Gegend verändern könne.

»In Island«, gibt der zu bedenken, »diskutieren wir inzwischen offen darüber, den Zugang zu den Nationalparks zu regulieren. Sie sind oft völlig überlaufen, immer mehr Besucher sind unaufmerksam, allein die Müllprobleme überfordern die Ranger.«

»Auch ich sammle heute schon auf jeder Schlittentour leere Getränkedosen ein«, erwidert Dines. Dabei seien es eher die Einheimischen, die sie liegen ließen, als die Gäste. Die wollten die Weite genießen und die Unberührtheit, kämen oft für viel Geld von weit her und begriffen gerade Abgeschiedenheit und Mangel als Luxus. So mündet der Abend in die gemeinsame Suche nach dem optimalen Wandel für Grönland und nach dem optimalen Touristen. Die Aufgabe, finden wir bald, ähnelt der Quadratur des Polarkreises. Sehr weit kommen wir nicht.

Was denn für ihn eigentlich die Inuit-Kultur ausmache, fragen wir Dines am Ende. »Es ist tatsächlich zuerst die Jagd«, antwortet er nach einigem Nachdenken. »Nicht nur, weil sie uns ernährt hat. Sie lehrte uns auch zu teilen. Viele Jäger teilen heute nicht mehr. Sie sagen, heute verhungere ja niemand mehr, also sei Teilen nicht mehr nötig, und behalten alles für sich. Schon da geht etwas verloren.«

Die Dörfer hätten gute Regeln, die noch immer erhaltenswert seien. Der Eisbär zum Beispiel, der in Tiniteqilaaq zuletzt geschossen worden sei, habe sich dem Dorf gefährlich genähert und von Warnschüssen nicht vertreiben lassen. Sein Fell gehe in solchen Fällen an die Regierung, das Fleisch an die Alten, die selbst nicht mehr jagen könnten. Auch gebe es die Sitte, dass derjenige, der einen Bären auf der Jagd als Erster entdecke, einen größeren Teil davon abbekomme als der Schütze, der ihn erlege.

»Viele wissen auch nicht, wie viel Disziplin Jagd erfordert«, erklärt Dines weiter. »Du musst sehr früh aufstehen, dein Boot muss zum Ausfahren bereit und das Gewehr geputzt sein. Du brauchst ausreichend Treibstoff, ein Zelt, einen Ofen, ein Satellitentelefon. Wenn du dann eine Robbe geschossen hast, musst du sie ausnehmen, zerlegen und einpacken, bevor ihr Körper gefriert. Du musst unterscheiden können, was essbar ist und was für die Hunde bleibt. Und am nächsten Morgen musst du früh das Fell zur Sammelstelle des Dorfes bringen, damit du dein Geld bekommst. All das bringt man sich hier gegenseitig bei. In den Dörfern lernt man voneinander.« Zudem müsse ein Jäger haushalten können. Wer kein Geld beiseitelege, falls der Bootsmotor einmal kaputtgehe oder das Schneemobil, der riskiere seinen Ruin.

Dines' Aufzählung erinnert mich an die Worte der kanadischen Inuit-Abgeordneten Sheila Watt-Cloutier, die mir vor Jahren darlegte, wie universell und modern die Tugenden einer Jagdgesellschaft im Grunde seien. Warum eigentlich, frage ich mich nun erneut, fühlen wir uns ihr so sehr überlegen, nur weil wir Gemüse anpflanzen – während wir selbst nicht einmal mehr ein Entenei erkennen?

Kaltes Sperrfeuer

Als sich unser Hubschrauber am nächsten Morgen über Tasiilaq erhebt, den See, die Hügel und die Hütten, fühle ich mich ihnen näher als zuvor. Sind wir nicht auch auf der Jagd, nur eben mit unserer Kamera, nach Bildern und Geschichten? Kehre ich damit nicht auch heim wie sie mit ihrer Beute? Mehr noch, als der Wandel der Arktis womöglich auch den in unseren Breiten vorwegnimmt, schrieb ich hier schon nach meiner letzten Abreise auf, lehren uns die Inuit, woher wir kommen. Noch immer finde ich den Satz richtig.

Damals flogen wir aus einer mächtigen Schneewolke ab, die der Hubschrauberrotor aufwirbelte, und landeten in Kulusuk im gleichen Gestöber. Nun herrscht Tauwetter in Grönland, und der Aufpasser winkt alle hinter die Metalltüren zurück. Denn als der Pilot den Helikopter absenkt, reißt der Rotorwind ganze Eisplatten vom Asphalt, die an der Hauswand zerschellen wie Glas. Keine Chance, eine abfliegende Maschine von hier aus zu drehen. Das Kamerateam begäbe sich in Lebensgefahr.

Später in der kleinen Linienmaschine, die uns nach Island bringt, blickt auch Stefán aus dem Fenster. Zuerst hinab auf die weißen Küstengebirge, die wir nun hinter uns lassen, dann auf die letzten Buchten, in denen das Eis bricht. Mal sind es geradlinige Klüfte, die sich in der Eisdecke auftun, mal wirre Sprünge, dann wieder reihen sich abgebrochene Vierecke so regelhaft aneinander, als habe die Natur weiße Memory-Karten auf dem Meer ausgelegt.

»Ist das hier sehr anders als Island?«, frage ich ihn.

»Island ist weniger schroff, weniger gewaltig«, antwortet er. »Und kleiner. Schon in einem Fjord Grönlands kannst du ganz Island verstecken.«

Ich blättere in einem Bilderbuch, das mir Dines zum Abschied geschenkt hat. Es enthält Kinderzeichnungen, die er als Dreizehnjähriger zu Papier brachte. Sie zeigen den Vater mit Hund und Kajak an der von Treibeis bedeckten, sonnenbeschienenen Bucht, den Sommerjagdplatz mit Zelt und das Winterquartier der Familie im Erdiglu. Die Mutter schneidet mit einem kleinen Rundmesser, das die Inuit Frauenmesser nennen, den Leib einer Robbe auf, um sie sorgfältig zu häuten. Daneben sitzt Dines' Schwester, die jeden Handgriff aufmerksam beobachtet. Ein anderes Bild zeigt Frauen, die Felle auf Holzrahmen spannen, damit sie der Wind trockne, oder wie sie damit Schäden am Zelt flicken. Dines selbst erhält Unterweisungen als Bogenschütze. Und immer wieder malte er den bewunderten, mutigen Vater – meist mit Harpune auf Bären- und Waljagd.

Das Büchlein endet mit einer Zeichnung, die Dines in seiner neuen Schule in Tasiilaq zeigt, nachdem die Familie dorthin gezogen war. Der Vater, heißt es dazu, verdiene jetzt Geld in einem Büro. Erst jetzt dämmert mir, wie schwer es Dines gefallen sein muss, seine Kindheit hinter sich zu lassen. Und wie weit seine beiden Welten voneinander getrennt sind, die er bis heute zu verbinden versucht.

Atlantischer Ozean

Grímsey Island

Nördlicher Polarkreis

Akureyri

Grímsstadir

Westkap

ISLAND

Reykjavík

Silfra Crack/
Thingvellir Nationalpark

Eyjafjallajökull

Westman Islands

2

ISLAND

Cool durch die Krise

Vom Matrosen zum Chef

Auf Rex in Reykjavík

Islands Landschaft wirkt alt und abgeschliffen, als wir darüber kreisen. Das Inland liegt unter massivem Schnee, nur auf frei gewehten Hochebenen schimmert der von Gletschern gehobelte Fels durch. Ein dünner Fluss, dessen Quellwasser offenbar Vulkanwärme vorm Gefrieren bewahrt, mäandriert verloren im endlosen Weiß. Die Küste um Reykjavík dagegen hat der Winter verschont. Hier breiten sich die bräunlichen Lavafelder aus, nur spärlich von Gräsern bewachsen, eine Mischung aus Steppe, Wüste und Mondlandschaft.

Wie oft bin ich über den Atlantik geflogen, den Umriss der Insel auf dem Bordmonitor vor mir, während das kleine Fliegeremblem viel zu langsam seine Linie zwischen Frankfurt und Washington zog? Stets nahm ich mir vor, doch einmal auf diesem so abenteuerlich klingenden »Iceland« zu landen, dessen Kontur einem Kugelfisch gleicht. Doch immer fehlte die Zeit.

Nun begrüßt uns, nach der Fahrt in den alten Stadtkern, das Glockengeläut der nahen Kirche über bunt restaurierten Fischer-, Händler- und Handwerkerhäusern. Dahinter steigen weiß strahlend die mächtigen Tafelberge empor. Was für eine Kulisse.

Begeistert wird mein Kamerateam in den nächsten Tagen Bilder von sagenumwobenen Trollfelsen längs der Basaltküste drehen, von schwarzen Stränden und Wasserfällen, die auf halber Höhe ein Regenbogen durchkreuzt und hinter denen angeblich Schatzkisten der Wikinger ruhen, von Islandpferden mit wehender Mähne über dunklen Augen und von endlosen, glitzernden Lavafeldern im Schein der rot versinkenden Sonne.

Tatsächlich hatten die Astronauten des US-Raumfahrtprogramms Apollo ihren Einsatz vorab auf Island trainiert, weil sich hier Landstriche fanden, die der Oberfläche des Mondes am ähnlichsten schienen. Jahrzehnte später war die Vulkandichte der Insel für die Luftfahrt eher hinderlich. Der Ausbruch des Eyjafjallajökull legte zuletzt den internationalen Flugverkehr lahm – und sicherte der Insel als Wirkstätte unbändiger Naturgewalten mehr Aufmerksamkeit, als es Werbeanzeigen vermocht hätten. Nicht nur unter Outdoor-Touristen gilt Island seitdem als Traumziel.

»Hier sehen wir, wie klein wir sind, wenn erst die Erde selbst aktiv wird«, formulierte es der skandinavische Naturfotograf Erlend Haarberg. Streifzüge durch Island seien wie eine Zeitreise, die uns erahnen lasse, wie die Kräfte von Gletschern, Vulkanen und Lavamassen einmal die Erde formten.

Die Wirtschaft des Kleinstaates kann den boomenden Reisesektor gut gebrauchen. Denn sie wurde zuletzt von ganz anderen Schockwellen erschüttert. Die taumelnde Nationalbank, der drohende Staatsbankrott im Zuge der weltweiten Finanzkrise haben kein gutes Licht auf seine Bürger geworfen, die blauäugig über ihre Verhältnisse gelebt hatten. Seitdem sind gerade junge Fachkräfte ausgewandert, die dem Land bald fehlen könnten. Derweil beschwören die Bleibenden sowohl den Gemeinsinn als auch die Coolness der Isländer, die schon seit jeher mit Unvorhergesehenem hätten umgehen müssen, von Ascheregen bis Sturmflut. In den Siebzigerjahren etwa brachten sie binnen weniger Nachtstunden alle fünftausend Bewohner der Westman Islands in Sicherheit, als wäre es eine Routineübung.

Wer Reykjavíks beschauliche City durchstreift, bekommt kaum den Eindruck, als halte eine Krise die Stadt im Griff. Die Restaurants und Bars brummen, vor den Hotels warten Taxen mit laufendem Motor. Galerien und Boutiquen werben mit einheimischer Kunst und Design. Ein Modemagazin, das mir in die Hand fällt, zeigt einen vollbärtigen, in Strickpullover, Mantel und Schal gehüllten Manager in felsig-verschneiter Umgebung. »Manchmal muss ein Geschäftsmann eben morgens die Firma führen«, heißt es darunter, »und nachmittags noch einen Berg besteigen.« Selbstzweifel klingen anders.

Viel spricht dafür, dass die »Marke Island« damit ganz gut den Zeitgeist bedient, der persönlichen Erfolg anstrebt und zugleich die Rückkehr zu mehr Natur. Wer jenseits dieser trendigen Goldadern wirtschaftet, hat allerdings mehr Glück und Geduld nötig, um erfolgreich zu sein. So wie unser Friseur Stefán.

Háteigsvegur Nummer zwei, hatte er uns als Adresse seines Ladens notiert. Ich hatte versprochen, ihn wenigstens kurz zu besuchen. Nun lese ich es dem Taxifahrer so lange buchstabengetreu vor, bis der es nickend auf Isländisch zurückgibt. Unweit vom Hafen mit seinen Fischerbooten und Ausflugsschiffen, die Touristen zum Whale Watching einladen, biegen wir in ein graueres Viertel ab. Kommunale Mietblöcke aus den Dreißigerjahren reihen sich hier unter fleckigem Wellblech aneinander. Ein neuer Anstrich täte gut. Es könnte auch eine Vorstadtecke in Moskau sein.

Auf der ersten Kreuzung wirbt eine Apotheke auf verblasstem Plastikdekor um Kunden. Gleich gegenüber stoppt der Fahrer. »Hárlausnir Meistari« lesen wir. Stefán tritt im kurzärmeligen Polohemd aus der Tür.

»Was für ein schöner Tag heute, in der Stadt werden die Leute draußen sitzen«, sagt er und blickt zum wolkenlosen Himmel. Es ist Samstag, der Laden ist eigentlich geschlossen. Das Thermometer zeigt minus zwei Grad.

Sein eingerahmter Meisterbrief als Haareschneider trägt das Datum 10. Januar 2002. Der Prüfer hieß Björnssen. »Ich war vier Jahre Lehrling in anderen Salons und zugleich in der Berufsschule«, sagt er. »Der Lohn reichte kaum für einen Hotdog. Also aß ich Nudelsuppen und sparte mein Geld fürs Wochenende.«

Er habe früh mit Geld umzugehen gelernt. Schon mit dreizehn habe er in den Ferien in Fischfabriken gejobbt und kein Taschengeld mehr von der Mutter gebraucht. Die Länge der Schulferien sei damals dem Bedarf der Fabriken gefolgt.

Krisenhelfer Herrenschnitt

Den Laden habe er zuerst mieten wollen, doch dann habe er durchkalkuliert, dass ihn Kaufen billiger komme. Das Haus sei abrissreif gewesen. Trotzdem habe ein Bauunternehmer es renoviert und den Rest der Flächen in Appartements geteilt. Wenn Reykjavík sich weiter so entwickle wie bisher, meint Stefán, habe sich der Einkauf in die einstige Schrottimmobilie gelohnt.

»Ein Geschäft in der Altstadt könnte ich nicht bezahlen. Aber der Fußweg ist kurz genug für meine Stammkunden«, erzählt er. »Und wer mit dem Auto kommt, muss hier keine Parkuhr füttern.«

Dann zeigt er mir seine Schmuckstücke. Zwei dänische Rasiersessel der Marke Rex, Baujahr 1930. »Rex wie König«, lacht er und zeigt auf das rote, schon reichlich abgesessene Leder, die Nackenstütze, das Pumppedal für die Höhenverstellung. Vom Bügel der Rückenlehne hängt das Wetzband herab, an dem der Barbier sein Rasiermesser schärfte. Inzwischen sei die Messerrasur alten Stils von der Gewerbeaufsicht verboten, erklärt Stefán, der Infektionsgefahr wegen. Die gleiche Klinge für mehrere Kunden, das sei vorbei. Ich sehe meine eigene Kindheit vor mir, die Alten mit den kahl rasierten Nacken, ahne den Geruch der Seife und ihres Haarwassers wieder und die kindliche Hoffnung, bald groß genug zu sein, um sich nicht mehr vom Gesellen auf den Kinderhochsitz heben lassen zu müssen, begleitet von der üblichen Frage: »Na, junger Mann, wie kurz soll's denn sein?«, gefolgt von dessen Blick zur Mutter, deren Antwort dann sicherstellte, dass der Friseurbesuch sich auch lohnte.

»Wir haben als Jungen immer auf einer Holzlatte gesessen«, erinnert sich Stefán und greift in eine Nische, um ein Sitzbrett hervorzuziehen, das von Armlehne zu Armlehne reicht. Dazu hält er den mit Comicfiguren geschmückten Kinderumhang hoch, unter dem vom Hals abwärts alles verschwindet, bis der Haarschneider die Kleinen wieder entlässt.

»Wer nicht mehr aufs Brett musste, war groß. Aber ein Mann war erst, wer einmal nass rasiert worden war«, beteuert der Meister und bittet mich, auf seinem Rex

Platz zu nehmen. »Wie wär's mit einer gepflegten Rasur?«

Mein letzter Besuch beim Barbier liegt über zehn Jahre zurück. Ich war gerade als Korrespondent nach Japan übergesiegelt und drehte ein paar Kurzstücke für unsere Frühsendungen über den Alltag in meinem Gastland. Vor laufender Kamera versank ich beeindruckt unter heißen Tüchern und Tinkturen. Selbst in Nase und Ohren fanden sich Haarspitzen zum Kürzen, dazu wurde ich vom Nacken bis zu den Fingerspitzen massiert. Als ich mich aus dem Sessel erhob, fühlte ich mich wie neugeboren und sah aus wie ein Thronfolger.

Nun wirft mir Stefán schwungvoll wie ein Torero die Kiepe um und kippt mich samt seinem Rex in Rücklage. Zwar bleibt der japanische Standard auch hier unerreicht, aber Stefán versteht sein Handwerk. Ich spüre die weiche Seife, die er mir mit dem Rasierpinsel auf Kinn, Wangen und Hals klatscht. Statt des Rasiermessers alten Stils benutzt er einen ähnlich geformten Halter für Einwegklingen, spannt mit gespreizten Fingern der einen Hand meine Haut an, um mit der anderen sorgfältig das Messer darüberzuführen.

Worüber er mit den Kunden spreche, wenn sie hier sitzen, frage ich.

»Bei Männern geht es meistens um Politik«, sagt er, »die Frauen reden lieber übers Wetter. Früher, als die Leute kaum Fernseher und erst recht kein Internet hatten, war der Friseurladen noch die Nachrichtenbörse. Heute hast du das Gefühl nur noch, wenn die Nationalbank taumelt und alle über die Pleite streiten und wer dafür bezahlt.«

Er diskutiere aber auch mal mit einem Regierungsbeamten, den er bediene, ob Islandtouristen nicht einen

Beitrag bezahlen sollten, wenn sie hier ankommen. Es gebe nur wenige Einwohner in Island, aber für Gäste sei alles frei. Das sei nicht verhältnismäßig.

»Wenn du in Amerika im Yellowstone-Nationalpark wanderst, zahlst du auch Eintritt. Gäste verursachen Kosten. Parks brauchen Pflege. Es geht ja nicht darum, Leute zu schröpfen. Wir wollen weltoffen bleiben. Aber wenn ich so viele Kunden habe, dass ich sie nicht mehr anständig bedienen kann, setze auch ich den Preis etwas höher. Dann regelt sich das von alleine.«

Ein Haarschnitt kostet bei Stefán etwa fünfzehn Euro, für Strähnchen berechnet er das Vierfache. An gewöhnlichen Tagen kommt er auf fünfundzwanzig Kunden. Eine russischstämmige Angestellte, die er einem Konkurrenten abwarb, hilft ihm.

Ob er denn die Finanzkrise in seinem Geschäft gespürt habe, frage ich.

»Zum Glück nicht«, antwortet er. »Meine Kunden sind hauptsächlich Männer. Die kommen immer. Auf die Frauen, auf Haarefärben und so weiter, war ich zum Glück nie angewiesen. Das ging damals tatsächlich zurück, da sparten die Leute Geld.«

Mit glattem Kinn und duftend wie eine Wolke, entlässt mich Stefán. »Wie ein Kinderpopo«, zieht er mich auf. Tatsächlich spüren meine prüfenden Hände kein einziges Barthaar mehr.

Junge, was willst du sein?

Unter der Mittagssonne schlendern wir später im Hafen an den Fischerbooten entlang. Ein russischer Trawler steht hoch im Trockendock und wird neu gestrichen.

Dahinter liegt ein schwarzes, martialisches Walfang-schiff mit gespaltenem Bug. Island hatte jahrelang auf die Waljagd verzichtet, nun weicht es das Selbstverbot wieder auf.

»Der wachsende Wirtschaftszweig der Whale Watcher, die einen Islandboykott durch Tierschützer fürchten, macht den Jägern mehr und mehr Druck«, erzählt Stefán und zeigt in die Bucht. »Sogar im Winter fahren inzwischen täglich Hunderte Leute hinaus, um Wale zu fotografieren. Und das Walfleisch können die Jäger hier ohnehin nicht verkaufen. Es wird nach Japan exportiert oder liegt tiefgefroren auf Halde. Ich bin kein Ideologe, es ist gutes Fleisch. Aber das macht wenig Sinn.«

In einem einfachen, aber aromatisch duftenden Lokal essen wir Fischspieße vom Grillrost. Wie kam es eigentlich, frage ich Stefán als Letztes, dass er nicht auch Fischer wurde, sondern Friseur? Immerhin fährt sein Vater an Islands Ostküste noch heute, mit fast siebzig Jahren, zur See.

»Ich war als Junge zwei Monate lang auf einem Fisch-kutter, in Gewässern zwischen Russland, den Färöern und Norwegen«, holt er aus. »In der Besatzung wurde ein Mann krank, er war nach viel Hin und Her der Einzige, den die Norweger an Land ließen. Alle anderen bekamen keine Erlaubnis, weil die Fangrechte strittig waren. Mich machte das sehr nachdenklich. Außerdem hatte ich vom ersten Tag an Heimweh.« Sein Vater liebe die See, aber er habe ihn nie in die Fischerei gedrängt.

»Zudem wollte ich einmal Familie haben und dachte, ein Beruf, den ich zu Hause ausüben könnte, sei besser«, fährt er fort. »Eines Tages nahm mich dann meine Mutter zur Seite und sagte: ›Junge, ich habe hier ein Buch mit Berufen. Jetzt sag, welchen du willst.‹ Dann las sie vor: Zimmermann, Elektriker, Schneider und so weiter. Bei Haareschneider sagte ich Ja.« Danach habe sie zum Telefonhörer gegriffen und einen Salon angerufen. Da habe er seine Lehre begonnen.

Ob es Zufall war oder eine bewusste Berufswahl? »Offenbar habe ich als Kind meine Friseurbesuche in guter Erinnerung behalten«, lacht Stefán und bittet mich, nächstes Mal meine Kinder mitzubringen. Ob Einheitsschnitt oder »Halfcut«, beides gebe es für sie gratis. Dann müssen wir los – denn wir haben, wenn man so will, einen Termin mit Islands Unterwelt.

Tauchen zwischen Kontinenten

Kathedrale der Tiefe

Der These vom unverkäuflichen Walfleisch widerspricht ein Handelsexperte, mit dem wir Reykjavík verlassen. David Sigurthórsson, ein humorvoller, fast südländisch wirkender Hauptstädter, hat Wirtschaftsethik studiert, berät hauptberuflich örtliche Firmen und verdingt sich in der Freizeit als Wassersportler. Wenn er ihn für angemessen hält, ist ihm Zynismus nicht fremd. Island sei gerade in Mode wie der Klondike zu Zeiten des Goldrauschs, sagt er, als ich mit ihm über die Landstraße fahre. Vor uns öffnen sich Weiten, wie ich sie bisher nur aus Alaska oder Kanada kannte.

»Viele Outdoor-Freunde mögen auch Tierschützer sein«, frozzelt er. »Aber ein Stückchen Walfleisch, wenn es schon mal auf der Restaurantkarte steht, probieren sie gern. Zu Hause erfährt ja keiner davon.« Jedenfalls reiche diese Art Umsatz inzwischen, um die Fangschiffe rentabel zu machen.

Dass der Tourismus derzeit die wichtigste Stütze der Wirtschaft ist, bestätigt David. Die Folgen der Finanzkrise seien noch lange nicht ausgestanden, zumal die Langzeitschäden erst jetzt bemerkt würden. Aus vielen Branchen seien Leistungsträger geflohen, nach Norwegen vor allem, das eine Ölquelle nach der anderen erschließe, oder nach Dänemark. Baufirmen fehlten die Zimmerleute, Krankenhäusern Ärzte und Pfleger.

»Wie kam es, dass das Land derart blind Richtung Pleite rutschte?«, frage ich.

Er glaube, dass es mit der geringen Bevölkerungszahl zu tun habe, antwortet er. Ein Staat mit nur dreihunderttausend Einwohnern, vom Kindergarten an kenne man da einander, vergleiche ständig, wer was erreicht habe. »Also willst auch du einen Landrover, sobald der Nachbar sich einen leistet, eine Hütte am See, ein Jacuzzi. In anderen Ländern freut man sich aufs Monatsende, wenn das Gehalt kommt. Hier überwog die heimliche Angst vor der Kreditkartenabrechnung.«

An den Wochenenden hätten sich auf den Straßen die neuen Caravans gestaut. »Darlehen waren billig, die Währung schien solide. Designerküche, Zweitwagen, alles war denkbar«, schildert David. »Wir Isländer neigen ohnehin zu dem Glauben, dass sich am Ende alles schon von alleine regelt.« Trotzdem könne der sprudelnde Tourismus den Arbeitsmarkt stützen, wenn man nur den rechten Weg finde zwischen den neureichen Kreuzfahrern und sparsamen Rucksackreisenden. Potenzial habe Island genug. Auch sein Auftraggeber etwa, Islands erster Tauchtourenanbieter, erschließe es gerade. Und bringe bereits ganzjährig Gäste zu einer Kultstätte, die Kenner als eines der Weltwunder unter Wasser einstuften.

Schwere Luft

Wie erhofft, erreichen wir den schmalen, lang gezogenen See im Nationalpark Thingvellir, unter blauem Himmel. Nach gut einer Fahrstunde machen wir halt, um in zerklüftete Lavaspalten hineinzublicken. Manche nur einen Meter tief, als hätten sie sich gerade erst geöffnet, andere weiten sich unter der Besucherplattform wie Canyons.

»Du magst die Landschaft für alt halten«, korrigiert David meinen Eindruck vom Anflug auf Reykjavík, »in Wahrheit ist sie eine der jüngsten der Welt. Die Erdkruste ist hier stets in Bewegung. Die Gräben wachsen im Durchschnitt zwei Zentimeter pro Jahr.« So brächten sie ständig Neuland hervor, das später anderswo wieder versinke. Selbst Islands äußerste Bergketten kämen erdgeschichtlich nur auf ein Alter von vier Millionen Jahren. »Zwar existiert die Insel Island seit etwa sechzehn Millionen Jahren«, rechnet er vor, »aber in dieser Zeit hat sich das Land quasi viermal neu gebildet, sich vom Zentrum nach außen bewegt und ist dort erodiert. Die Lavaspalten, über denen ihr steht, sind eine Art geologisches Niemandsland.«

Was sich aus diesen Kluften neu bildet, die in nordöstlicher Richtung quer durch Island verlaufen, sind tatsächlich nicht weniger als die Kontinentalmasse der Nordhalbkugel. Denn hier treffen die Erdplatten Nordamerikas und Eurasiens aufeinander. David, im Zweitjob einer der erfahrensten Sporttaucher Skandinaviens, wird mir dieses Naturwunder aus der Nähe zeigen, wo es sich noch spektakulärer präsentiert – unter der Oberfläche des Sees: Die Silfra-Schlucht, einer der tiefsten, finstersten und zugleich schönsten Orte Islands. Ein Ort zwischen zwei Welten.

Dass ich vor dem Drehtag Fracksausen hatte, verschweige ich ihm nicht. Mein letzter Tauchgang, in warmen Buchten der Südsee, liegt Jahre zurück. Einen Trockenanzug, wie ihn der jetzige Einsatz erfordert, trug ich noch nie. Auch scheue ich die Kälte, denn die Luft um uns misst Minusgrade, und die Wassertemperatur wird nur zwischen zwei und drei Grad liegen.

Es ist das Schmelzwasser der Gletscher, das sich hier sammelt, nachdem es jahrzehntelang kilometerweit durch die Lavaformationen gesickert ist. Wegen seiner konstanten Kälte ist es nahezu frei von Fischen, Kleinstlebewesen und Schwebeteilchen, mithin klar wie Quellwasser. So erlaubt es Tauchern eine rekordträchtige Sichtweite – bis zu einhundert Meter.

Behutsam weist mich David ein, erklärt mir, was wann zu tun ist, dass nichts droht, was zu riskant wäre. Zwar seien in der Silfra-Schlucht schon Taucher ums Leben gekommen, aber nur, weil sie sich in Höhlen oder unter Felsendächer vorgewagt hätten, die ihnen irgendwann den Rückweg nach oben versperrten. Wegen der Erdbewegung gelte auch die Schlucht als dynamische geologische Zone, in der immer wieder Gestein nachbröckeln könne. Schon deshalb sei es geboten, Höhlen zu meiden. Die Route, die wir nähmen, sei jedoch nicht nur sicher, sondern auch reich an Motiven.

Über dünne Nylonwäsche und Socken streife ich zunächst einen luftigen Overall, den mir David reicht. Dann den schweren Gummianzug, dessen Löcher für Hände und Kopf mir viel zu klein erscheinen.

»Das ist ja wie eine zweite Geburt«, schimpfe ich, als ich mich mit dem Gesicht voran durch die Öffnung quäle. Der Randwulst drückt nun auf meinen Hals wie ein zu enger Rollkragen. Ebenso dicht liegt der Kopfschutz an, den ich als Nächstes überstreife. Für Taucherbrille und Mundstück hält er Öffnungen vor. Wie ein Wattwurm wähne ich mich, dessen Kopf konturlos in den Körper übergeht. Zudem sind mir die Handschuhe zu dick und unförmig, um damit noch irgendeinen Druckknopf am Tauchequipment zu finden. Als ich schließlich noch Weste, Sauerstofftank und Bleigürtel umgeschnallt habe, breche ich unter fünfundvierzig Kilo Traglast fast zusammen.

»Frieren wirst du allenfalls an Händen und Lippen, und auch das erst nach einer halben Stunde«, verspricht mir David. Zuvor hat er beschrieben, was uns unten erwartet. Zunächst würden wir den engsten Teil der Schlucht passieren, mit senkrechten Felsformationen, dann eine breitere, fast gotisch anmutende Passage, die Kathedrale heiße, und als Letztes eine flachere, sandige Strecke, die Lagune, von der aus wir am Ende auf die Lavabrocken am Ufer klettern könnten. »Und all das«, ist er sich sicher, »wirst du nie mehr vergessen.«

Die Welt im Haltegriff

Er sollte recht behalten. Allein die Farbenfülle ist märchenhaft, als ich im glasklaren Wasser zum ersten Mal um mich blicke. Tiefblau färbt das Sonnenlicht es bis auf zwanzig Meter hinab, bevor die Schatten der Felswände es verdunkeln. Die grobklotzigen Steinbrocken säumen die Schlucht in bräunlichen, gelben oder, wenn sie bewachsen sind, grünen Tönen. Wie eine Bühnenkulisse aus Pappmaschee türmen sie sich beidseitig auf, mal aus riesigen, krummkantigen Klötzen geformt, mal kleinteiliger, wie ein zerklüfteter Steinbruch. Selbst der tief liegende, hellgelbe Boden scheint bald kunstvoll ausgeleuchtet, sobald ihn ein Sonnenstrahl trifft.

Schon nach der ersten Minute habe ich die Kälte vergessen, die ich beim Eintauchen noch spürte. Dafür macht mir die Luftregulierung Mühe, die ich sowohl in der üblichen Tauchweste als auch im Trockenanzug vornehmen muss. Denn von ihr hängt ab, ob der Körper vom Auftrieb nach oben oder vom Gewicht nach unten gezogen wird – oder wunschgemäß die Tauchhöhe hält.

Erst nach einigen ungewollten Pirouetten finde ich zurück zur Routine früherer Tauchtouren und befolge fortan Davids Handzeichen, um ihm durch die Schluchtpassagen zu folgen. Dabei staune ich weiter über den blauen Schimmer des Wassers und das klare Farbenspiel der Umgebung. Dann winkt mich David zur engsten Stelle zwischen den Schluchtwänden, von der aus ich mich zugleich mit der linken Hand an Amerika festhalten kann und mit der rechten an Europa. Fotos davon hatte ich zuvor schon gesehen. David trug das Motiv sogar auf seinem Sweater. Wie ein Kreuz klemmte da ein Taucher zwischen den Felsen. »Sorge bitte dafür«, hatte ich ihn gebeten, »dass ich in meinem Weltraumanzug nicht mit den Flossen nach oben in der Schlucht hänge.«

Einen Moment lang mache ich mir bewusst, dass meine Fingerspitzen gerade zwei Kontinente berühren. Einerseits den Sockel Amerikas, das bis nach Alaska reicht, die Gesamtdistanz also, die ich auf dem Polarkreis schon zurückgelegt habe. Andererseits Europa und Asien bis zum Pazifik, mithin unsere noch anstehende Reisestrecke. Dankbar bin ich in dieser Minute und demütig. Und ein wenig erleichtert, dass ich nach dem Einstieg ins eisige Wasser nicht aufgeben musste.

Als wir weiter tauchen, muss ich jedoch mehrmals die Tauchtiefe variieren. Dann presst der Anzug beim Abstieg auf meinen Körper wie eine Wurstpelle. Sobald ich aber Druckluft hineingebe, lässt sie mich allmählich wieder höher steigen, als ich will, und ich muss die Luft wieder ablassen. Das Ventil dafür sitzt vor der linken Schulter, deshalb entweicht Luft nur, wenn ich mich so drehe, dass es höher liegt als der restliche Körper. Meist zieht mich der schwere Tank dann in Rücklage und in erneute Drehungen, bis ich wieder meine Balance finde.

Bunte Algen tanzen hier und da vor den Felsen, die nun auch mal in Gipfeln enden und uns weiträumiger umgeben, nachdem wir in die Kathedrale eingedrungen sind. Der einzige Fisch, der unseren Weg kreuzt, ist ein einsamer Saibling.

Schluck aus der Schlucht

Später überqueren wir minutenlang flachere Sandbänke, bevor sich unter uns wieder schattige Schlünde öffnen, als führten sie direkt zur Hölle hinab. Schließlich signalisiert mir David, doch kurz das Mundstück herauszunehmen, um einen Schluck von dem Wasser zu kosten. Tatsächlich verspüre ich Durst, also schnappe ich mit den Lippen wie ein Fisch – und fühle mich dabei auch fast schon wie einer. Und wirklich, es schmeckt so erfrischend wie ein gutes Tafelwasser. »Wo gibt es das schon«, hatte es David vor dem Abtauchen gerühmt, »dass du das Wasser, in dem du tauchst, zugleich trinken kannst. Wäre es kein Naturschutzgebiet, wir könnten hier eine Abfüllfabrik hinstellen und es in Flaschen gießen, ohne es auch nur einmal filtern zu müssen.«

Nach gut einer halben Stunde, die mir vorkam wie nur wenige Minuten, deutet er an, dass wir uns der Ausstiegsstelle nähern. Noch einmal schaue ich zurück und genieße die märchenhafte Unterwasserwelt. Dann erreichen wir mehr krabbelnd als schwimmend das Ufer, das wir auf Händen und Knien erklettern wie Quastenflosser. Jedes Kilo, das zuvor mit im Wasser schwebte, lastet nun wieder voll auf meinen Knochen.

»So müssen die ersten Amphibien einst aus dem Meer gekrochen sein«, lache ich über mich selbst, als ich die Brille abstreife. Auf die Beine komme ich erst, als mir David die Hand reicht. Dennoch zollt er mir erheitert Respekt. Leute wie mich nenne man hier »rusty divers«, eingerostete Taucher, verrät er mir. Dafür hätte ich mich recht wacker geschlagen.

Spitzenwerte

Der Nationalpark, der die Silfra-Spalte umgibt, hütet nicht nur seinen Unterwasserschatz. Thingvellir gilt auch als der Ort, an dem die Wikinger im zehnten Jahrhundert das älteste bis heute fortlebende Parlament gründeten. Hier sei Recht gesprochen worden bis zu Todesurteilen, sagt Daniel. Die grausigen Details dazu lese ich später nach – und erfahre so, dass verurteilte Männer hier vorzugsweise geköpft wurden, Frauen dagegen vom Wikingergericht in einen Sack gehüllt und im kalten Seewasser ertränkt wurden.

Auf der Rückfahrt in die Hauptstadt zählt David noch mehr verbriefte Rekorde auf. Als wir am Haus des Schriftstellers Halldór Laxness vorbeifahren, der Mitte der Fünfzigerjahre den bis heute einzigen Nobelpreis nach Island holte, hebt er den Zeigefinger. »Du musst wissen, dass wir damit unangefochten an der Weltspitze liegen«, verblüfft er mich. »Als einzige Nation mit einem Nobelpreis pro dreihunderttausend Einwohner.«

Überhaupt würden, immer relativ betrachtet, nirgendwo mehr Bücher geschrieben und gekauft. Nirgendwo besäßen mehr Bewohner einen Computer, eine Kreditkarte oder einen Landrover. Und auch im Wettbewerb um Miss-World-Titel seien Islands Frauen erfolgreicher gewesen als alle anderen. Wäre unsere Autofahrt nicht in Reykjavík zu Ende gewesen, ich würde mir wohl noch immer die Hitliste anhören.

Der Rekord in Hartnäckigkeit gebührt indes einem Schafzüchter, dessen Land mir David unterwegs zeigte. Es liegt über dem Ufer eines Sees nahe der Stadt. Die Nachbargrundstücke zählen angeblich zu den teuersten des Landes. Dennoch verkauft der Schafhirte keinen Quadratmeter. Den Immobilienagenten, die mit Grundbuchauszügen und Unsummen Geld anreisten, erzählte er Mal um Mal, das Land gehöre ihm gar nicht, deshalb könne er es auch nicht hergeben. Es gehöre seinen Schafen. Und die wollten es für immer behalten.

Der Mann ist nicht der Einzige, den Spekulanten hofieren. Der Streit um die Avancen eines chinesischen Milliardärs bringt es vor unserer Abreise sogar bis in die *New York Times*. Hauptperson ist der frühere Pekinger Parteifunktionär Huang Nubo, der sich zu Hause vom Propagandaapparatschik zum Immobilientycoon gewandelt hat und den Berichten zufolge den entlegenen Inselort Grimsstadir in ein Öko-Golfresort mit Luxushotel umwandeln möchte. Als Kunden habe er betuchte Landsleute im Sinn, die sich nach sauberer Luft, Abgeschiedenheit und Poesie sehnten. Die Regierung in Reykjavík lehnte das Ansinnen zunächst ab. Die Gesetze des Landes erlaubten Ausländern nicht, Land zu erwerben. Zudem lasse der Interessent zu viele Fragen unbeantwortet. Der Plan eines Edelresorts sorge ihn, legte sich der Außenminister fest, zumal, wie er sagte, in einer Gegend, in der man fast die Trolle im Schnee tanzen höre.

Diplomaten, vor allem aus den USA, hatten die Isländer gewarnt, sie sollten die Offerte nach verborgenen Motiven abklopfen, geostrategische Ziele Chinas, wie sie auch in Grönland zutage träten, eingeschlossen. Island liege nah an Wasserstraßen, die bald den Zugang in die tauende Arktis erlauben würden.

Tatsächlich hat China sein Interesse am Inselstaat längst offen bekundet. Auch ein Freihandelsabkommen treibt Peking voran, es wäre das erste mit einem europäischen Land. Pekings Premier besuchte Reykjavík. Die hiesige chinesische Botschaft ist die größte der Stadt. »Wir scheinen eine leichte Beute zu sein für eine Großmacht, die sich offenbar Anteile an der Arktis sichern möchte«, mutmaßte ein isländischer Chefdiplomat.

Zuletzt drängte Huangs Firma, mit dem Rückhalt von Chinas staatlicher Entwicklungsbank, auf einen langfristigen Nutzungsvertrag für weit über hundert Quadratkilometer Wildnis – und hofft seitdem auf mehr Wohlwollen künftiger Regierungen. Doch weil Huang seine Baupläne um eine Landepiste ausweitete und gleich zehn eigene Flugzeuge einsetzen will, wächst die Skepsis der Einheimischen. Gerüchte von einem Luftstützpunkt Chinas machen die Runde, nahe vermuteter Ölfelder der Zukunft, von geheimen Horchposten und von Militärstrategen, die nur zur Tarnung in Golfcaddys stiegen. Derweil beteuern Huangs Sprecher weiter, es gehe ihm nur darum, ein »neues Marktinteresse« in China zu bedienen. Viele seiner Landsleute wollten ihre Freizeit eben »nicht mehr an lauten, schmutzigen Orten« verbringen.

Land der Lebensfreude

Auf Rekordkurs

Island reklamiert noch mehr Superlative für sich. Die höchste Geburtenrate Europas etwa – und zugleich den größten Anteil berufstätiger Frauen. Die weltweit höchste Lebenserwartung für Männer und eine der höchsten für Frauen. Das einzige NATO-Land ohne Armee – die man schon vor siebenhundert Jahren abschaffte. Einem Ranking des Entwicklungsprogramms der Vereinten Nationen zufolge, das kurz vor der Finanzkrise erschien, führte Island zudem mit dem besten Gesamtwert für Bildung, Gesundheit und Wohlstand die Welt an.

Ausgerechnet auf diesem »Lavabrocken am Rande der Arktis«, hoffnungslos weit entfernt von tropischen Sommern und halbjährlich in finstere Winter gehüllt, sollen sich die glücklichsten Menschen tummeln, spöttelte damals der britische *Guardian* und verwies auf einen weiteren Spitzenwert, der dem zu widersprechen schien – die welthöchste Scheidungsrate. Zuvor schon hatte eine Studie den Isländern den Status als »most happy people« zugewiesen, die schon deshalb als glaubwürdig galt, weil die Russen daraus als »most unhappy« hervorgingen. Doch auch die Isländer selbst wissen zu erläutern, warum die These vom weltglücklichsten Volk gute Gründe hat.

»Wir Isländer verharren nicht in lausigen Partnerschaften«, erklären Befragte den Scheinwiderspruch zwischen Scheidungsdichte und persönlichem Wohlbefinden. »Wir lassen sie dann lieber hinter uns.« Andere verweisen auf die Vorfahren: »Die Wikinger, unsere Ahnen, ließen ihre Frauen alleine auf der Insel zurück, wenn sie zu ihren jahrelangen Raubzügen aufbrachen. Die Frauen schmissen dann hier den Laden und zeugten Kinder mit ihren Sklaven. Aber die Männer hatten wenigstens die Größe, das hinzunehmen. Ganz nach ihrem Lebensmotto: je mehr, desto besser.«

Isländer begriffen Patchworkfamilien weniger als gesellschaftlichen Mangel denn als Tradition, folgern Fachleute. In einer kaputten Ehe der Kinder wegen einen intakten Schein zu wahren gelte als unnütz. Dass Geschwister verschiedene Väter und Mütter haben, sei so akzeptiert wie verbreitet. Christliche Moral und ihre Tabus hätten Isländer nie so sehr von den Missionaren übernommen, wie diese es wünschten. Stattdessen sähen sich traditionell alle als eine Art Gesamtfamilie – die Kindseltern, die Verwandten, die Dörfler, wenn nicht gar die Isländer insgesamt.

Tatsächlich fällt auch uns auf, wie jung Reykjavíks Bewohner erscheinen. Wer im Studentenalter Mutter oder Vater werde, empfinde dies selten als Problem, erfahren wir, man sei dann eben ein Jahr länger eingeschrieben. Erst mit Ende dreißig Kinder zu bekommen sei keine bessere Option. Babys seien willkommen. Eine kinderfreundliche Sozialpolitik komme dem entgegen, seien es neun Monate voll bezahlter Elternurlaub, wahlweise für Vater oder Mutter, oder kostenfreie Ganztagskindergärten.

Glaubt man Landeskundlern, zehrt Island auch noch in anderer Hinsicht von Geist und Genen der Wikinger:

Die Neigung, die Welt zu erkunden, präge das Inselvolk noch immer. Seine Offenheit der Außenwelt gegenüber sei vorbildlich. Englisch ist längst zweite Landessprache, Studierende drängen in Auslandssemester, die Universität in Reykjavík beschäftigt Personal aus über zwanzig Ländern. Die Vorgabe der Regierung lautete früh, das Beste sowohl von Europa zu übernehmen als auch vom großen Nachbarn im Westen – den USA. Das Wohlfahrtssystem Skandinaviens, gepaart mit amerikanischem Unternehmergeist, das schien bis zur jüngsten Krise das Land zu beflügeln. Oder wie es Reykjavíks früherer Bürgermeister Dagur Eggertsson formulierte: »Vor hundert Jahren waren wir das ärmste Land, aber wir konnten alle lesen, und wir hatten starke Frauen. Darauf haben wir unsere Politik aufgebaut. Denn für das Wohl eines Landes ist nicht nur wichtig, dass seine Menschen nicht rauchen und sich gesund ernähren. Bedeutender noch sind Frieden und Chancengleichheit, Frauenrechte und Bildung sowie eine intakte Natur.«

Vorbild Hummel

Gerade US-Ökonomen, die gern die reine Marktwirtschaft predigen und den Wohlfahrtsstaat als Teufelswerk abtun, wunderten sich jahrzehntelang über den Höhenflug Islands – etwa so, wie Biologen lange darüber rätselten, warum eine Hummel trotz ihrer Plumpheit zu fliegen vermag. Die Tragik liegt darin, dass das angeblich so flugtaugliche US-Finanz- und Wirtschaftssystem mit seinen internationalen Subprime-Portfolios und dem auf Luftbuchungen gebauten Wachstum als erstes europäisches Opfer Islands Nationalbank mit in den Abgrund riss.

Danach wählten die Isländer ihre Regierung ab und machten aus Protest einen Komiker zum Bürgermeister von Reykjavík. »Wir hatten zu viele ineffiziente Ministerien und noch mehr schlecht geführte Untereinheiten«, konstatierte zwischenzeitlich der Minister für Wirtschaft und Innovation und straffte die Administration von zwölf auf acht Ressorts – bevor auch seine Regierung abgewählt wurde.

Seitdem startet die isländische Hummel wieder in der gebotenen Vorsicht zu ihren Flügen. Und die Tugenden der Insel, wie Eggertsson sie aufzählte, sorgen von Neuem für stetigen Antrieb – Jahrhunderte nachdem die Wikinger ihr Erbe an die Insel weitergaben.

Andrang im Paradies

Das steigende Interesse der Reisenden am arktischen Urlaubs- und Abenteuerziel Island könnte der Insel bald jährlich eine Million und mehr Gäste zuführen. Das wäre mehr als das Dreifache der Bevölkerung. Die letzte Touristenzählung ergab annähernd siebenhunderttausend pro Jahr bei steigendem Trend. Sosehr es den Einheimischen schmeichelt – nicht alle sehen es mit Freude.

»Wie viel ist zu viel?«, fragt kurz vor unserer Ankunft auch die *Iceland Review* selbstkritisch und trifft damit präzise die Gefühlsmischung der Isländer zwischen Aufbruchstimmung und Skepsis. Auch andere zweifeln längst laut – wie schon unser Friseur Stefán –, ob das angepeilte Millionenziel nicht in Wahrheit mehr schadet als nutzt, weil es Island selbst aus der Balance bringen könnte, die es seinen nach Natur und Ganzheit suchenden Gästen verspricht. Tatsächlich gab zuletzt jeder dritte Tourist an, Island wegen seiner Landschaft bereisen zu wollen. Fast die Hälfte dieser Befragten klagte jedoch später, in den beliebten Naturparks mit ihren Vulkanen, Gletschern und Geysiren seien zu viele Menschen unterwegs.

»Wir haben dort das Limit erreicht«, warnt denn auch Umweltministerin Svandís Svavarsdóttir. »Die Aura von Wildnis und Weite ist dahin.« In Wahrheit schließe sie Massentourismus aus. Schon all die Offroader, die in ihrem Freiheitsgefühl einfach die Straßen verließen, seien ein Problem. Andere Kritiker klagen, dass auch die Isländer längst ihre Naturschätze nicht mehr genießen könnten, weil sich überall Leute drängten.

»Dann fahrt eben woanders hin«, kontern die Wortführer im Tourismusverband, »an die West- oder Ostküste zum Beispiel.« Island sei groß genug. Wer um Reisende werbe, müsse nun mal damit rechnen, dass die beliebtesten Ziele dann auch gefragt seien, rechtfertigen sie die Millionenvorgabe. Man müsse die Gäste nur über das Jahr verteilen, die Infrastruktur verbessern und weitere Regionen erschließen – auch um mit den bisherigen Reiseklassikern des Nordens zu konkurrieren. Der westlichste Punkt Islands etwa, auch wenn er nur im Sommer erreichbar sei, lasse sich auch als der westlichste Europas anpreisen und zudem als größter Brutfelsen für Seevögel.

»Die Klippen sind über vierhundert Meter hoch, das ist imposanter als das Nordkap in Norwegen«, vergleicht Islands Tourismuschefin. »Um dorthin zu kommen, sitzen Reisende von Oslo aus drei Stunden lang im Flugzeug, dann gehen sie in eine Hütte und bekommen einen Stempel. Warum machen die das? Weil sie das Extreme mögen. Warum aber vermarkten wir dann nicht ebenso erfolgreich das Westkap?«

Islands Regierung gab zuletzt Millionen für Wander-
wege, Parkausstattungen und Infokampagnen aus, die
Reisende nunmehr auch disziplinieren sollten. Zudem
drängt sie Reiseveranstalter, sich um Gütesiegel zu be-
werben, die ihnen die Umweltverträglichkeit ihrer Angebote bescheinigen.

Der Vorschlag, eine Art Naturpass für Island einzufüh-
ren, fand bisher keine Mehrheit. »Er könnte etwa dreißig
Euro kosten und ließe sich kontrollieren wie ein Zug-
ticket«, so die Umweltministerin. Kritiker halten dagegen, dass Kontrollpersonal und Absperrungen letztlich
ebenso viel Geld verschlingen würden. Zudem sei es
kaum möglich, ganze Seen oder Nationalparks mit Zäu-
nen und Türstehern zu umgeben. Man habe Island erfolgreich als wildes und einsames Paradies etabliert.
Auch darüber müsse man wachen. »Letztlich ist am wichtigsten«, so die Ministerin, »dass diejenigen, die hierher-
kommen, ihre Tage genießen und zu Hause anderen
davon erzählen.«

Derweil bemüht sich Reykjavík, einer weiteren Klage
entgegenzutreten: Wo viele Reisende ankämen, schimp-
fen Insider, gingen die Preise hoch, während die Qualität
des Service sinke. »Das neue Motto scheint bei manchen
Anbietern zu lauten«, kritisiert ein Branchenkenner,
»lasst uns die Touristen über den Tisch ziehen, so gut es
geht, sie kommen sowieso nicht mehr wieder.«

Auch stört die Verantwortlichen, dass die Zahl der un-
angemeldeten Unterkünfte wachse. So entgingen dem
Land Steuern. Allein in der Hauptstadt hätten Kontrolleure zuletzt mehr als tausend nicht registrierte Betten
ermittelt. Das entspreche der Zimmerzahl der beiden
größten Hotels.

Aufseiten der Reisenden fiel in Erhebungen auf, dass

Reiseroute Polarkreis: Unterwegs über arktischen Bergen

Dines Mikaelsen: Schlitten gezimmert, Hunde gespannt

Auf Gletschertour: Über vier Pässe in die Nacht

Bucht der Eisberge: Uferhäuser in Tiniteqilaaq

Gästeteller: Nahrung aus Tundra und Meer

Himmelszeichen: Polarlichter über Grönland

Unbändige Natur: Islands lockendes Kapital

Klar, aber kalt: Vor dem Abstieg ins Gletscherwasser

Zwischen Kontinenten: Tauchen in der Kluft von Silfra

Über tödlichen Klippen: Der Leuchtturm von Grímsey

Schon Vater war seekrank: Zwillinge Bjarni und Svalfar

Griffige Kälte: Fischerboot unter Eis

Kirche vergeht nicht: Taufstätte zwischen den Schneestürmen

Monument für einen Breitengrad: Flug über Polarkreis-Markierung

ihre Zahl zwar stetig ansteige, jedoch nicht im gleichen Maße die Einnahmen, die sie dem Gastgeberland bescherten. Nun will die Regierung den Wintertourismus fördern. »Da sind die Urlaube kürzer, aber pro Tag gibt man mehr Geld aus«, weiß Wirtschaftsminister Steingrímur Sigfússon, auch wenn die weltweite Wirtschaftskrise auf die Reisekassen der Touristen drücke. Andere schielen lieber auf Konferenzpublikum und Firmenausflüge, da jene Klientel nach ihren Untersuchungen doppelt so viel umsetze wie gewöhnliche Reisende und zugleich teurere Unterkünfte bevorzuge – also kaum andere Gäste verdränge.

»Ohnehin bin ich der Letzte, der Reisende mit schmaler Brieftasche gering schätzt«, sagt Sigfússon und ermuntert seine Landsleute weiter zur Offenheit allen gegenüber. »Ich bin als Student selbst mit dem Rucksack durch fremde Länder getrampt, mit nur ein paar Dollar in der Tasche. Heute habe ich mehr Geld zum Reisen. Und ebenso kommen die Studenten, denen heute Islands Vielfalt gefällt, mit Sicherheit morgen zurück.«

Ende des Reinheitsgebots

Der Tourismusboom hat indes nicht zu verhindern vermocht, dass auch das Vorzeigeland der grünen Energien vom arktischen Ölfieber erfasst wurde. Mit Blick auf vermutete Bestände nordöstlich von Grímsey, etwa auf halber Strecke zu den ersten Inseln Norwegens, vergab die Nationale Energieagentur zuletzt zwei Forschungs- und Förderlizenzen, an denen das Nachbarland vertragsgemäß teilhat. Letzte Schätzungen gehen von einem Förderwert von mehreren Hundert Milliarden Euro aus. Das

Gebiet wurde als sogenannte Drachenzone bekannt, deren Lockruf seitdem sowohl an die Ohren der Öllobby als auch der Naturschützer dringt.

»Das ist eine große Sache«, freute sich der Chef der isländischen Kolvetni-Gesellschaft öffentlich, die eine der Lizenzen hält. Die Arktis stehe vor enormen Veränderungen, die neue Handelswege eröffneten und neue Zugänge zu Bodenschätzen. In Islands Nordosten könnten Servicezentren für die arktische Güterschifffahrt entstehen. Die Ölförderung bringe Steuereinnahmen und Jobs. Ein ausdifferenzierter Wirtschaftszweig, schwärmte er, der Bildung und Fähigkeiten verlange und dafür beste Löhne bezahle. Ähnlich wie Norwegen könne Island sogar einen nationalen Fonds anlegen, in den die Ölfirmen einzahlten. Wenn erst alle Hürden genommen seien und das Fördern beginne, folgten weitere Branchen wie Helikopter-Shuttles zu den Bohrinseln oder die Ausstatter für Sicherheitsequipment.

Spätestens bei diesem Stichwort haken die Gegner ein. Auch ein Ölpreis von neunzig Dollar pro Fass, immerhin das Dreifache des Preises zu Zeiten der Lizenzvergabe, sei nicht genug, um die nötigen Umweltauflagen der Region zu erfüllen, rechnen sie vor. Zudem seien auch alternative Energien immer leichter zu nutzen, mithin nicht nur das arktische Öl.

Dass selbst Island dem Sog der fossilen Schätze erliegen könnte, ist bemerkenswert. Dank seiner Vulkanwärme deckt das Land inzwischen fünfundachtzig Prozent seines Bedarfs mit erneuerbaren Energien. Kraftwerke pumpen schlichtweg Wasser in Erdröhren, um es erhitzt wieder hervorzuholen und damit ganze Städte zu beheizen. Selbst als Exportgut taugt die Erdwärme, wenn auch nur indirekt: Die neueste Fabrik zwischen Flughafen und

Reykjavík, schwärmte uns auf der Strecke jeder Taxi-fahrer vor, stellt das energieintensive Aluminium her – aus kanadischen Rohstoffen, für kanadische Abnehmer.

Öl für die Unabhängigkeit?

Da Island all seine fossilen Brennstoffe importieren müsse, machten es eigene Ölquellen unabhängiger, sucht die neue Öllobby nach Argumenten. Der Treibstoffbedarf für Autos und Fischerboote werde stabil bleiben, da alternative Energien dort wenig erreichten. Mit Blick auf Umweltauflagen seien internationale Abkommen in Arbeit. Norwegen habe die Balance zwischen wirtschaftlichem Gewinn und ökologischem Schutz ebenfalls hinbekommen, warum also nicht auch Island?

»Eben weil wir uns damit brüsteten, auf dem Weg zum Null-Emissionen-Land zu sein«, hält Aktivistensprecher Árni Finnsson dagegen. »Es ist ein klarer, peinlicher Widerspruch zu unserem eigenen Image. Es passt ganz und gar nicht zur Reputation, die wir anstreben.«

Dass Ölbohrungen in der Drachenzone die bisherigen Kapazitäten für Küsten- und Meeresschutz überfordern würden, gestehen auch wirtschaftsnahe Experten ein. Tatsächlich blieben die Wetterbedingungen in der Arktis extrem, das Treibeis ein Risikofaktor, das Ökosystem verwundbar und die Eigenschaften von Rohöl in kalten Temperaturen ein kaum handhabbares Problem. Selbst Russlands Vertreter Anton Vasiliev warnte auf einer international besetzten Umweltkonferenz in Reykjavík offen, dass das Eindämmen einer Ölpest in der Arktis schon rein technisch ein viel größeres Problem sei als in jedem anderen Gewässer. Das müsse jedem Warnung genug sein, so warnen Kritiker, der noch die letzte Katastrophe vor Augen habe, die der BP-Konzern in südlicheren Breiten auslöste, als seine Tiefsee-Bohrinsel im Golf von Mexiko sank – und seine Ingenieure Monate benötigten, allein um das Leck zu schließen.

Die Fischer von Grímsey

Berufskrankheit Brechreiz

»Ziehen Sie sich lieber noch etwas drüber, es wird kalt da draußen«, sagt Bjarni Gylfason und wirft mir von der Bordkante aus einen Seemannsoverall zu. Dabei habe ich mich schon in alles eingehüllt, was ich im Gepäck hatte: Nylonleggins, Fleeceleggins, Cordhose, Unter- und Oberhemd, Hoody, Daunenjacke, Ohrenschützer, Mütze. Dazu die wasserdichten Stiefel, die sich abwaschen lassen, wenn sie später nach Fisch riechen. Nun bin ich rund wie eine Boje und schaffe es kaum noch, über die fingerdick vereiste Reling zu klettern.

»Konrád« heißt unser Schiff, das sich bald aus dem kleinen Schutzhafen der Polarinsel schiebt. Anfangs sehen wir südlich von Grímsey noch die Bergketten der isländischen Hauptinsel, dann beginnt es zu schneien, und der Seegang nimmt zu. »Man weiß nie, wann das Wetter sich ändert«, sagt Bjarni, der einen windstillen, trockenen Tag erwartet hatte, »aber so ist das hier. Wir sind am Polarkreis.«

Vieles ist hier, wie es nun mal ist. Als wir mit der zweimotorigen Twin Otter, die von Islands nördlicher Küstenstadt Akureyri aus auch Grönland anfliegt, den letzten, von mächtigen Felswänden gesäumten Talausgang hinter uns ließen, mit Kurs auf Grímseys Leuchtturm, da baute sich vor Pilot Ragnar Magnússon schon eine Wetterwand auf. Ja, bestätigte er mir, auf der Strecke müsse er mitunter auch umkehren. Komme der Wind aus Nord oder Süd, sei auf Grímsey gut landen. Drehe er aber unterwegs auf Ost-West-Richtung, steige das Unfallrisiko. Beim Anflug der Schotterpiste, deren Länge ein Viertel der Insel ausmacht, könne er Seitenwind nur schwer standhalten. Eine Hütte mit dem Inselnamen am Giebel hieß uns willkommen, gleich daneben bezogen wir das Gästehaus mit Küche, Balkon, sechs Dachkammern und herrlichem Blick über die Küste.

Nun sehen wir es vom Fischerboot aus, als sich die »Konrád« an den Klippen vorbei aufs offene Meer hinausarbeitet. Da peitscht mir schon so sehr der Wind auf die Wangen, dass ich auch noch die Gesichtsmaske aus einer der Jackentaschen krame. Vom Dach des Führerhauses senken sich Eiszapfen herab. Die Scheiben geben nur Gucklöcher frei.

Kapitän Bjarni und sein Steuermann Svalfar sind Zwillingsbrüder. Beide schmücken klare Gesichtszüge unter dem lichten Blondschopf. Nur Svalfars löchriger Bart ermöglicht mir, sie zu unterscheiden. Sechs Lebensjahre lang waren sie sogar Drillinge. Dann stürzte ihr Bruder von einer der Klippen. Er hieß Konrád. Vermutlich wollte er Vogeleier aus den Felsennestern sammeln und rutschte ab. Keiner weiß es, denn keiner war dabei. Heute hängt sein Porträt im Bug des Boots, das sie auf seinen Namen tauften. »So bleiben wir immer zu dritt«, sagt Svalfar. »Wir sind uns sicher, er ist bei uns. Er sieht uns vom Himmel aus zu.«

Als die Insel hinter uns auf einen Strich am Horizont geschrumpft ist, macht uns die Dünung zu schaffen.

Kamerafrau Sandra meldet erstes Magendrehen. Auch mein Bauch schickt mir Vorwarnungen, zu lebhaft ist noch meine Erinnerung an einen Nachtdreh auf einem japanischen Tintenfischkutter, hinter dessen Reling ich würgend und bleich in den Schiffstauen lag. Doch so schlimm sollte es für uns hier nicht kommen.

Nach und nach rollen die Brüder ihre Fangleinen aus, eine jede vielfach bestückt mit bunten, länglichen Gummiködern. Daran ziehen sie nun armlange Kabeljaue, Schellfische und Seelachse aus dem Wasser, bis sich die Kunststoffwanne in der Bootsmitte so weit gefüllt hat, dass der Fang die Dieselration des Tages rechtfertigt. Es ist nicht ihre erfolgreichste Schicht, die wir gewählt haben.

Ein bisschen verrückt

»Wir treiben hier zu schnell im Wasser, um mehr zu fangen. Bei dem Wind müssten wir weiter nach Norden fahren, wo das Meer über vierzig Meter tief ist. Da holen wir an einem Tag bis zu vier Tonnen Fisch aus dem Meer«, sagt Bjarni. Aber wegen des Seegangs wollen die Brüder uns das nicht zumuten.

»Ich weiß ja selbst noch, wie das ist«, lacht Svalfar. »Wenn ich ein paar Tage nicht auf See war, wird mir auf der ersten Tour auch wieder schlecht.«

Auch Bjarni verblüfft uns mit einem Geständnis, das ich kaum fassen kann. »Ich war geschlagene sieben Jahre lang seekrank, als ich zu fischen anfing«, sagt er. »Manchmal war es so schlimm, dass ich über Bord springen wollte, nur damit es aufhöre.«

Fassungslos male ich mir aus, wie sein Beruf ihn all die

Jahre über gequält haben muss, weil er auf der Siebzig-Leute-Insel Grímsey nun mal nicht wie andere wählen konnte zwischen Elektriker, Fischer oder Friseur.

»Unser Vater mühte sich sogar fünfzig Jahre lang mit Seekrankheit ab«, beteuert Svalfar. »Es gehört hier dazu. Vielleicht sind wir alle ein bisschen verrückt. Wenn wir an Land sind, geht es ja wieder. Und schon denken wir, beim nächsten Mal ist es gut. Als Kinder verloren wir jeden Sommer sechs oder sieben Kilo Gewicht, weil wir so viel Essen erbrachen. Erst im Winter nahmen wir wieder zu.«

Als meine Frau drei von Übelkeit geprägte Schwangerschaften durchlitt, war ich schon voller Respekt. Dass manche Fischer den Brechreiz ihr ganzes Berufsleben lang hinnehmen, kam mir nie in den Sinn.

Kurz nachdem wir wieder im Hafen festgemacht haben, kommt auch das große Fangschiff der Insel zurück, das seit morgens um vier unterwegs war und mit Netzen auf Beutezug geht. Aus seinem Inneren hebt der Bordkran nun Dutzende Bottiche hervor, randvoll mit weitaus dickeren Fischleibern, diesmal auch Heilbutt, Welsarten und Seewolf. Die Besatzung hat sie schon auf See ausgenommen.

»In der Fabrik schneiden wir noch das Rückgrat heraus und salzen sie ein. Dann verschiffen wir sie nach Spanien und Portugal, wo sie als Bacalhau auf der Speisekarte stehen, ein Nationalgericht dort«, erklärt mir Bjarni. Dass der Fisch aus Island kommt, wüssten dort wohl die wenigsten. Dann übernimmt er das Steuer des Bordkrans und nimmt dabei seinen kleinen Sohn Gylfi auf den Arm, der unter seiner Strickmütze fast verschwindet. Wir verabreden uns für den Abend in seinem Haus über den Klippen. Seine Frau werde uns Fisch im Ofen bereiten.

Zwischenzeitlich streifen wir über die Insel, zählen ein Dutzend dickfellige Pferde, die unterm Schnee noch immer Gras finden. »Die Sommer sind feuchter hier als auf der Hauptinsel«, sagt eine Anwohnerin, »deshalb haben wir auch mehr Heu. Manche bringen ihre Pferde sogar zum Überwintern hierher.«

Über Gischt und Klippen ragt der knallgelbe Inselleuchtturm in die schnell ziehenden Wolken, als hätten ihn Kinder aus Legosteinen gebaut. In Sichtweite finden wir die Kirche, die einst aus Treibholz errichtet wurde, weil es keine Bäume gab. Auch auf der Hauptinsel erkannten wir entlang der Flugstrecke allenfalls ein paar Areale mit Krüppelgehölz. »Wer hier einmal glaubt, er habe sich im Wald verirrt«, scherzte mein Sitznachbar, »der muss nur aufstehen, um wieder herauszufinden.« Und wem das Wetter nicht gefalle, schob er hinterher, der müsse nur fünf Minuten warten.

Die Kirche bleibt

Es ist Hulda, die Schwester der Fischer und Lehrerin in der Schule, die uns die Geschichte der Kirche erzählt. Sie sei nie verschlossen, Anwohner gingen oft alleine hinein, um zu beten. Zum Gottesdienst komme nur viermal im Jahr ein Pfarrer herüber, und der müsse dazu noch selbst auf der Orgel spielen. »Wir dürfen also nur vierteljährlich heiraten«, sagt sie, als wir den roten Teppich betreten. »Und übrigens auch nur alle drei Wochen krank werden. Denn das wiederum ist der Besuchstakt des Hausarztes, der von der Hauptinsel anreist.« Zwei Stunden lang behandle er dann die Patienten. So lange warte der Flieger auf ihn.

Die Kirchenwände strahlen in zartem Hellblau. Die Decke ist zudem mit goldenen Sternen bestückt und spannt sich einem Himmelszelt gleich über die wenigen Sitzbänke. »Fürchtet euch nicht, denn ich bin bei euch«, zitiert eine Inschrift die Bibel über dem schlichten Altar. Daneben ruht eine Wasserschale.

»Als unser Sohn getauft werden sollte, baten wir den Pfarrer in unser Haus, denn der Kleine war krank. Aber er überredete uns, trotzdem mit ihm in die Kirche zu kommen«, sagt Hulda. Häuser würden hier gebaut und verfielen wieder, habe er sie gewarnt, die Kirche aber bleibe bestehen. Tatsächlich riss der Sturmwind auch einmal einen Teil der Kirche mit sich. Aber vereint baute die Gemeinde sie wieder neu auf, schöner noch als zuvor.

Abends sitzt auch Hulda mit am Küchentisch. Ihr Bauch wölbt sich im siebten Schwangerschaftsmonat. Bald werden aus den fünf Kindern, die im Flur toben, also sechs. Die Älteste, Bjarnis Tochter Konný, ist vierzehn Jahre alt und wird nach dem Sommer die Schule wechseln. Dann wohnt sie bei Verwandten drüben in Akureyri und kommt nur noch einmal im Monat nach Hause.

»Das tut mir jetzt schon weh«, seufzt Hulda. »Aber der Flug ist zu teuer, um öfter zu pendeln.« Immerhin habe die Insel erreicht, dass die Grundschule nunmehr acht Jahrgänge behalten dürfe. Zuvor mussten Grímseys Kinder schon mit dreizehn Abschied von ihren Familien nehmen.

Unsere Fischfilets duften zwischen Reis, Salat und asiatischer Soße. Im Insalladen haben wir Getränke besorgt. Er hielt drei Flaschen Riesling von der Mosel bereit und ein Sixpack Viking-Bier aus der Hauptstadt.

»Alles, was hierhergebracht werden muss, kostet Aufpreis für den Transport«, sagt Hulda. »Und wenn man ein Haus baut, muss man den Handwerkern Quartier und Verpflegung stellen.« Selbst für eine kurze Reparatur addiere sich eine stattliche Zahl Anreisestunden. Was immer möglich sei, erledige man deshalb selbst. Doch auch verwahrloste Häuser haben wir auf der Insel gesehen, die leer stehen, seit die Besitzer verstarben.

Als wir uns später über die Familienbibel beugen, in der die Geschichte der Siedlung niedergeschrieben steht, lesen wir von einem schicksalhaften Seesturm, der einmal alle Fischer der Insel zugleich in den Tod riss. Das wäre fast das Ende des Dorfes gewesen. Dann blättert Bjarni zurück zu einem der ersten Schwarz-Weiß-Fotos.

»Das Geburtshaus unseres Großvaters«, zeigt er auf zwei nebeneinanderliegende Erdhütten, deren zwei Türen in einen Stall und in einen Wohnraum führten. »Der Eingang wies nach Westen«, sagt er. »Die Wetterseite im Osten verschwand unter dem Erdhügel.«

Hinter dem Frontfensterkreuz teilt sich eine Gardine. Darunter steht für den Fotografen eine Vase mit Blumen. Das Dach ist bewachsen, sogar Schafe grasen darauf. Nur ein Fensterchen im Grasbewuchs und das Kaminrohr verraten dort, dass der Hügel bewohnt ist.

Das Foto ist aus den Fünfzigerjahren. Andere hielten einen Innenraum am Anfang des letzten Jahrhunderts fest, mit Spinnrad und steinernem Küchenofen, daneben ein schlafendes Kind in einem Bett aus sperrigen Brettern. »Kein einziges dieser Häuser haben wir erhalten. Aus heutiger Sicht, da wir Besuchern etwas bieten wollen, war das sicher ein Fehler«, klagt Bjarni. »Das letzte brannte vor Jahren aus.«

Dafür wachse die Fraktion, die hier einen Golfplatz anlegen möchte, damit betuchtere Touristen Bälle über den Polarkreis abschlagen könnten. Bisher bekommen Besucher lediglich ein buntes Zertifikat darüber, dass sie den Breitengrad gekreuzt haben. Vielleicht lasse sich ja beides erreichen, sagt er. Das Neue ausprobieren und das Alte wiederentdecken. Die Insel könnte dafür gerade groß genug sein. Die Tatkraft der Bewohner auch, denke ich mir, denn allein die Familien der beiden Brüder betreiben schon jetzt sowohl die Fischfabrik als auch das Gästehaus.

Englisch dank Hollywood

Als wir uns dorthin auf den Rückweg machen, peitscht der Nachtwind neuen Schnee die Klippen herauf. Der Leuchtturm wirft beharrlich seine Lichtkegel ins dichte Gestöber. Wir haben Sorge, dass morgen unser Flugzeug nicht kommt. Die ganze Nacht hindurch hält mich in der Mansarde der Sturm wach, weil er die Antenne auf dem Dach über mir erklingen lässt wie eine singende Säge. Im Halbschlaf hört es sich an, als sende jemand metallische Botschaften aus dem All.

Am Morgen schaue ich aus dem Fenster nach dem rot-weißen Windsack am Ende der Piste. Immerhin weht er in Nord-Süd-Richtung. In der stillen Vornacht hatte Kameramann Kristian – wie schon in Grönland – noch begeistert die am Sternenhimmel tanzenden Polarlichter mit der Spezialkamera festgehalten. Wie leuchtende Schleier wehten sie über Insel und Meer.

Bis Mittag muss die Insel auf die Nachricht warten, ob der Twin-Otter-Pilot drüben seinen Grímsey-Anflug überhaupt starten wird. Auch Hulda hofft darauf, denn sie würde gerne ihre Schwiegermutter empfangen, die dort aus dem Krankenhaus entlassen wurde. Als wir in ihrem Klassenzimmer die Kamera aufbauen, sitzen ein gutes Dutzend Kinder von sechs bis dreizehn Jahren beisammen. Nach und nach stellen sie sich gegenseitig ihre Lieblingsbücher vor: *Harry Potter*, *Dora the Explorer*, Mädchenromane. Fast alles auf Englisch. Tatsächlich fällt auf, wie gut die Schulkinder ihre erste Fremdsprache beherrschen.

»Wir lernen sie schon, wenn wir im Fernsehen Filme schauen«, erklärt mir ein Junge. »Denn die laufen im Original. Die isländischen Untertitel lesen wir mit.« Er heiße Ægir, wie der alte Seegott. Über den Garderobenhaken stehen weitere klangvolle Vornamen, die meisten verbunden mit einem zweiten aus ihrer Ahnenreihe: Konný-Ósk, Áslang-Helga, Páll-Orri.

Nach dem Lesen backen sie in der Schulküche Zimtschnecken. Jungen wie Mädchen rollen den Teig, hantieren mit Mehl, pinseln den Zuckerguss auf. Dazwischen singen sie uns ihr Lieblingslied vor, als wäre ich noch in Amerika: »Head, shoulders, knees and toes«. Dabei wandern ihre Hände immer schneller vom Kopf über Schultern und Beine zu den Zehen. Was denn ihr Lieblingsessen sei, frage ich, und erhalte als Antworten Schokolade, Pizza und Fisch. Was sie einmal werden wollten? »Ich gehe nach Reykjavík auf die Uni und komme dann wieder, als Pilot«, sagt Seegottabkömmling Ægir. Kurz darauf toben sie im Eiswind über den Spielplatz. In dicken Stiefeln, Schals und Mützen springen sie von der Schaukel, klettern über Wippen und Gerüste und fangen einander schreiend, bis sie erschöpft in den Schnee fallen.

Auch Hulda hat sich in ihre Steppjacke gehüllt. Als ihr Mobiltelefon klingelt, schauen wir gebannt auf ihren Blick. Es ist die Zusage des Piloten. An dem kleinen Monument, das den Polarkreis markiert, obgleich sein Verlauf in Wahrheit je nach Erdneigung um ein paar Meter pro Jahr hin und her wandert, verabschieden wir uns von den Kindern. Achttausendvierhundertvierundneunzig Kilometer bis Tokio zeigt es an, viertausendvierhundertfünfundvierzig bis New York, dreihundertfünfundzwanzig bis Reykjavík.

Vielleicht wird ja der kleine Ægir tatsächlich irgendwann diese Strecken befliegen. Andere Kinder mögen das Fischereigewerbe übernehmen, das von Grímseys Familien zu Millionenumsätzen geführt wurde. Nirgendwo sei es leichter, sich aus dem Meer zu ernähren, als hier, hatten die Brüder gesagt.

Wir wünschen Hulda eine gesegnete Geburt. Ob denn die Familien Sorge hätten, dass Grímsey einmal der Nachwuchs ausgehen könne, frage ich sie zuletzt.

»Sicher haben wir die«, winkt sie ab. »Aber das war hier immer so.«

3

NORWEGEN

Fjord oder See?

Annäherung an Festlandeuropa

Im Bann der Lofoten

»Der schläft wie ein Stein«, beruhigt mich Passagierin Caroline Henriksen, als sie sich am Bordkiosk einen Becher heißen Kaffee holt. Ihr Freund Martin krümmt sich da noch in einer Rundcouch im Kasino des Schiffshecks. Die Wollmütze hat er sich wie ein Bankräuber übers Gesicht gestülpt und den Körper mit seinem Parka bedeckt. »Wir sind seit zwölf Stunden unterwegs«, sagt sie und fährt sich mit beiden Händen durchs Haar. »Solange wir keine Kabine buchen, ist das der billigste Weg, um meine Eltern zu besuchen.«

Für Ostern haben sich die beiden dort angesagt, der Ort liegt auf dem halben Weg durch die Lofoten. Zuletzt waren sie Weihnachten da. Das Schiff der Hurtigruten-Linie, das sich durch den Morgennebel schleicht, vorbei an schemenhaften, verwunschen wirkenden Bergen und Fjordklippen, bringt auch uns dem nächsten Ziel näher – der Hafenstadt Narvik am innersten Ende des Fjords. Zudem ist die Anreise durch die zerklüftete Küste die beste Art, sich auf Norwegen einzustimmen.

»Erleben Sie drei Jahreszeiten auf einer einzigen Reise«, kündigt die Bordzeitung an. »Im Norden noch winterlich weiß, südwärts die ersten Blüten des Frühlings, dann der Frühsommer mit rauschenden Wasserfällen.« Die Natur verzaubere mit Düften, Farben und Licht.

Wir sind noch auf Höhe des Winters, doch auch der wartet mit wechselnden Launen auf. Mal jagen Schneeflocken an den Bordfenstern vorbei, mal wirft kurz die Sonne ihr Licht auf die Küste, deren steil geschwungene Gipfel sich nun aneinanderreihen wie Zwergenmützen. Dann wieder weiten sich Talhänge sanft von den Ufern bis hinauf zu der Watteschicht, die gerade den Fjord deckelt, darunter nur einsame Fischerhütten.

In den Sofakurven unter Deck bewegen sich nun auch andere Kleiderberge, unter denen sich Schlafende räkeln. Im Treppenhaus zwischen Kiosk und Kabinen schwingt Crewmitglied Thip Haug im Putzkittel ihren Lappen, bis alle Stufen wieder blank gewischt blitzen. Später wird sie dann in Rock, Bluse und Kellnerweste im Restaurant die Gäste bedienen, die auf der Reise nicht wie Caroline und Martin jede Krone umdrehen müssen.

Die Passagiere sprechen Norwegisch und Englisch, Japanisch und Schwäbisch. Sie rollen Hartschalenkoffer oder schultern Rucksäcke, setzen sich oben auf der Heckplattform entspannt und in Decken gewickelt auf hochgeklappte Liegestühle oder stehen, dem Wind trotzend, über dem Bug, um Reisefotos zu schießen – von beidseitig bis zu tausend Meter hochragenden Bergspitzen bis zum weißen Kirchlein von Trondenes, dem nördlichsten gemauerten Gotteshaus der Welt, das schon im Mittelalter über die Passage wachte. Es ist die erste Kirche, der ich begegne, deren Kirchenschiff höher ragt als der Glockenturm – abgesehen von einem Südseedorf auf Samoa, wo der Pfarrer vor seiner Kirchentür klangvoll mit einer Holzlatte auf eine Gasflasche schlug.

»Ich mag diese Strecke«, sagt Thip freundlich, während ihre Augen durch die Rundbrille strahlen, »und Menschen mag ich sowieso.« Aus Spitzbergen stamme sie, also aus Norwegens äußerstem Norden. Deshalb freue auch sie sich schon auf den Frühling hier unten. Noch hat sie keine Familie, aber damit habe sie es nicht eilig. »Ich möchte erst noch mehr von der Welt sehen«, lacht sie. Der Job auf dem Schiff sei genau das Richtige dafür. Die gesamte Crew sei drei Wochen lang auf See, dann habe jeder drei Wochen frei. »Da reise ich auch mal nach Spanien oder nach Griechenland.«

Auch Kapitän Sven Kragesand Hansen, ein Däne, der nahe der Grenze zu Flensburg wohnt, rühmt diesen Rhythmus. »Als Seemann kann man es nicht besser haben«, meint er, als wir ihn auf der Brücke besuchen, und zeigt auf die Uferformationen. In tadelloser Uniform überblickt er Ruder und Fahrtroute. Das graue Haar kurz geschnitten, sonor in der Stimme, kultiviert und gelassen im Umgang – er könnte auch in *Traumschiff*-Folgen mitspielen. Über sechzig Häfen steuert er auf seiner Reise an, von Bergen im Süden bis nach Kirkenes am Eismeer und wieder zurück. Die Küstenliner seien hier auch die beste Reiseoption, sagt er, sobald die Straßen zu verschneit seien oder die Flüge in der Ferienzeit zu teuer würden.

Ob die Strecke noch Herausforderungen für ihn bereithalte, frage ich, als sich vor uns wieder einmal eine Wolkenwand türmt.

»Wir haben verlässliche Instrumente für den Fall, dass wir selbst nichts mehr sehen«, sagt er. »Und der Atlantik ist warm, der Golfstrom hält hier das Eis fern. Obwohl auch das für das Schiff kein Problem wäre.«

»Hat sich denn über die Jahre etwas geändert?«, will ich wissen.

»Es gibt mehr Stürme«, antwortet er, »mindestens einen im Jahr. Das war früher nicht so.« Und es gebe deutlich mehr Reisende, die hinauf in den Norden drängten.

Landschaft, Lichtschaft, Windschaft

In Harstad gehen wir von Bord und steigen in einen gemieteten Ford Transit um. Immer wieder hatte es bei der Reiseplanung Ärger bei den Buchungen gegeben. Mal hieß es, dort gebe es nur Autos, in die unser Equipment nicht passe. Dann durfte man angeblich mit Mietwagen nicht hinüber nach Schweden oder doch nur, wenn man ihn wieder an den Ausgangsort zurückbringe. Ähnlich erging es uns mit dem Übergepäck. Meldeten wir es bei den Fluglinien an, musste man fürchten, es komme wegen ein paar Kilogramm nicht mehr mit. Andererseits bin ich mit TV-Kran und Kameristen schon um die halbe Welt gereist, und stets ließen sich alle Probleme beim Einchecken lösen. Selbst wenn einmal ein Flugzeug zu klein war, brachte den Rest eben das nächste mit.

Der freundliche Norweger, der uns zwischen Harstad und Narvik aus der Klemme hilft, stellt sich als Johnny vor, als brauchte er keinen Nachnamen. Er bringt uns seinen Kastenwagen sogar mitten in der Nacht und erlaubt uns wie selbstverständlich, dass wir ihn auch jenseits der Grenze abgeben. Auf den Straßenschildern sind die Ortsnamen nun kürzer, als wir sie aus Island gewohnt waren. »Skubba« oder »Holmvatn« lesen wir da. Und erinnern uns bei jedem Blick in eine neue Bucht vor dem Autofenster an die Faustregel, die uns ein Einheimischer mit auf die Reise gab: »Wenn es zugefroren ist, ist es ein See. Wenn nicht, ist es ein Fjord.«

Immer wieder frage ich mich, was genau an dieser Landschaft das Eigentümliche ist. Was sie beispielsweise von den Alpenländern unterscheidet. Zwar sind deren Berge weniger schroff, und vor den Fenstern der Häuser blühen Geranien. Doch macht das Fehlen von Geranien schon das Nordische aus? Am Ende scheint mir, dass hier mehr Himmel über dem Land liegt. Mir kommt in den Sinn, dass Japans Ureinwohner sieben Wörter für Schnee kannten. Hier könnte es ein Dutzend Wörter für die Grautöne des Himmels geben, vom milchigen Hellgrau, das noch wohlwollend Licht hindurchlässt, über die schattenhaften Lagen der Zwischenstufen bis zu den bedrohlichen, trübdunklen Fetzen, die Schneeschauer ankündigen und wie Kissen die Sonne ersticken. Den Norden präge nicht nur »Landscape«, die Landschaft also, hatte uns schon ein Isländer erklärt. Auch »Lightscape« und »Windscape« machten seinen eigenartigen Reiz aus, mithin der Wechsel von Winden und Licht.

Nur einmal habe ich mich in jungen Jahren am Norden versucht, obwohl ich seine Stimmung immer anziehend fand. Mit Rucksack und Leichtzelt fuhr ich damals per Anhalter durch Dänemark, dann mit der Fähre nach Göteborg und wollte sehen, ob ich hinauf bis zum Nordkap käme. In Mittelschweden gab ich auf. Zu oft hatte ich über Stunden an der einsamen Landstraße gewartet, ohne dass auch nur ein einziges Auto gekommen war. Dann nahm mich ein Deutscher Richtung Süden mit. Er fuhr bis nach Karlsruhe. Von da an mied ich Skandinavien, als wäre ich am Elchtest gescheitert.

Kämpfe um Narvik

Es ist Sonntag, als wir am Bahnhof von Narvik auf den Zug warten. Der Ticketschalter ist unbesetzt. Nur der betagte Gunnar Krogstad schiebt heute Dienst an seinem blinkenden Eisenbahnschaltpult, dem ältesten, das es in Norwegen gibt. Er sei längst in Rente, aber er wolle noch arbeiten, sagt er, deshalb stehe er noch im Schichtplan. Im Fernseher springen norwegische Sporthelden von Skischanzen. Der Warteraum nebenan ist menschenleer. Nur ein präparierter Vielfraß hinter Glas zeigt sein Raubtiergebiss, das verdächtig den Plastikeinsätzen ähnelt, mit denen Kinder Vampir spielen.

Der Zug besteht nur aus vier Wagen. Mit uns steigt noch eine Mutter mit zwei Mädchen ein, alle drei in quietschrosa Mützen. Isabella ist ein Jahr alt, ihre Schwester Celina schon fünf. »Mein Papa hat mir schon Skifahren beigebracht«, verrät sie mir.

»Wir fahren zu Freunden in eine Berghütte«, sagt die Mutter. »Das ist das, was hier oben jeder im Winter macht, typischer geht es nicht. Ich schätze, mindestens jede zweite Familie hat ihre eigene Hütte, in der sie den Alltag vergisst.« Christine Bussoli ist Stadtverordnete in Narvik. Lange lebte sie in Oslo, dann wollte sie etwas mehr Ruhe.

»Man steht dort jeden Morgen eine Dreiviertelstunde im Stau«, sagt sie, »nun komme ich in fünf Minuten zur Arbeit.« Nicht dass sie jetzt alles bestens fände. Ausgerechnet Narvik habe sich vom norwegischen Wirtschaftsboom abgekoppelt. »Die Stadt hat sich verzockt«, klagt sie, »weil sie auf windige amerikanische Finanzprodukte gesetzt hat. Nun ist sie eine der ärmsten des Landes.«

Aber da sei doch ein wichtiger Hafen, wende ich ein, und die Güterzüge aus Schweden schlügen hier Eisenerz um. »Davon haben die Bürger nichts«, winkt sie ab. »Die Betreiber zahlen dafür noch die gleichen Steuern wie vor dreißig Jahren. So waren damals die Verträge.«

Auch deshalb habe sie sich für den Stadtrat aufstellen lassen. Narvik brauche außerdem bessere Schulen und zukunftstaugliche Arbeitsplätze. Inzwischen komme man aber voran. Ein neues Hotel habe gerade eröffnet, die Stadt wolle sich als Ausrichter von Konferenzen etablieren. Zudem habe ein örtlicher Technologiekonzern einen Großauftrag erhalten – von der Ölindustrie.

»Das klingt aber nicht nach mehr Ruhe«, wende ich ein.

»Doch«, lacht sie, »die holen wir uns in den Bergen. Wir müssen nur aufpassen, dass wir da nichts durcheinanderbringen.« Manche neigten dazu, die Hütten genauso einzurichten wie ihre Wohnung in der Stadt, oder sie holten sich umgekehrt den Hüttencharme in die Wohnung. »Dann merken sie erst, dass sie zweimal das Gleiche haben. Und dass sie sich nicht mehr erholen.«

Narviks Lage zwischen Erzgruben und Meer war nicht immer ein Vorteil. Eine Gedenkstätte nahe der Stadt erinnert an eine der heftigsten Seeschlachten des Zweiten Weltkriegs, die im Frühling des Jahres 1940 zwei Monate lang tobte – nach einem erbitterten Wettlauf um die Besetzung von Hafen und Bahnstrecke. Als Nachschublinie zwischen den schwedischen Eisengruben und dem eisfreien Hafen schien sie sowohl den Deutschen als auch den Alliierten zu kriegswichtig, um sie dem Gegner zu überlassen. Schon die ersten Torpedos der deutschen Marine, die zwei norwegische Schiffe versenkten, kosteten dreihundert Matrosen das Leben. Danach ergab sich

Narvik ohne jede Gegenwehr. Doch noch am gleichen Abend erreichten auch britische Zerstörer den Fjord und überraschten die Deutschen. Die Gefechte endeten letztlich ohne Sieger. Vier Schiffe sanken, fünf wurden beschädigt. Dann schlossen die Briten die verbliebenen deutschen Schiffe im Hafen ein, um den entscheidenden Angriff vorzubereiten, der ihnen zwar die Seeherrschaft einbringen sollte, nicht aber die an Land. Dort schienen Hitlers Truppen erst später verloren, als sie mit weniger als fünftausend Mann, größtenteils von gesunkenen Zerstörern, nahezu fünfundzwanzigtausend Soldaten der Alliierten gegenüberstanden. Dann jedoch änderte der deutsche Einmarsch in Frankreich deren Prioritäten – und sie zogen ihre Einheiten überraschend aus Norwegen ab. Der König und die Regierung gingen nach Großbritannien ins Exil. Im Folgejahr schlug Narvik sechshunderttausend Tonnen Eisenerz um. Zielhafen: Emden. Abnehmer: Deutschlands Kriegsindustrie.

Heute, gut siebzig Jahre danach, liegen die Todfeinde von einst hier erneut bewaffnet im Tiefschnee – aber nunmehr Seite an Seite. In der nordnorwegischen Provinz Troms, unserer nächsten Reisestation, trainieren sie für gemeinsame Einsätze in Krisenregionen der Welt.

Kalte Antworten

Wer Arktis kann, kann alles

Der Kleinflughafen Bardufoss am Rande der Arktis begrüßt Gäste mit einem schaltragenden Schneemann. »Snowman's Land« ist der Zweitname der Nordprovinz. Drinnen, neben dem einzigen Gepäckband, ziert ihn dieser Tage auch noch ein Soldatenhelm.

»Jeder Ort hier oben von Narvik bis Tromsø«, scherzt eine halbe Fahrstunde später Major Jan Helge Dale von der norwegischen Armee, »wurde in den letzten zwanzig Jahren ein- oder zweimal pro Jahr eingeladen, sich überfallen zu lassen.«

Der Weg hierher bot märchenhafte Ausblicke. Zugefrorene Seen, makellos mit Pulverschnee bepudert, die Uferlinien wattig, als habe ein Weichzeichner sie gezogen, darüber ein paar weinrot gestrichene Holzhütten, manche erleuchtet als Hort der Wärme. Hartnäckige Sonnenstrahlen, die es kurz durch den schweren Himmel schafften, warfen Lichtflecken auf die Landschaft und die entfernt liegenden Bergketten. Lauter Kalenderbilder. Ein jedes geeignet für die Dezemberseite, die wichtigste des Jahres.

Dann säumten erste Häuser die Straße, ein Ortsschild kündigte die Gemeinde Sørreisa an. Wir lernten, dass ein

Rollator keine Räder braucht, denn die Alten stützen sich draußen auf Kufen. Es gibt eine Kirche, ein Stadion, einen gelben Coop-Markt und einen roten namens Rimi.

In Tarnuniform sitzt uns Elitesoldat Dale nun im einzigen Quartier des Dorfes gegenüber. Nicht eben groß gewachsen ist er, aber kräftig, bärtig und dennoch recht jungenhaft. Er ist Anfang vierzig, stammt aus der Telemark-Provinz im Süden des Landes und hatte zuletzt das Kommando über Norwegens Einsatztruppe in Afghanistan, bevor er die Region in die Obhut der Deutschen übergab. Während Berlin da noch krampfhaft das Wort »Krieg« vermied, zitierte die deutsche Presse Dale mit dem Satz: »Wir sind eine Kampfeinheit, und genau deshalb sind wir hier.«

Dass er in seiner Einheit noch keine Opfer habe hinnehmen müssen, sei Glück. Offen sprach er von den Gefahren, die aus Siedlungen heraus drohten, die Taliban-Kämpfern immer wieder Unterschlupf gewährten. Wer so tue, als müsse man hier nur Hilfsgüter verteilen, beschönige den Einsatz. Was übt so einer am Polarkreis? »Das Aufhalten eines anrückenden Gegners durch die Infanterie«, nennt er als Beispiel. »Und immer das Zusammenspiel von Marine, Luftwaffe und Armee.«

In Nordnorwegen seien ganzjährig Soldaten stationiert, sagt er. Manöver gehörten hier zum Alltag. »Wir ersetzen Schäden, wenn mal ein Zaun kaputtgeht. Wir sind nett zu den Anwohnern, reden mit ihnen, wenn es sich ergibt, auch mit den Kindern. Es fallen keine Schüsse in geschlossenen Ortschaften, echte Munition benutzen wir ohnehin nicht.«

Eigentlich tot

Etwa zwölfhundert Frauen und Männer in Uniform, darunter auch Briten und Niederländer, folgen in dieser Woche seinen Anweisungen. »Offiziere, Sergeants, Platoon Leader«, verspricht er uns. »Ein Team greift den Ort an, das andere gibt ihn letztlich auf, um sich strategisch zurückzuziehen. Von See aus unterstützen Schiffe die Übung. Hubschrauber, Panzer und Schneemobile sind im Einsatz. Und für die Fußtruppen gibt's Schneeschuhe und Skier.«

Die ersten Tage seien gut gelaufen, viel Mobilitätstraining, sehr anstrengend. Nun folge die Zeit, in der alles auf einmal angewandt werde. Aufseher in signalfarbenen Leibchen würden über Kämpfe wachen und gelegentlich entscheiden, wer wie viele Soldaten verloren habe. »Manchmal läuft es auch ganz chaotisch«, lacht Dale. »Dann sagen wir: ›Was für ein heilloses Durcheinander, wir fangen besser noch mal von vorn an‹.« Wir verabreden uns für sechs Uhr früh.

Am Morgen hängt der Himmel noch tiefer. Schneetreiben raubt uns die Sicht. Und es scheint, der Tag halte noch weit mehr davon bereit. Als sich die letzten Soldaten aus ihren Ein-Mann-Zelten schälen, einer Art Schlafsack mit Dach, frieren wir schon beim Anblick. Andere stecken in selbst gegrabenen Schneehöhlen und haben die Nacht durchwacht. Über die grün gefleckte Uniform streifen sie weiße Kittel, um die Tarnfarbe anzupassen. Nun muten sie ein wenig wie Arzthelfer oder Eisverkäufer an, was auf uns eher albern als abschreckend wirkt, zudem hängen ihnen die Handschuhe an Bändeln vom Hals wie Kindergartenkindern.

Als am Waldrand manche noch die Zahnbürste verstauen, während am Boden ihre Spucke gefriert, erläutert uns Leutnant Christopher Paxton in englischer Muttersprache die Lage. Dreiunddreißig Jahre ist er jung, Kompaniekommandeur der Infanterie, unterm Helm lugen schwarzes Haar und blasse Wangen hervor. Sein Blick richtet sich auf die Stiefel, vor deren Spitzen er einen Schneehügel angehäuft hat. Darauf markieren kleine Kreuze aus Zweigen die Minenfelder. Ein Tal ist erkennbar, in dem weitere Zweige die Straße darstellen. Drei Flecken aus rotem Klebestreifen verteilen sich auf dem Hügel. Das sind die Stellungen der eigenen Truppe.

»Hier sind wir gerade«, weist Paxton mit der Spitze einer Gerte auf den südlichen roten Punkt. »Unsere Aufgabe ist, den Vorstoß des Feindes zu verzögern. Oder noch besser, ihm klarzumachen, dass er das Tal besser gar nicht durchquert, weil es zu gut gesichert ist.« Sobald dessen Fahrzeuge von den Minen gestoppt würden, begännen seine Heckenschützen vom Hügel herab den Beschuss. Paxton ist sichtbar stolz. Der Feind habe offenbar bereits erkannt, dass er hier schlechte Karten habe, und halte sich fern. Deshalb übe seine Einheit heute ein kleineres Szenario mit nur einem Fahrzeug, das sich irgendwann trotzdem auf den Weg mache.

»Natürlich stehen wir nicht immer so gut da«, gesteht der Leutnant. »Gestern zum Beispiel kamen wir unter das Dauerfeuer eines feindlichen Kampfjets, der uns dummerweise entdeckt hatte«, sagt er grinsend. »Eigentlich wären wir also schon tot.«

Obwohl die weißen Schneemobile von Paxtons Einheit keine Rücksitze haben, zwängen wir uns mit Kameras und Tonequipment hinter die Fahrer, um die Heckenschützenpositionen auf dem Bergkamm aufzusuchen. Wegen des Fahrtwinds empfiehlt er uns, wie die Soldaten Gesichtsmasken überzustreifen. Schon jetzt bewundere ich die Uniformierten dafür, wie routiniert sie in der Kälte mit Waffen, Funkgeräten und allem, was sie sonst noch am Leib tragen, umgehen. Ich habe neben Handschuhen und Mütze nur Taschentuch, Stift und Notizblock bei mir und verliere schon die Übersicht.

Wie auf Motocross-Maschinen heben sich die Schneemobilpiloten in jeder Kurve aus dem Sattel, treiben das Gerät durch Tiefschnee und Mulden oder auch steile Anhänge hinauf, immer umsichtig, ob denn auch alle folgen oder irgendwo ein Hinterhalt lauert. Die Kapuze tief im Gesicht und dankbar für die noch immer warmen Fäustlinge, die auch einem Boxer gehören könnten, kauere ich im eisigen Wind. Dann erreichen wir einen von Schneewällen umgebenen Posten, aus dem Schützengräben zu den Außenpositionen führen. An den vordersten Stellen liegen Paxtons Leute unter weißen Tarnnetzen, das Funkgerät am Ohr und die verschneite Landstraße im Blick der Feldstecher und Wärmesichtgeräte, die auch bei Nacht Ziele erkennen. So beobachten sie Bewegungen des Feindes, um bei Bedarf schweres Artilleriefeuer anzufordern. Nicht gepanzerte Fahrzeuge könne man selbst unter Feuer nehmen.

»Wir haben fünfzehn bis zwanzig Grad minus. Ab wann bekommen Sie Probleme mit der Technik?«, frage ich Paxton.

»Ab fünfundzwanzig Grad Kälte müssen Sie Sorge um alles haben, was an Akkus oder Batterien hängt«, sagt er. »Die werden dann schneller leer, und man muss darauf achten.« Das Wichtigste für einen selbst sei zu trinken, sich zu bewegen und die Socken und Innensohlen immer trocken zu halten. Aber natürlich sei es bei einer Winterübung nun einmal kalt.

Trainiere schwer, kämpfe leicht

Bald feuern die Schützen ihre Platzpatronen ab und räumen danach rasch die Stellung, die so erkennbar wurde. Paxton hat Anweisung bekommen, sich der Frontlinie zu nähern. Am talnahen Waldrand huschen er und seine Weißvermummten zu neuen Positionen, werfen sich flach hinter Schneewehen, die Gewehrläufe auf die Landstraße gerichtet. Als in der Distanz ein grüner Kleintransporter um die Kurve kommt, fallen weitere Schüsse. Gelbe Zeichen markieren, wo im Ernstfall scharfe Minen gelegen hätten. Der Wagen weicht zurück, für lange Sekunden ein ungeschütztes, wehrloses Ziel der Sniper.

Einer von ihnen ist Alex, ein hochgewachsener, etwas schlaksiger Typ mit lichtem Haaransatz und kindlichen Zügen. Seinen Nachnamen will er nicht nennen. »Ich weiß, dass Heckenschützen nicht das beste Berufsimage haben«, sagt er uns. Ob er denn selbst entschieden habe, einer zu werden? »Ja, ich sah darin eine Herausforderung«, antwortet er, »man muss auch sehen, dass wir Schaden von unseren Truppen und von Zivilisten abwenden.«

Natürlich habe er wie alle hier im Hinterkopf, dass das zwar eine Übung sei, aber eben nur eine, um irgendwann den Ernstfall besser zu überstehen. »Manche von uns waren schon im Afghanistaneinsatz, andere sind später dran«, sagt er. »Glauben Sie bloß nicht, dass wir das hier für Spielerei halten.«

Mir fällt der Schriftzug eines Stickers ein, den ich einmal in Amerika sah. »Gott schütze unsere Soldaten«, las ich da, »besonders die Heckenschützen.«

Auch frage ich mich, ob die Übungen nicht zu banal sind im Vergleich zum wirklichen Krieg. Oder ob tatsächlich auch Krieg so banal ist. Ein Auto fährt um die Kurve, Schüsse fallen, Tote werden gezählt. Ist Tod hier ein Thema?

Kristin Skogen, eine der Frauen im Rang eines Platoon Leaders, führt das Kommando über die Sanitätereinheit. Mit siebenundzwanzig Jahren ist es ihre erste Winterübung in dieser Funktion. Als wir sie treffen, lädt ihr Trupp gerade Zeltteile von einem Kettenfahrzeug. Lernziel ist der Aufbau der Krankenstation in zwanzig Minuten.

»Letztes Mal brauchten wir eine Stunde«, verrät sie uns. »Inzwischen sind wir bei vierzig Minuten.« Sie habe als Lehrerin gearbeitet, Geschichte und Norwegisch, sagt sie und zieht ihre schwere Uniformjacke zurecht, in der sie auch die Erste-Hilfe-Ausstattung mit sich schleppt. Das blonde Haar hat sie zum Knoten gebunden. Ihr Helm wirkt zu groß. Später behandelt sie hier Verletztendarsteller mit aufgeklebten Wunden.

»In der Kälte müssen Sie noch schneller reagieren als sonst, den Körper warm halten«, sagt sie.

Warum sie das Klassenzimmer gegen den Militärdienst getauscht habe, frage ich sie. »In meiner Familie sind viele bei der Armee. Wir redeten oft darüber, auch darüber, dass man dabei umkommen kann«, antwortet sie. »Aber ich erlebe hier jeden Tag etwas Neues. Ich wollte etwas anderes machen. Ich tauge für keinen Job von neun bis fünf Uhr.«

Als das Zelt steht und der Generator es mit Warmluft

füllt, kommen Kameraden an, um sich ihre Essensration abzuholen. »Arktische Nahrung« steht auf den Paketen. Es gibt etliche Varianten von Pasta bis Beef Stew, dazu Vitamindrinks und Kekse.

»Jede Mahlzeit liefert so viele Kalorien wie ein üppiges Menü«, sagt Kristin und bietet auch uns eine an. Ich wähle den Eintopf, öffne die Tüte und gieße anleitungsgemäß heißes Wasser hinein, um dann fünf Minuten zu warten wie bei Fertigterrinen.

»Die Hersteller geben sich Mühe«, beteuert sie und zeigt auf eine kurze Frageliste auf der Rückseite des Klebeetiketts. Dort kann man ankreuzen, wie es schmeckte. »Was immer Sie ankreuzen, Sie nehmen damit an einer Verlosung teil und können einen iPod gewinnen.«

Auch Chlortabletten zur Trinkwasserreinigung trägt jeder mit sich, obwohl wir von Tonnen sauberen Schnees umgeben sind. Zwei Tage lang müsse jeder Soldat ohne Außenkontakt voll kampffähig sein, lernen wir. Egal, wo.

Während meine Eintopfration noch gart, frage ich die Runde nach ihrer Bewertung.

»Schmeckt nicht gut«, wagt sich einer vor.

»Ach was«, erklärt Kristin schmunzelnd, »wenn es draußen kalt genug ist, schmeckt alles.«

Tatsächlich habe ich schon schlechter gegessen. Mit dem Bordessen durchschnittlicher Economyflüge etwa kann Norwegens Armeeküche mithalten.

»Trainiere schwer, kämpfe leicht«, zitiert die Platoon-Chefin am Ende den Leitspruch der Truppe. Wer sich in den Manövern quäle, habe es im Kampfeinsatz später umso leichter.

»Das ist jetzt aber Militär-PR«, halte ich ihr vor. Aber sie beharrt darauf. Wer sich nur oft genug in voller Montur im Höchsttempo bewegt habe, dem komme es irgendwann leicht vor.

Andernorts nehmen uns bald weitere Leutnants, Captains und Teamführer mit durchs Gelände, manche haben schon Kriegs- und Kampfeinsätze erlebt, die meisten nicht. Einige sind wortkarg und meiden die Kamera. Andere reden sogar gern.

»Die Nordstaaten sind von künftigen Öl- und Gasquellen umgeben, auch Russland«, erläutert uns einer. »Die Arktis ist Zukunft, der perfekte Ort zum Trainieren.«

In Minischritten schleppt sich sein Gefolge über Stunden Berghänge hinauf, ein jeder bepackt mit fünfzig Kilogramm Traglast, manchmal so unförmig wie Hinkelsteine. Wir erfahren, dass schon die Infanterie der Römer die gleiche Last schleppte. Und dass früher jeder junge Norweger auch jagen und Ski fahren konnte. Heute müssten viele sich das erst wieder aneignen, vor allem die Städter aus Oslo. Danach aber mache auch das die Stärke der Nordbataillone aus.

Major auf der Flucht

Am Tag der Entscheidung treffen wir Major Dale wieder. Als Zweiter in der Kommandokette kommt er mit Jeep und Fahrer an. Das Armaturenbrett bedecken Landkarten, ein Telefonhörer liegt offen obenauf. Mit Filzstift sind Fahrtrouten eingezeichnet, Orte markiert, Pfeile spiegeln Bewegungen wider. Der Dresscode lässt dem Major offenbar die Wahl, welche Camouflage er bevorzugt. Er trägt unten eine weiße Überhose, dazu oben die Winterjacke in NATO-Oliv. Im Schulterwappen setzt ein Rentier zum Sprung an. Das Zeichen der Nordbrigade.

»Ich bereite gerade meinen Rückzug vor, bin also auf der Flucht«, kokettiert er halb heiter, halb cool, »wollen Sie mit?«

Von außen betrachtet, lief die Übung nicht gut für Dale. Es begann mit dem Schneetreiben, das seine Hubschrauber am Boden hielt. Sie kamen als Verstärkung also nicht infrage. Nun rückt der Feind vor, von See aus unterstützt durch seine Marine, die sich schon in den Fjord vortastet, von Land durch schwere Panzer, deren Überlegenheit drückt.

»Wir geben den Ort auf, um die Kampfhandlungen in die Umgebung zu verlagern und die Zivilisten zu schonen«, erklärt er mir. »Eine Einheit lassen wir hier, damit sie den Feind in der Nacht noch ein bisschen quält. Der Rest formiert sich neu im Landesinneren.«

»Sie überlassen Sørreisa einfach dem Feind? Da melden doch alle Kriegsberichterstatter, die Stadt sei gefallen«, frage ich zurück, als wir auf die Hinterbänke seines Jeeps steigen.

»Aber ja, das entspricht nur dem Plan«, erklärt er. »Wir sind schließlich die Bösen, die Sørreisa im Rebellengriff hatten. Das andere Team, das den Ort nun einnimmt und sichert, steht quasi für die NATO-Truppen. Also die Guten. Das geht schon in Ordnung.«

Auf der Fahrt schlägt er Haken, lässt den Fahrer vor Gehöften in Feldwege abbiegen, bevor er wieder auf die Landstraße fährt. Vor Kontrollposten scheint er erleichtert, sobald er erkennt, dass sie dem eigenen Team angehören. Zuletzt treffen wir auch Sniper-Chef Paxton noch einmal, der dem Fahrer den letzten Wegabschnitt zum Rückzugsort weist. Dale ist dort mit seinem Kommandeur verabredet, dem Einzigen, der einen Rang über ihm steht.

Als er uns vorstellt, würde ich diesen schon wegen seines Händedrucks zum Chef über alle erklären. Hakon Waroe, Bataillonskommandeur der norwegischen Armee, hat die Statur eines Baums. Mein Schlussinterview mit den beiden verläuft entsprechend hierarchisch. Egal, an wen ich meine Frage richte, zuerst antwortet Waroe. Nur jede vierte Antwort überlässt er seinem Vize. Der Rangunterschied zwischen Bataillonskommandeur und Major, notiere ich später, umfasst drei Fragen.

Gemeinsam klüger

Kommandeur Waroe sieht die Bedeutung arktischer Manöver wachsen, sowohl wegen der Lerninhalte als auch wegen der Region selbst. »Norwegen schöpft seine Schätze aus dem Meer, sei es Fisch oder Öl«, referiert er. »Je zugänglicher die Arktis wird, desto mehr Länder werden dies ebenfalls wollen. Der Klimawandel spielt dabei eine wichtige Rolle, denn er trägt dazu bei, seit Jahren schon. Die Wahrscheinlichkeit, dass dies Konflikte in eine Gegend zurückbringt, die zuletzt sehr ruhig und unwichtig schien, wird wachsen.«

Sicher sei das eher eine Frage der Politik oder zumindest eine, die höhere Ränge als ihre beschäftige. Für die Infanterie ändere sich in Wahrheit nicht viel. »Trotzdem, wenn wir Militärübungen ansetzen, mögen wir die Idee, dass wir in jeder Umgebung, in jedem Klima und sogar in der Dunkelheitsphase des arktischen Winters kämpfen können«, sagt er. »Natürlich gibt es immer Grenzen des Möglichen, aber unser Ziel bleibt es, überall einsatzfähig zu sein.«

Die Kooperation mit anderen Ländern sei wegweisend,

meint Dale. »Armeen werden kleiner und gehen spezialisierter vor, aber auch internationaler. Ob wir in Afghanistan sind oder sonst irgendwo in der Welt, wir sind es im Rahmen von UNO-Missionen, in multinationalen Verbänden. Also müssen alle die gleichen Prozeduren üben, die gleichen Grundtaktiken, sie müssen die Einsatzsprache verstehen, und das auf vielen Ebenen, ob sie nun eine Krankenstation einrichten oder eine Gesamtstrategie entwerfen. Marine, Luftwaffe und Armee müssen synchron arbeiten.«

Im Grunde, schließt Waroe, gehe es immer nur um eines: »Darum, besser und klüger zu werden als die anderen. Und gemeinsam sind wir nun einmal klüger. Alle gewinnen dabei.«

Dann müssen die beiden wieder ihre Armee führen. Knirschender Händedruck. Danke. Abtreten.

Lernziel: Can do

Tatsächlich gilt als Leitmotto der Militärs, was zuletzt der britische Oberst Phil Sampson über die größer angelegten NATO-Übungen »Cold Response«, zu Deutsch: kalte Antwort, sagte, zu denen sich alle zwei Jahre unter norwegischer Führung Tausende Soldaten aus mehr als einem Dutzend Länder treffen. »Wer in der Arktis operieren kann«, gab er vor, »der kann es überall.«

Die Kältetrainings sollen Gelegenheit geben, Teamführung auf jeder Ebene zu üben, Aufmerksamkeit im Detail, Entscheidungsstärke unter äußerem Druck und eine Haltung, die hier »Can-do-Attitude« heißt – alles ist machbar. Jede falsche Entscheidung könne Leben kosten, hören die Übenden. Schon ein Zelt aufzubauen bei vierzig Grad unter null erfordere beste Koordination. Eine Lawine könne ebenso tödlich sein wie eine feindliche Kugel. Und gekonnt eine Fregatte oder einen schweren Panzer zu steuern sei so wichtig wie das Laufen auf Schneeschuhen.

Als es zu dämmern beginnt, bringt uns ein Rekrut im Militärjeep nach Sørreisa zurück. Auf seinem Fahrzeug formen weiße Klebestreifen ein sichtbares Kreuz, das markiert ihn den Manöverregeln zufolge als neutral. So darf er die feindlichen Linien überqueren. Die Landstraße wirkt gespenstisch leer, dennoch verharrt unser Fahrer auf der gesamten Strecke in den unteren Gängen, bei ohrenbetäubender Drehzahl – bis er uns entlässt.

»Der norwegische Soldat«, spöttelt unser dänischer Tonmann Helmut, ein gelernter Autoschlosser, »mag weder Feind noch Kälte fürchten. Aber vor dem vierten Gang hat er zu viel Respekt.«

Wenig später wächst jedoch unsere Demut. Da erzittern die Einfallstraßen des Orts vor aus der Ferne heranrollenden Panzern, bis sie in dunklen Konvois um die Kurven rasseln, die Drehbasis des Feuerrohrs stets in korrigierender Bewegung. Darüber donnern Kampfjets durch den Nachthimmel. Sørreisa erscheint uns eher belagert als befreit. Ein unwirkliches Bild, nun tatsächlich wie in Kriegsszenen, die wir aus den Nachrichten kennen – aber auch völlig grotesk und aufgesetzt, denn aus Coop und Rimi tragen nach wie vor die Kunden in bunten Tüten Milch und Eier über den Parkplatz.

»Ich habe selbst für das Militär gearbeitet«, sagt uns ein Rentner, »wahrscheinlich stört es mich schon deshalb nicht. Wir Bürger sind das gewohnt hier, gerade im Winter.«

»So ein friedlicher Ort, und plötzlich bricht der Krieg

über ihn herein. Beeindruckt Sie das wirklich so wenig?«, fragen wir nach.

»Nein, wir fühlen uns damit sogar sicherer«, lacht er da. »Es kann ja Herausforderungen geben, in denen uns die Soldaten verteidigen müssen. Da ist es gut, wenn sie geübt haben.«

Eine junge Frau mit Strähnentolle und silbern gepiercten Ohren und Lippen pflichtet ihm bei. »Ist doch okay, wenn hier gelegentlich was los ist«, findet sie. »Gut, man ärgert sich mal, wenn im Straßenverkehr dann wieder ein Panzer vor einem steht. Aber das ist es dann schon. Die Armee gehört hier dazu.«

Als wir tags darauf unsere Reiseroute wieder aufnehmen, drängen sich in den Inlandsfliegern nicht nur Soldaten mit Rentier im Wappen. Sie sind auf dem Weg nach Hause oder in die Kaserne, kommen von der letzten Übung oder machen sich bereit für die nächste. Junge Frauen, manche mit geflochtenen Zöpfen, junge Männer, oft flaumbärtig und blass, die meisten Anfang zwanzig. Beim Abschied umarmen sie sich wie andere nach dem Feriencamp. Mag sein, dass sie Abenteurertum und Kriegsschrecken wirklich unterscheiden können. Mag auch sein, dass Krieg künftig auch vor der Arktis nicht haltmacht.

Kämpfe leicht? Zu oft haben mir Kriegsheimkehrer, vor allem in Amerika, der sicherlich kriegserfahrensten Nation im Westen, etwas anderes in die Kamera berichtet. »Wenn du aus dem echten Krieg zurückkommst, mit den Bildern der Sterbenden für immer im Kopf«, beschrieb es einer von ihnen, »ist es, als müsstest du Farbenblinden erklären, was Rot oder Blau ist, ohne dafür noch andere Worte zu haben.«

Machtwechsel im Norden?

Seine gewachsene Bedeutung als Regionalmacht verdankt Norwegen seinem Öl. Jahrzehntelang galt das Nachbarland Schweden als Musterland Skandinaviens. Heute ist schon der norwegische Pensionsfonds, der einen Teil der Einnahmen aus Öl- und Gasförderung für künftige Generationen anlegt, so reich, dass er ein Prozent des globalen Aktienmarktes kontrolliert. Norwegen, titeln Zeitungen, wisse nicht mehr wohin mit seinem Geld. Auch dank der Rückflüsse aus dem Fonds in den Staatshaushalt ist das Land seit Jahren frei von Schulden. Während sich Südeuropas Regierungen den Bankrott im Wortsinne zu ersparen versuchen, diskutiert Norwegen, ob es sich nicht Steuererleichterungen gönnen solle.

Es war in den Siebzigerjahren, als der Boom begann. Ölfeld um Ölfeld und Gasquelle um Gasquelle zapften die Förderfirmen seitdem an. Für beide Rohstoffe ist Norwegen inzwischen einer der weltführenden Exporteure. Weitere Fundstätten sind geortet, aber noch nicht erschlossen. Und die Aussicht auf das, was noch unter der arktischen Eisschicht wartet, dürfte den Hunger danach auch hier weiter steigern.

Norwegens hochragende Wohlstandskurve ist es auch, der andere seitdem gerne nacheifern würden – eben mithilfe der arktischen Schätze. Zwar sind Oslos Umweltauflagen strikter als etwa amerikanische oder russische. Die Rangfolge der politischen Ziele aber ändert das auch hier nicht: Kurzfristiger Gewinn schlägt langfristige Skepsis. Oder anders gesagt: Die Klimawende mag geboten sein, Forschung dazu ebenso. Doch vorher wollen wir noch eben das Öl.

Nordkap

Atlantischer Ozean

NORWEGEN

Tromsø

Narvik
Riksgränsen
Torneträsk
Abisko
Kiruna

FINNLAND

Nördlicher Polarkreis

Arjeplog
Luleå

SCHWEDEN

Bottnischer Meerbusen

NORWEGEN
SCHWEDEN
FINNLAND
Uppsala
Göteborg
Stockholm
Malmö

4

SCHWEDEN

Kalifornien in Lappland

Die Forscher von Abisko

Letzte Wildnis Europas

»Wie Sie sehen, sehen Sie nichts«, seufzt Kamerafrau Sandra, nimmt genervt das Gerät von der Schulter und schaltet es ab. Hinter uns liegt eine Bahnfahrt durch immer dichteren Schnee. Es sind die Bergetappen der Strecke, die unten in Narvik ihren Anfang nahm. Wir hatten auf gute Bilder gehofft vom sich in Kurven windenden Zug, der sich auf Passhöhe arbeitet, dann von der Grenzüberfahrt hinüber nach Schweden. Zeitgleich waren Producerin Angela und Assistent Kristian mit der zweiten Kamera und dem Gepäck im Auto unterwegs und sollten von der Passstraße aus Außenaufnahmen des Polarzuges drehen. Nun erreicht mich auch noch deren Nachricht, dass ihre Strecke wetterbedingt gesperrt ist. Wann der Schneepflug den Wartenden den Weg frei räumen könne, sei ungewiss. Erst nach Stunden treffen wir uns an der schwedischen Haltestation Abisko wieder, schon jenseits des Grenzbahnhofs Riksgränsen.

Unsere Unterkunft liegt unweit des Bahnhofs. Als wir auf die Schlüssel warten, wundere ich mich, wie viele Ankömmlinge ihre Langlaufskier offenbar nie aus der Hand legen. Manche nehmen sie sogar mit auf ihr Zimmer. »Die benutzen sie bestimmt auch als Essbesteck«, sticheln wir, noch immer grantig vom verpatzten Drehtag.

Andere kommen mit Helm, Hacke und Seilen von ihren Tagestouren, in Schuhen mit streichholzlangen Spikes unter den Sohlen, als liefen sie auf Spinnenbeinen. Was immer ihnen zudem noch fehlen könnte, hält der kleine Hotelladen bereit: Bildbände über Polarlichter, Campingkocher und Blechgeschirr samt vakuumverpackter koreanischer Nudeln, dazu ein original schwedisches *Kokbok för friluftskockar* mit einhundertfünfundzwanzig Rezeptvorschlägen – Tuben mit Allzwecksalbe, die sowohl Sonnenbrand als auch Frostbeulen heile.

Die Besserung beginnt mit dem Abendessen. Es gibt Feldsalat mit Ziegenkäse, dazu runde, wagenradgroße Knäckebrotscheiben und danach köstlichen Fisch, während es vor dem Fenster zur Dämmerung aufklart, bis wir im Tal, umgeben von mächtigen Rundkuppen, die makellos weiße Eisfläche des Torneträsk erkennen. »Wenn es gefroren ist«, zitieren wir gemeinsam unsere Faustregel, »dann ist es ein See.«

Am nächsten Morgen weckt mich um halb fünf das erste Tageslicht, so blau wie das Wasser in Islands Silfra-Schlucht. Der weite Talkessel, in dem sich Abiskos wenige Häuser verlieren, wirkt in dieser Frühstimmung mystisch, die Ebene versteppt, der Gebirgsring um uns herum nackt – fast so, als hätte dies alles ein Meteoriteneinschlag geformt.

Tatsächlich ist die Gegend einzigartig, wie uns Wissenschaftler der »Abisko Scientific Research Station« erläutern. Den Wegweiser zur Forschungsstation haben wir zuerst übersehen. Dann bogen wir in eine Zufahrt durch dünne Birken, bis Schubschlitten bereitstanden, auf denen wir unser Equipment zum Eingang brachten. Dort begrüßte uns Hausherr Christer Jonasson, ein blau-äugiger Schwede aus Uppsala, der hier jeden Monat ein bis zwei Wochen mit weiteren Klimaforschern verbringt. Auf seiner Visitenkarte steht als Berufsbezeichnung »Paleogeomorphologist«. Er ist Experte für Landschafts-formen im Wandel der Erdgeschichte.

Allmonatlich über null

»Im Sommer beherbergen wir hier bis zu achtzig Leute«, sagt er und führt uns durch Labors und Studienräume. »So gesehen, sind wir das größte Hotel hier oben.« Wand-tafeln sind übersät mit Artikeln aus Fachzeitschriften, Grafiken und Landkarten der Arktis, viele gespickt mit Säulen- und Kuchendiagrammen. Finanziert wird die Station größtenteils vom schwedischen Polarsekretariat und von Regierungen der Europäischen Union. Sie ist älter als die Diskussion um Treibhauseffekt und Welt-klima, ihre Messreihen begannen vor über hundert Jah-ren. Forscher, die hier ein und aus gingen, haben mehr als dreitausend Studien erarbeitet.

Die Folgen des Klimawandels seien im Norden des Pla-neten dramatischer als überall sonst, warnte das Zen-trum schon früh. Seit dreißig Jahren taue der Permafrost der Region. Dagegen breite sich der Pflanzenbestand von Feuchtmooren aus. Der Methanausstoß steige. Um die resultierenden Umweltprobleme zu lösen oder sich zu-mindest darauf einzustellen, heißt es, seien neue Er-kenntnisse gefragt. Deshalb versuchten hier Wissen-schaftler durch Experimente zu verstehen, »wie erhöhte

Konzentration von Kohlendioxid, UV-Strahlen, Erd- und Außentemperatur und verschiedene Schneehöhen einander beeinflussen.«

»Mein Büro ist leider nicht aufgeräumt«, warnt uns Jonasson, als wir dort eintreten.

»Kein Problem, man soll ja sehen, dass Sie arbeiten«, beruhige ich ihn und frage, womit er sich gerade befasse. In ein paar Wochen erscheine eine neue Expertise des Zentrums, sagt er und zeigt auf den größten Papierstapel auf dem Schreibtisch. Das sei nur eines von über einem Dutzend Kapiteln. Noch seien Feinheiten und Formulierungen von den Autoren zu prüfen. Ich bitte ihn dennoch, uns ein paar Beispiele zu nennen.

»Die Landschaft um Abisko hat Modellcharakter für die Arktis, eine Art Mikrokosmos«, erklärt er mir. »Wir nennen ihn Europas letzte Wildnis. Hier lässt sich vieles beobachten, was andere Regionen ebenfalls erwartet. Wir untersuchen beispielsweise, wie sehr sich durch den Temperaturanstieg die Baumgrenze in höhere Lagen verschiebt.«

Dafür müsse man unterscheiden, was übergeordnete Ursachen seien und was lokale. So sei der Birkenbewuchs hier auf einer Talseite angestiegen, anderswo aber gleich geblieben oder gar rückläufig, weil dort Larven die Bäume befallen hätten, deren Eier in nunmehr milderen Wintern eher überlebten als früher. Auch die Rentierherden könnten den Bestand der Jungbäume schmälern, wenn sie hier grasten. »Als Trend lässt sich aber messen, dass die Baumgrenze in den letzten fünfzig Jahren sichtbar die Hänge hinaufgeklettert ist, obwohl wir hier schon weit nördlich des Polarkreises sind.«

Seit den Achtzigerjahren stelle man insgesamt rückläufigen Schneefall fest, mehr Westwind und häufigere extreme Wetterereignisse, wie auch Jonasson sie nennt, also Stürme und starke Temperaturumschwünge.

Was das für die Bewohner bedeute, frage ich.

»Sie passen ihr Verhalten an«, meint er, »und sie müssen es auch. Wo Bäume wachsen, bricht sich der Sturmwind, und es sammelt sich Schnee. Rentierherden müssen im Winter aber unter dem Schnee Futter finden. Also müssen die Halter sie höher hinauftreiben, über die Baumgrenze, wo der Wind den Schnee wegbläst.«

Die wandernde Waldgrenze sei aber nur eine von vielen Folgen. Den Rentierzüchtern mache auch zu schaffen, dass die Herden bei ihrer Futtersuche nicht mehr im verlässlichen Rhythmus der Jahreszeiten Flüsse und Seen überqueren könnten. »Das Eis hielt gewöhnlich von Dezember bis Juni. Nun bricht es schon im Mai. Außerdem messen wir inzwischen auch in jedem einzelnen Wintermonat des Jahres durchschnittlich einen Tag lang Temperaturen über null«, erklärt er mir anhand seiner Zahlentabellen. »Das heißt, es beginnt kurz zu tauen. Da entsteht Wasser, das danach wieder gefriert. So bildet sich eine Eisschicht, auf die wieder neuer Schnee fällt. Diese Eisschicht verhindert dann aber, dass die Tiere unter dem Schnee zu den Flechten vordringen können, von denen sie sich ernähren.«

Auch für die Vegetation selbst seien die winterlichen Tauphasen fatal. Denn sobald die Schneedecke als Isolationsschicht fehle, schütze sie bodennahe Pflanzen nicht mehr vor der Kälte. »Wenn es dann wieder gefriert, leiden sie, sterben ab und brauchen Jahre, um sich zu erholen«, sagt Jonasson. »Wir haben das in Experimenten belegt und nach solchen Extremwettern auf Tausenden von Quadratkilometern beobachtet. Die Beerenbestände beispielsweise gingen um ein Drittel zurück. So können schon ein, zwei Tage im Winter die Vegetation mehr beeinflussen als der ganze Rest des Jahres. Wir dachten immer, allein die Wachstumsphase von Mai bis September sei entscheidend. Für Nagetiere oder die Rentierherden auf Futtersuche kann das dramatische Folgen haben.«

Ob denn auch Menschen ihren Alltag schon dem Klima angepasst hätten, will ich wissen.

»Na, wir müssen weniger heizen«, meint er lachend. »Und vielleicht weniger Geld für das Räumen von Straßen aufwenden. Aber sich darüber zu freuen wäre sarkastisch. Global gesehen, bleibt die Erderwärmung ein Desaster.«

Mehr Wald, weniger Weiß

Auch Jonassons grönländische Kollegen vom Klimaforschungszentrum in Nuuk sprechen von einer immer weniger berechenbaren Entwicklung des Wetters. Wo die gewaltige Eiskappe bisher für beständige Kälte sorgte, breite sich nunmehr Instabilität aus. Fischer, die im Winter mit Schlitten oder gar einem Auto über das Eis fuhren, beklagen, dass das Eis der Buchten sie nicht mehr trage oder gänzlich verschwinde. Bis zu zweihundertfünfzig Kilogramm Heilbutt hätten sie einst über das Eis transportiert. Heute brächen sie damit absehbar ein. Grönlands Gletscher, konstatiert auch die Zeitschrift *Nature*, flössen schneller, der Permafrost in Sibirien taue, und sowohl Russlands als auch Kanadas Wälder breiteten sich erkennbar nach Norden aus. »Ströme warmer Luftmassen«, zitiert das Fachblatt auch Abiskos Forscher, »sind zuletzt in jedem Winter mindestens einmal gemessen worden, mit Temperatursprüngen nahe der Erdoberfläche von fünfundzwanzig Grad.«

Selbst auf den ersten Blick positive Entwicklungen könnten trügen, warnen die Wissenschaftler. So habe man zunächst gehofft, die nach Norden wachsenden Waldzonen könnten auch mehr Kohlendioxid aufnehmen und sich so im Klimawandel als heilsam erweisen. Tatsächlich aber wirke sich ein anderer Effekt noch stärker aus. Die neuen Wälder verdrängten nämlich die bis dahin durchgängig weißen Schneeflächen der Tundra, sodass die Erde dort das Sonnenlicht nicht mehr reflektiere, sondern aufnehme und sich damit erwärme – und so den Temperaturanstieg weiter beschleunige, statt ihn zu mindern.

»Hat der hohe Norden begonnen, den südlicheren Regionen näher zu kommen?«, frage ich.

»Das lässt sich so sagen«, bestätigt Jonasson. Beispielsweise habe der Klimawandel hier ebenso wie in den Alpen bereits den Tourismus verändert. In den Skigebieten versuchten Veranstalter die Saison vorzuverlegen, weil ihnen durch die frühere Schneeschmelze Einnahmen fehlten. Im Dezember aber sei es kälter und dunkler, da mache Skilaufen weniger Spaß. »Hier setzt man deshalb auch auf andere Angebote. Die Polarlicht-Fotografen machen längst einen größeren Anteil an Urlaubern aus als die Skiläufer«, sagt er. Die Branche umwerbe sie bereits als »Auroratouristen«.

Ohnehin ziehe die Polarregion immer mehr Menschen an, die mit Wintersport gar nichts mehr im Sinn hätten. »Schauen Sie nur mal, wie viele Eishotels es mittlerweile gibt, die vom Bett bis zur Bar aus Eisklötzen bestehen«, lacht er. »Die Leute zahlen bis zu dreihundert Euro, nur um dort auf einem lausigen Fell zu übernachten.«

Methan aus dem Moor

Die ersten Kollegen Jonassons, die wir draußen aufsuchen, hantieren an einer viereckigen, nach unten offenen Plexiglasbox, die ein Stück Erde abdeckt wie ein aufklappbares Oberlicht. Nach zehn Minuten öffnet sie sich zum Lüften und senkt sich später wieder für den gleichen Zeitraum. In der Umgebung entdecke ich gleichartige Boxen. Einer der Wissenschaftler stellt sich als Tyler Logan vor. Er ist Amerikaner. »Wir sind hier mitten in einer Moorlandschaft«, erklärt er mir. »Unsere Geräte messen, wie viel Methangas sie in zehn Minuten auf einem Viertelquadratmeter freisetzt.«

Im Untergrund der Moorlandschaft befänden sich Eislinsen, sagt Jonasson. Sie seien dadurch entstanden, dass sich trockene Pflanzensedimente auf dem frostigen Boden ablagerten, die ihn so isolierten. »Im Kleinen ist das der gleiche Landschaftstyp wie im Großen die gesamte arktische Tundra mit ihrem Permafrostuntergrund.«

Jonasson spricht von dramatischen Trends, die seine Kollegen hier bestätigt fänden. »Da große Teile des Moorkerns inzwischen schmelzen, weil die Isolation nicht mehr ausreicht, messen wir auch ansteigende Gasemissionen. Wo das Moor trocken ist, bleiben sie niedrig. Wo es feucht wird, steigen sie an.« Vergleichsstudien legten nahe, dass sich dieser Effekt vor allem im kontinentalen Sibirien auswirken könne.

Danach stapfen wir weiter zu einem See. Dort bohrt ein anderes Forscherteam armdicke Löcher ins Eis. Erst nach einem Meter stößt der Bohrer auf Wasser.

»Schon zehn Zentimeter Eis tragen eine Tonne«, sagen sie uns. »Hier könnte also ein Jumbo landen.« Der See sei recht flach und im letzten Jahr komplett gefroren gewesen. Für diesen Winter aber lasse sich hoffentlich eine Sedimentprobe aus dem Seewasser ziehen.

»Wir wissen noch immer nicht, warum manche Seen Gase freisetzen, andere aber den Kohlenstoff an ihrem Grund akkumulieren«, erklären sie weiter, während sie erneut das Bohrgewinde in die Tiefe treiben. Als ihr Testkolben später die fauligen Proben vom Seegrund preisgibt, stinkt es so erbärmlich, dass wir uns die Nase zuhalten wie früher im Chemiesaal.

»Fangen Sie hier etwa auch noch einen Fisch fürs Abendessen?«, scherze ich.

»Keine Chance«, antworten sie. »Da unten lebt kein essbares Wesen.«

Rätsel der Fachwelt

Tatsächlich ist die Rückkopplung zwischen Treibhauseffekt und tauendem Permafrost noch immer nicht restlos geklärt. »Im April und Mai bricht das Eis auf, und die Schneedecke beginnt zu tauen«, leitet das Potsdamer Alfred-Wegener-Institut für Polarforschung einen Expeditionsbericht ein. »Schmelzwasser sickert nun in nahezu jede Pore und verteilt Wärme und Stoffe im Boden. Es kommt zu engen Wechselwirkungen zwischen Atmosphäre, Schneedecke und Permafrostboden. Wer hier jedoch auf wen in welchem Maße einwirkt, konnten wir bisher nicht untersuchen.«

Forschungsposten, etwa in Russland, seien oft nicht zugänglich gewesen. Erst eine modernisierte Station im Lena-Delta sei ganzjährig besetzt. Ein deutsch-russisches Team, dessen Arbeit Staatschef Wladimir Putin bei einem Besuch beeindruckt hatte, treibt dort nun weitere Studien voran. »Wir werden untersuchen«, meldet es, »welche Dichte und Kristallstruktur die Schneedecke aufweist und wie der Tauprozess genau abläuft.« Das könne helfen, die Prozesse im Permafrost besser zu verstehen und so die Zukunft einzelner Regionen genauer vorherzusagen.

Schon unterschiedlicher Messverfahren wegen waren internationale Studien lange kaum miteinander vergleichbar. Zudem kritisierten Wissenschaftler, dass vor allem China seine Messresultate geheim halte. Zuletzt sollten sechshundert einheitliche Bohrlöcher in den weltweiten Frostzonen die Beobachtungen und Prognosen verbessern. Erste Ergebnisse überraschten prompt. Kälterer Boden sei nicht etwa stabiler, hieß es. Gerade dieser erwärme sich auffallend schnell, meldeten Forscher. Gebiete mit zweistelligen Frostgraden seien deshalb stärker von Erwärmung betroffen als etwa Randzonen mit nur vereistem Grundwasser, wo der Tauprozess viel Energie binde. Bei einer Erwärmung der Erdatmosphäre um vier Grad oder mehr sei die Energieschwelle jedoch irrelevant. Als Grundsatz gelte weiter, dass sich der Permafrost weltweit erwärme, egal, ob er nur wenige Meter tief reiche oder wie in Sibirien bis über eintausend Meter. Erhalten bleibe der Permafrostboden auf Dauer nur, wenn es gelinge, den weltweiten Temperaturanstieg zu mindern, versicherte der Projektleiter des Wegener-Instituts.

Als fatalen, selbstverstärkenden Effekt fürchten die Wissenschaftler, dass bisher im Permafrost eingeschlossene Pflanzen- und Tierreste durch das Abtauen für Bakterien zugänglich werden, die sie dann zersetzen. Wie bei allen Stoffwechselprozessen würden dann Kohlendioxid und Methan freigesetzt – so wie in Abiskos Testfeldern. Also gerade jene Treibhausgase, die schon jetzt den Temperaturanstieg auslösen.

Auf dem Rückweg erzählt mir Jonasson doch noch von Speisefischen. »Auch in den Polarmeeren verschieben sich Bestände und Arten«, sagt er. »Der Hecht etwa zieht nach Westen, um es wärmer zu haben. Dort verdrängt er als Raubfisch Forellen und Saiblinge. Weil wir ihn auf der Speisekarte nicht sonderlich schätzen, haben auch Fischer den Schaden.« Umgekehrt berichte ich ihm von einem Dreh in Amerika, wo uns Anwohner zuletzt auf neuartige Riesenkarpfen im Mississippi aufmerksam machten, die eigentlich nach Asien gehörten. Um die wild hüpfenden Kolosse aus dem Fluss zu ziehen, ohne Verletzungen zu riskieren, trugen die Fischer Motorradhelme.

Raumfahrt über Krater

Im Quartier mischen wir uns wieder unter die Winterfrischler. Erstmals übertraf ihre Zahl in den letzten Jahren die der Hiker des Sommers, bestätigt das Personal. »Vielleicht schwingt da schon Nostalgie mit«, meint eine Managerin nur halb im Scherz, »unsere Gäste wollen die Arktis erleben, solange sie noch da ist.«

Als es dämmert, beschließen wir ein wenig zu feiern, denn unsere erste Drehreise liegt zur Hälfte hinter uns – ein Anlass, den wir gewöhnlich gern mit einem sogenannten Bergfest begehen. Hier verdient es seinen Namen auch im Wortsinn. Denn wir wählen dafür die Liftstation hoch über Abisko, die sich selbst als Aurorasichtposten anpreist. Weil es keine geschlossenen Gondeln sind, die am Seil hängen, sondern offene Sitzbänke, verteilt der

Platzanweiser vor dem Besteigen wärmende Snowmobil-anzüge. Knapp eine halbe Stunde dauert die Auffahrt im eisigen Gegenwind. Trotz Skibrille und Heizpäckchen friere ich. Eine Temperaturanzeige gibt zwanzig Grad Kälte an. An die spätere Rückfahrt bei Nacht mag ich kaum denken. Doch der Ausblick von der Bergstation entschädigt uns. Durch ihre Glaswand blicken wir auf Abiskos Nationalpark wie in eine riesige Schüssel. Dar-über hängt fahl der Mond am sich schwärzenden Abend-himmel – ein Gesamtbild, das so unwirklich scheint, als säßen wir an den Bordfenstern einer Raumfähre.

Nur ein paar Tische hält die Plattform für ihre späten Besucher bereit. Doch auch hier zaubert ein junger Koch uns Brokolisuppe, Erbsenpüree und Rentierfilets auf die Teller, dass wir staunen. Obwohl sich die erhofften Polar-lichter gar nicht zeigen, wird der Abend so tatsächlich zu einem Höhepunkt der Reise. Die Rückfahrt im windstil-len Dunkel gerät danach weniger frostig als befürchtet. Eingepackt wie in einem Kokon mit Guckloch, genieße ich die Stille unter dem Sternenhimmel, während ich langsam in Abiskos Talkessel einschwebe, in dem die wenigen Straßenlaternen nun freudig funkeln, fast wie Las Vegas in der Wüste.

Powerhouse Arjeplog

Pisten für den Porsche

Jenseits von Abisko nähern wir uns südwärts wieder dem Polarkreis. Vom schneebedeckten Hochland mit seinen lichten Birkenwäldchen führt unser Weg an Seeufern und Gleisen entlang bis zur Bergbaustadt Kiruna, die noch immer unermüdlich ihre Erzzüge belädt. Die Bestimmungsorte der Ladung lagen auch nach dem Krieg noch jahrzehntelang im Ruhrgebiet. Heute empfängt das meiste davon China. Gigantische Halden, qualmende Schornsteine und ein Förderturm weisen schon am Horizont auf die Stadt hin, lange bevor wir sie erreichen.

Danach verdichten sich Pinien- und Fichtenwälder, die bald auch ganze Bergkuppen bedecken. Nur wenige Siedlungen liegen am Weg, meist mit nur einer Handvoll Häusern. Am Ende führt die Landstraße über Stunden nur durch flaches Land, kaum Steigungen mehr, kaum Kurven.

Zu Beginn der Fahrt trotteten noch zwei Elche auf plump federnden Beinen an uns vorbei, nun entdecken wir gelegentlich ein Rentier, das uns vom Waldrand her betrachtet. Auf Menschen treffen wir erst wieder, als uns zwei nette Polizisten auf freier Strecke stoppen. Wir seien einhundertsiebzehn Stundenkilometer schnell gewesen, mithin siebzehn über dem Limit, erklären sie lächelnd – und reichen mir einen Strafzettel über umgerechnet zweihundertfünfzig Euro. Dann entlassen sie uns mit besten Wünschen für die korrekte Weiterreise.

Immerhin stimmten sie uns so schon mal auf unseren nächsten Drehort ein, denn auch dort geht es um Autos, Streckenführung und Geschwindigkeiten. Schon vor dem Zielort Arjeplog fallen uns auf der Gegenspur brandneue Automodelle auf, alle mit deutschen Kennzeichen. Auf Wegweisern vor abbiegenden Waldwegen lesen wir nun Firmennamen wie »Knorr-Bremse« oder »Bosch«. Was uns hierhergelockt hat, ist ein Dienstleistungsgewerbe mitten in der Abgeschiedenheit Lapplands. Lange schon, bevor hier jemand dem Süden näher rücken konnte, hat sich der Ort bereits umgekehrt die Welt in den Norden geholt. Zumindest die motorisierte.

Kassenschlager Schlechtwetter

»Hätte mir vor fünfundzwanzig Jahren einer gesagt, ich müsste anderen schlechtes Wetter, Kälte und Dunkelheit verkaufen, hätte ich ihn ausgelacht«, sagt mir am Tresen von Harrys Bar Firmenchef Alf Sundström. »Aber genau das machen wir seitdem.«

Sundström, ein kantiger Endfünfziger mit wettergegerbtem Gesicht, ist ein Macher. Dutzende Mitarbeiter beschäftigt sein Unternehmen während der Saison, die von Dezember bis Ostern reicht. Im Ort verdoppelt sich dann die Einwohnerzahl auf sechstausend. »Hier wird alles geprüft, was Sie sich denken können«, sagt er, »vom neuesten Lenksystem über die Heizung bis zum Prototypen der nächsten Sportwagengeneration. Erst was hier auf Dauer dem Winterwetter standhält, darf auf den Weltmarkt.«

In versiegelten Transportern bringe die Branche geheime Hybrid- und Elektrofahrzeuge hierher oder auch neue Multifuel-Modelle. Dazu belebten Autonarren mit dicker Brieftasche sein Geschäft, die in Privatjet und Hubschrauber einflögen, um einmal im Ferrari über eine Eispiste zu schlingern. »Wir haben auf dem nächsten See auch schon den Hockenheimring nachgebaut«, schwärmt Sundström, »akkurat nach GPS-Daten.«

Auf dem Barhocker neben ihm hat Tochter Anna Platz genommen, deren straff nach hinten gezogenes Haar sie strenger wirken lässt als ihn. »Autos interessieren mich eigentlich gar nicht«, gesteht sie selbstbewusst. »Pferde und Schneemobile sind mir näher.« Trotzdem möge sie die Arbeit auf dem Eis und auch die Ankömmlinge aus aller Welt. Neueste Dauerkunden seien die Südkoreaner. Denen habe man sogar ein Grillrestaurant neben die Wagenhallen gestellt, damit sie nicht ohne Bulgogi auskommen müssten. Morgen früh würden sie uns das Testgelände zeigen, sagen die beiden. Anna hole uns ab, ohne Begleitung kämen wir nicht durch die Sicherheitsschleusen.

Alles außer Schwedisch

Arjeplogs Gemeindegebiet zählt mehr Seen als Bewohner. Tausende Eisflächen verteilen sich um den Ort. Von seiner Ausdehnung her ist er einer der größten Schwedens. In seiner Geschichte förderte er Blei, Zink und Silber aus der Erde, bis sich nichts davon mehr lohnte.

Dann wollte der Zufall, dass ein Wintergast im Sportflugzeug auf einem der Seen landete. Er kam aus der Autobranche und fragte, ob man hier wohl neue Bremssysteme testen könne.

»Heute stehen hier im Winter schon mal fünfzehn Rolls-Royce vor einer Unterkunft und fünfzehn Ferraris vor der nächsten, und keinem fällt es noch groß auf«, erzählt Anna, als sie uns durch die kurze Hauptstraße fährt. »Und im Supermarkt hört man dann alle Sprachen außer Schwedisch.«

Ihr Haar hat sie jetzt zu zwei Zöpfen geflochten, als drehten wir einen Heimatfilm. Die örtliche Fahrschule wirbt mit eigenen Fremdenzimmern, in denen sie Prüflinge von außerhalb unterbringt, damit sie in ein paar Tagen zu ihrer Fahrerlaubnis kommen. Jenseits des Ortsrandes stoßen wir auf die Werkszufahrt, gesichert von Schranken und Kameras. Schilder pochen auf das Fotografierverbot.

»Natürlich liegen hier auch viele Paparazzi auf der Lauer, die neue Modelle ausspionieren wollen«, sagt Anna. »Die schleichen sich dann auf Skiern heran, klettern auf Bäume und machen auf harmlosen Naturfreund. Man kann es nicht wirklich verhindern.« Sie gehörten dazu, seien Teil des Wintertheaters.

Vor der Haupthalle begrüßt uns Vater Alf und nimmt gleich unseren Gesprächsfaden auf. »Manchmal wollen es die Firmen insgeheim sogar, dass sich beizeiten Gerüchte um ein neues Auto ranken«, verrät er und führt uns durch leere Büros, als wäre hier gerade eine Messe zu Ende gegangen. Anschlusskabel liegen lose herum. Kaffeemaschinen sind grob sauber gewischt. Die Osterwoche hat begonnen. »Achtzig Prozent des Betriebs von Arjeplog sind damit eingestellt«, sagt er. »Ich überlege dann immer, wofür wir das alles auch jetzt noch nutzen könnten, aber bisher fiel mir nichts ein.«

Als er die nächste Fahrzeughalle aufschließt, blicken wir an riesigen Schneeräumern hoch, deren Frontwalzen auch an Mähdrescher passen würden. Darüber ragen die Rohrstutzen der Schneekanonen zur Seite. Zuletzt bleiben wir von einem schwarzen Unimog stehen, auf dessen Heck Annas Name gemalt ist. »Den musste ich fahren, seit ich mit den Füßen die Pedale erreichte«, sagt sie. Auf der Herstellerplakette entziffere ich als Baujahr 1960 und als Ausstatter eine Firma aus Rosenheim: »Beilhack Maschinenfabrik und Hammerwerk«. Dann drückt Sundström den Knopf, der das Hallentor hebt. »Suchen Sie sich einen Schneeräumer aus«, ruft er. »Wir müssen langsam hinunter zum See.«

Den Rummel der Saison haben wir gern gemieden. Arjeplogs Dörfler vermieten dann oft sogar ihre eigenen Betten an Techniker und Ingenieure und ziehen derweil in Sommerhütten oder Wohnwagen. Wir wollten Anna und Vater Alf die Hauptrolle überlassen und nicht den Scharen ortsfremder Heimlichtuer, die uns ohnehin sofort Drehverbot erteilt hätten. Stattdessen gehören nun die Testparcours uns. Mit Anna und Vater Sundström bereiten wir auf dem Eis eine Rundstrecke. Dann zeigen sie mir, worauf es beim Fahren ankommt.

Hauptstadt des Spritverbrauchs

Das Monstrum, in das ich mit Fahrerin Anna klettere, lässt sich in der Kabine von drei Sitzen aus steuern. Zwei weisen zur Räumwalze, einer zum Heck. Durch hüfttiefe Hohlwege, beschildert wie gewöhnliche Verkehrsstraßen, rollen wir zunächst Richtung See. Sundström folgt uns im Lastwagen, der eine kleinere Räumschaufel vor sich herschiebt. Dann, auf der glatten Eisfläche des Sees, sehen wir noch Spuren der letzten Teststrecken. Wir postieren eine Kamera im Tiefschnee, schrauben eine kleinere am Schneeräumer fest, die dritte nehmen wir mit ins Führerhaus, um damit Anna beim Arbeiten über die Schulter zu schauen. Wie eine Lokführerin treibt sie das Riesengefährt nun durch den Schnee, der dann über der Walze als Riesenfontäne zur Seite schießt. Dahinter folgt seitlich versetzt Vater Alf mit dem zweiten Räumer, als würde er ihr nachwischen, und verschwindet dabei wie eine Wühlmaus unter der rasenden Schneewolke.

»Vor Jahren berichtete ein britischer Sportkanal einmal über uns«, sagt mir Sundström in einer Pause. »Danach war der Andrang so groß, dass wir die Formel-1-Strecke von Silverstone hier sogar zweimal nebeneinander in den Schnee schieben mussten.« In Arjeplog werde pro Kopf mehr Sprit verbraucht als in Stockholm. Die nationale Statistik zeige die Hauptstadt vor Malmö und Göteborg. Ganz vorn aber, mit großem Abstand, liege ihr Dorf.

»Da sägen Sie ja an Ihrem eigenen Ast«, werfe ich ein, »wenn Sie so vehement zum Treibhauseffekt beitragen. Am Ende fehlt Ihnen noch der Schnee.«

»Das Gegenteil stimmt«, kontert er. »Der Klimawandel bringt überall auch mehr Extremwetter. Und bei mehr Extremwetter steigt der Bedarf der Hersteller nach verlässlichen Tests. Also profitieren wir eher davon.«

Als endlich die Piste glatt und blank vor uns liegt, nimmt mich Sundström zur Seite. »Jetzt hole ich Ihnen unseren besten Sportwagen her«, flüstert er. »Aber wehe, Sie fahren ihn zu Schrott.«

Kurz darauf steigen wir in einen schwarzen Porsche Carrera mit Lederschutz um die Frontpartie. Über dem Dach hält ein Bügel zwei Zusatzscheinwerfer. Auf den Seiten erstreckt sich der Firmenschriftzug »Laponie Ice Driving«.

»Wie viel Erfahrung haben Sie mit Rennstrecken?«, fragt mich Sundström ernsthaft. Mir fällt lediglich ein, dass mein Vater uns Kindern einmal im ersten eigenen Auto den Nürburgring zeigte. Doch unser Gefährt war von einem Rennwagen etwa so weit entfernt wie ein schwedischer Elch von einer Gazelle. Später, als ich selbst den Führerschein hatte, steuerten wir Jungs auf verschneiten Parkplätzen schon mal mit angezogener Handbremse in die Kurve, um zu sehen, ob es für eine halbe Drehung ausreichte. »Eher wenig Erfahrung«, antworte ich wahrheitsgemäß, »aber ich fuhr schon immer gerne im Schnee.«

Mit Blick auf den begrenzten Versicherungsschutz für tollkühne Reporter schlage ich meinem Gastgeber vor, dass ich ihm zunächst ein oder zwei Runden lang vom Beifahrersitz aus zuschaue. Kurz darauf bin ich kleinlaut wie ein Lehrling. Mit zittrigem Gasfuß lässt Sundström den Motor aufheulen, bis die Heckräder durchdrehen, seine Hände wirbeln über das Lenkrad in ständig wechselnder Richtung, die Füße treten wie die eines Pianisten auf die Pedale. Er fährt nicht. Er zelebriert. Und er schuftet. Nie hält er den Wagen in Fahrlinie. Er jagt ihn auf Schlingerkurs, rutscht schon in jener Stellung in die Kurve, in der er wieder herauswill, steuert gegen, verharrt in höchsten Drehzahlen, bis wir mehrfach an den anderen vorbei durch die Schlusskurve geschleudert sind, neben der unsere Schneefahne sie fast begräbt.

»Na, da ist Daddy doch mal wieder in seinem Element«,

ruft Anna in den Wagen hinein, als ich blass und beeindruckt die Tür öffne.

»Auf Eis lenkt man nicht mit dem Steuer, sondern mit dem Gaspedal«, erklärt mir Sundström noch eben fachmännisch.

»Danke für die Lehrstunde«, antworte ich. »Ich glaube, ich sollte auf meinen Teil lieber verzichten.«

Das Team dreht noch Details von der Frontverpackung des Sportwagens und Nahaufnahmen von startenden Reifen. Dann ahne ich, dass ich mir wohl nie verzeihen würde, hier vor einer frisch präparierten Eispiste und einem bereitstehenden Porsche gekniffen zu haben. Wenn es ihn nicht störe, dass ich nur in Schritttempo fahre, sage ich, sei ich startklar.

Rutschrunde durch Lappland

Wir wechseln die Seiten. Schon im Leerlauf registriere ich, wie heftig der Motor auf jede Fußregung reagiert. Im zweiten Gang fahre ich an und lasse in der ersten Biegung das Heck wegrutschen, um dann vorsichtig zugleich gegenzulenken und zu beschleunigen, nun immer nah an der Innenkurve. Doch als sich die nächste Kehre anschließt, schwingt der Wagen schon so sehr zurück, dass ich fürchte, er könnte gegen die Schneewand rutschen. Ich nehme den Fuß vom Gas und versuche es vor der nächsten Kurve mit mehr Eleganz. Auf einer kurzen Geraden schalte ich in den dritten Gang hoch und erreiche eben siebzig Stundenkilometer, bevor die nächste Biegung droht. Sundström beschleunigte hier auf hundertzwanzig. Trotzdem verbindet uns an diesem Tag ein jungenhafter Spaß am Spielzeug Auto.

In Runde zwei kann ich schon besser abschätzen, wie sich der Wagen in den Kurven verhält, rutsche früher in sie hinein und registriere im Spiegel stolz die aufgewirbelten Schneefahnen, bis wir erneut die Zielposition passieren und stoppen.

»Und?«, schaue ich zu Sundström herüber. »Wie viel Angst hatten Sie um den Wagen?«

Er sei immer nervös, sobald er nicht selbst am Steuer sitze, lacht er zurück. Trotzdem habe er schon schlimmere Ängste ertragen müssen. Ein Satz, der meinen Tag rettet.

Danach reden wir über die Firma. Was der Mann in einer Generation aufgebaut hat, erinnert mich an schwäbische Mittelständler, die auf dem Weltmarkt bestehen und dennoch immer bodenständige Familienbetriebe blieben. In den nächsten Jahren wolle er das Unternehmen Anna und ihrer Schwester übergeben, sagt Sundström. Solange es die beiden danach wünschten, stehe er ihnen als Berater zur Seite. »Aber nicht als notorischer Besserwisser«, verspricht er.

»Wie schwer wird Ihnen das fallen, als Machertyp?«, frage ich ihn.

Er habe eine Grenze erreicht, sagt er da, jenseits deren man nicht mehr gesund bleibe. »Ich habe mich immer um alles gekümmert, vom Treibstoffeinkauf bis zu den Klopapierrollen.« Er blickt mich müde an. »Irgendwann fällt man um, und das war's.«

Das Erste, was er aus der Hand gegeben habe, sei die Buchhaltung gewesen. Anna sei eine geschickte Managerin. »Das fühlte sich zwar ziemlich komisch an, wenn die Bank anrief und mich nur noch bat, zu Anna durchzustellen. Ich dachte, nun reden die nicht mal mehr mit mir. Aber da muss man durch.«

Anna sattelt unterdessen zu Hause ihre drei Pferde zum täglichen Ausritt mit den Nichten. Deren Mutter geht nach einem Schneemobilunfall auf Krücken. Als wir die Familie aufsuchen, liegt hinter dem Haus weiß glitzernd der See. Am Ufer lugt ein Sportflugzeug aus dem Schnee, mit dem Sundström im Sommer vom Wasser aus startet.

»Viele junge Leute sind schon aus Arjeplog weggegangen«, sagt Anna, »nach Stockholm oder andere Städte. Aber mir fehlt hier nichts.« Außerdem kämen einige auch wieder zurück, wenn sie älter würden und die Heimat vermissten.

Ob die Verantwortung für den Betrieb sie auch belaste, frage ich. »Ja«, sagt sie, »aber Vater ist ja noch da. Und ich bin mir sicher, dass es für mich und meine Schwester das Richtige ist.«

Dass ein Familienunternehmen sich weltweit vernetzt und über Generationen geführt wird, ist nicht ungewöhnlich. Bemerkenswert ist jedoch, dass dies jemand in Arjeplog schafft, das schon für schwedische Landsleute jenseits ihrer Vorstellungswelt liegt. Mit Lappland verbinden sie allenfalls Rentiere, nicht Rennstrecken. Dabei probieren hier nicht nur Autohersteller ihre neueste Technik aus. Zuletzt führt mich Vater Sundström noch in einen Kellerraum neben dem Wohnhaus – und präsentiert mir seine zukunftsweisende Heizungsanlage.

»Wir haben von hier aus mehrere Hundert Meter Leitung in den See gelegt«, erklärt er mir nicht weniger enthusiastisch als am Steuer seines Porsches. »Im Winter ziehen wir daraus Wärme. Unsere Heizkosten sind dadurch auf die Hälfte gesunken.«

»Na bitte«, antworte ich, »dann gehen Sie ja doch noch als Klimafreund durch.«

ABS und Espresso

Dass Arjeplog nur schlechtes Wetter zu bieten hat, stimmt in unserem Fall nicht. Die Sonnenstrahlen, die an unserem Abreisetag schon früh die roten Holzwände der Pension wärmen, versprechen einen klaren, luftigen Tag. Wie Weihnachtsbäume funkeln die Fichten. Der Hoflampe wächst ein Eiszapfen wie dem Sandmännchen der Bart.

Beim Frühstück sind nur noch zwei Nebentische besetzt, von denen geflüsterte deutsche Satzfetzen herüberdringen. Die Dialekte entsprechen den Standorten großer Autobauer. Über Räucherlachs und Espresso geht es mal um Abteilungsleiter, mal um Antiblockiersysteme.

Der Reisetag wird uns bis zur Ostsee führen. Noch in die Morgensonne hinein folgen wir der verschneiten Landstraße. Vom See her dampft Nebel aus schon eisfreien Strömungsrinnen. Wieder diese Kalenderbilder. Dennoch versuchen wir, uns nicht allzu sehr ablenken zu lassen. Uns ist, als warteten schon zwei nette Polizisten auf uns.

Kühler Standort

Luleås Leitstern

Matz Engman geht es gut. Hager, sportlich und bestens gelaunt tritt er aus seinem Büro. Schwarze Jeans, breite Gürtelschnalle, kleinkariertes Hemd, Sakko. Es könnte der junge Yves Montand sein, der uns da anlacht. Wir sind in der Dachetage eines Altbaus am Ostseeufer der Provinzstadt Luleå. Der Innenraum ginge auch als Wohnküche durch, eingerichtet im neuesten Ikea-Schick. Alle Büros haben Weitblick. Und ebendiesen reklamiert Wirtschaftsplaner Engman auch für sich.

Engman hat für Luleå die Wende geschafft. Wie alle Städte Nordschwedens dümpelte der Industriehafen mit seinen alten Gewerben zwischen Stahlwerk und Papiermühlen zuletzt vor sich hin. Die Stadt wuchs nicht. Von Stockholm aus und überhaupt vom Süden, wo Engman selbst lange lebte, wurde sie wie der ganze Norden als weltfern belächelt. Lappland eben. Die Wende oder, wie man hier lieber sagt:»the game changer« hat als Erfolgssymbol eine Faust, aus der nach oben der Daumen ragt. Und sie hat einen Namen: Facebook.

»Als wir uns als Standort für deren neues Datenzentrum bewarben, konkurrierten wir anfangs mit hundert anderen Orten weltweit, vierzig davon aus Schweden«, erinnert sich Engman. Heute bestückt der US-Konzern hier seine modernste Computerhalle, so groß wie mehrere Sportplätze, mit Servern. Und Engmans Helfer versammeln schon mal eben zweieinhalbtausend Bürger, um fürs *Guinnessbuch der Rekorde* auf dem Ostseeeis Facebooks Like-Logo darzustellen.

»Warum bekam Luleå den Zuschlag?«, frage ich.

»Unsere Energiepreise sind niedrig«, antwortet er. »Wir haben ein stabiles Stromnetz und stabile politische Verhältnisse, außerdem keine Tsunamis und keine Erdbeben.« Auch spreche die Bevölkerung sehr gut Englisch, das angebotene Werksgelände liege nahe des Universitätscampus, umgeben von einem anwachsenden Hightechpark.

Das Display von Engmans Computer zeigt die Luftaufnahme der Rekordaktion auf dem Eis. Draußen laufen darauf nun Kinder auf Schlittschuhen. Die Ostsee und ihre Ausbuchtungen liegen noch stabil unter Eis. Nach drei Stunden Fahrt waren wir aus Arjeplog angekommen. Am größten Hafenkran stoppten wir zunächst, um vom Ufer aus nach Osten zu blicken. Wieder hatten wir einen Meilenstein der Route erreicht. Danach quartierten wir uns in der historischen Hüttensiedlung um die Kirche von Gammelstad ein, denn Geschichte schrieb Luleå schon vor der Gründung des ersten Stahlwerks. In mehreren Hundert Hütten, die meisten nicht größer als ein Gartenschuppen, übernachteten Kirchgänger mit weitem Anreiseweg, nachdem der König seine Untertanen zum regelmäßigen Gottesdienstbesuch verpflichtet hatte. Nur wenige der Häuschen sind heute bewohnt, denn die Regierung erlaubt nur ihre Nutzung am Wochenende. Ein nahes Gasthaus verdiente sein Geld lange nur mit der Bewirtung von Beerdigungsgesellschaften, die nach dem Kirchgang dort einkehrten.

Auch bei den Hausherren von Facebook hatten wir um einen Drehtermin gebeten, in ihrer Megahalle, die jenseits der Autobahn wie ein überdimensionierter Fremdkörper auftaucht. Doch sie lehnten ab. Man sei noch zu sehr mit Ausstattungsarbeiten beschäftigt.

Zugkraft des Primus

Tatsächlich sehen sich auch einige Mitbewerber Luleås als Speerspitze einer neuen Zeit. In Norwegen bieten Betreiber Datenfirmen einen früheren NATO-Bunker samt Tunnelsystem als kühles Quartier für ihre Superserver an. Der Kostenvorteil ist immer der gleiche. Da die arktische Luft kälter ist als in mittleren Breiten, benötigen die Konzerne kaum Strom für die Kühlung.

Andererseits werden in dem Riesenkomplex nur zwanzig Arbeitsplätze entstehen, zitiere ich Engmans eigene Angaben. Was ihn so sicher mache, dass das wirklich so ein historischer Wurf sei.

»Gute Frage«, antwortet er, »das kritisieren viele. Sehen Sie es mal so: Facebook ist weltführend in Effizienz. Aber schon die nächsten Firmen im internationalen Ranking, die dem Konzern etwa als Zulieferer hierher folgen könnten, sind arbeitsintensiver.« Zudem beschäftige Facebook auch indirekt Leute, wie Bauarbeiter, Wachschützer oder Putzkolonnen. Restaurants siedelten sich an und Hotels. »Die ganze Stadt ist seit der Entscheidung in einer positiven Grundstimmung. Zum ersten Mal wächst unsere Bevölkerungszahl wieder spürbar«, sagt Engman. »Hier beginnt die Zukunft der weltweiten Datenindustrie. Das ist wirklich ein größerer Schritt, als ihn in den Vierzigerjahren der Stahlbau brachte.«

Dann öffnet er eine Kurvengrafik auf seinem Computer. »Wenn Sie alle Sprachen der Welt als Dateien ablegten, brauchten Sie bis vor ein paar Jahren etwa fünf Exabyte«, zeigt er mir an dem Schaubild. »In Bytes ist das eine Eins mit achtzehn Nullen. Schon bald ist das eine Datenmenge, die wir alle zehn Minuten produzieren. Stellen Sie sich einmal diese Dimensionen vor.«

Greenpeace als Pate

In der internen Kaffeerunde bespricht sich der Manager mit seinen sieben Mitarbeitern. Die halb öffentliche, halb private Firma, deren Team Luleå noch weiter nach vorn bringen soll, versichert, dass es zwischen den traditionellen Unternehmen und dem neuen Vorzeigekonzern keinerlei Rivalitäten gebe.

»Das ergänzt sich sogar«, beteuert der Chef. »Das Stahlwerk und die Erzgruben der Region brauchten schon immer ein leistungsstarkes Energienetz. Ein Stromausfall im Stahlwerk war schlichtweg undenkbar. Das kommt nun als Standortsicherheit auch Facebook zugute.«

Zudem, fährt er fort, sei Luleås Zeitenwende eine Wende ins Grüne. Dafür hat er einen starken Kronzeugen. Tatsächlich hat auch die Umweltorganisation Greenpeace Facebooks Standortentscheidung begrüßt. Der Energieverbrauch werde durch Wasserkraft gedeckt, mithin durch erneuerbare Ressourcen. »Malen Sie sich nur aus, dass Facebook in Amerika Strom von emissionsstarken Kohlekraftwerken bezogen hätte, um die gigantischen Server zu kühlen«, sagt er. »Hier können die einfach Frischluft durchpusten, um die Wunschtemperatur zu halten.« Seit fünfzig Jahren sei es in Luleå nie mehr als einen Tag lang wärmer als dreißig Grad gewesen.

»Und wenn es auch in Luleå wärmer werden sollte?«, frage ich.

»Bis dahin arbeiten auch Server bei höheren Temperaturen besser«, entgegnet Engman gelassen und zählt auf seiner Schautafel als weitere Neuansiedler im Facebook-Gefolge bereits die US-Firmen EMC, Milestone und Cygate auf. In Amerika gelte eben das Motto: »We follow the leader.« Die Branche folge dem Trendsetter.

Dass die Welt auch am Rande der Arktis zusammenrücke, bringe im Übrigen schon die Globalisierung mit sich, schließt er, und das Internet als Wirtschaftsraum der Zukunft. Dann lässt er ein letztes Mal sein Yves-Montand-Grinsen aufblitzen. »Mag ja sein, dass es unmöglich ist, eine Firma aus Stockholm hier heraufzulocken. Aber was bedeutet das noch? Nachdem wir es geschafft haben, dass sich in Luleå halb Kalifornien ansiedelt.«

5

FINNLAND

Jenseits von Santa

Hardrock für Sami-Land

Habt ihr schon Häuser?

»Finnen und Schweden sind so verschieden«, schreibt der Kolumnist Alexander Stubb, der einer schwedisch-finnischen Familie entstammt, »dass wir uns letztlich wunderbar ähneln.« Auch Finnen seien im Grunde Schweden, provoziert er, so einfach lasse es sich zusammenfassen. Die hundert Jahre, in denen Finnen der schwedischen Krone unterworfen waren, hätten sie jedenfalls mehr geprägt als tausend Jahre unter den Russen.

Den nordischen Sozialkapitalismus der Neuzeit, der uns schon in Island als Hummelflugphänomen vorgestellt wurde, rühmt auch er – mit dem vernachlässigbaren Unterschied, dass »die Finnen wie Kapitalisten handeln und wie Sozialisten reden«, während die Schweden es umgekehrt hielten. Der Effekt sei der gleiche.

Überhaupt redeten Finnen kaum. Small Talk gelte als etwas für Weicheier, und Meetings setze man hier nur an, um Entscheidungen herbeizuführen, nicht etwa Diskussionen. In Schweden frage der Diskussionsleiter am Ende gar noch, wie man sich fühle. Da renne ein Finne sofort zur Tür.

Ich gestehe, dass Finnland auf meiner persönlichen Landkarte bisher kaum vorkam. So wie Unbedarfte von

Japan oft nur die drei S-Wörter Sushi, Sony und Sumo aufzählen können, hätte ich gute Chancen gehabt, nach der Nennung von Häkkinen, Kaurismäki und Nokia zu passen. Ein Formel-1-Pilot, ein Filmregisseur und ein Handyhersteller. Nach etwas Nachdenken hätte ich noch die finnische Sauna nachgeliefert und die Haartollen-Rockband Leningrad Cowboys, die ich einmal in Berlin interviewte.

Dabei habe ich schon mit finnischen Ureinwohnern getanzt. Nur war das nicht in Skandinavien, sondern auf den Fidschi-Inseln, wo ich eine Studentin der Universität in Suva für den *Weltspiegel* interviewte. Gerade war eine farbenfrohe Delegation der Sami zu Gast, und das Seminar ließ mein Kamerateam und mich nicht ziehen, ohne auch uns einmal in ihre hüpfende Runde zu nehmen – wofür uns allerdings sichtlich Talent fehlte.

Die zweite Aprilhälfte ist angebrochen, als wir die Reise durch Finnland beginnen. Der Anflug durch Nebel und Wolken gibt nicht viel preis. Erst kurz vor der Landung sehen wir das Land aus dem weißen Dunst auftauchen, gemustert wie ein Schwamm – mit runden, noch weißen Seen, umgeben von Wäldern, deren Boden noch schneebedeckt ist. Die Eisflächen zeigen jedoch schon dunkle Flecken, und niemand fährt mehr darauf. Aus den Spuren der Schlitten und Schneemobile sind wässrige Rillen geworden. Es herrscht Tauwetter.

Grieg und Ibsen

»Wir Menschen sind allein ohne die Natur, in der Großstadt werden wir Ameisen, die nur seelenlos funktionieren«, haucht vor uns eine Sami-Studentin in ihr Mikrofon, das sie zwischen flachen Händen einschließt wie zum Gebet. Sie trägt Turnschuhe und Jeans. Dunkles Haar fällt glatt auf ihre Schultern. Neben der Leadsängerin zwängte sich Unna-Maari ans Schlagzeug, über dem sie seitdem unermüdlich wirbelt. Die rotblonde Mähne zittert dabei wie die ihrer Schwester Milla am Keyboard. Ebenso kess wie virtuos rocken sie zu melodischem Heavy Metal, schwingen, stampfen und singen die Refrains gemeinsam und lachen. Tatsächlich ist es dieses gewinnende Lachen, das sie alle verbindet. Ein jugendliches, bescheidenes und dennoch selbstsicheres Lachen.

Milla schrieb einige der Texte selbst. Gitarrist und Bassist sind junge Männer, der eine ruhiger, der andere offenbar der Spaßvogel in der Runde. Das Zweite, was sie verbindet, sind ihr Bandname *SomBy* und die erfrischende Hardrock-Musik, die sie in den Übungsraum hämmern. Das Dritte ist die Ureinwohnersprache, in der sie singen: Sami. *SomBy* steht für eine samische Gegend.

»Alles, was wir machen, ist ursprünglich«, sagt uns Unna-Maari Pulska, als gehöre sie keinem alten Volk an, sondern einem, das sich gerade erst findet. Und tatsächlich passen ihre unverquasten Klangfolgen so gut zur kaltschweren Landschaft des Nordens wie Symphonien von Grieg oder Dramen von Ibsen.

Noch sind wir in einer Kleinstadt nahe Oulu, im Haus eines Produzenten. Ein Wohnviertel mit Bungalows aus den Siebzigerjahren. Damals, als sich Songs und Alben noch besser vermarkten ließen als in den Zeiten von Musikbörsen und Download-Monopolen, ließ er sich hier nieder. Mit hochgeföhntem Haarkamm, in Hoody und Nietengürtel sitzt er am Mischpult. An der Wand hängen reihenweise CD-Cover hinter Glas. Die neue Platte von *SomBy* soll in ein paar Monaten erscheinen.

Auf dem Laptopdisplay zeigt er uns den Videoclip vom Auftritt in einer Berliner Musikbar, mit Füllmaterial aus der U-Bahn und am Lenin-Denkmal, wo der Gitarrist Unna-Maari im Einkaufswagen im Kreis herumfährt, während sie noch immer im Takt ihre Drumsticks schlägt. Die Sequenzen haben sie mit ihrem Handy gedreht.

Ein Ast für alle

»Unna-Marie hat mir erklärt, dass Sami-Kultur mehr bedeutet als Rentiere«, frage ich nach dem Schlussakkord in die Runde, »begreift ihr euch denn als Teil davon?«

»Auf jeden Fall«, sagt Gitarrist Oula, »zumindest aus unserer Sicht. Eine Kultur muss sich auch anpassen, sonst geht sie unter. Man muss wissen, woher man kommt, und seine Wurzeln kennen, aber man muss sich auch entwickeln.«

Jener Wurzeln wegen hätten sie sich irgendwann entschieden, auf Sami zu singen und nicht mehr auf Finnisch. Es gebe in ihrer Sprache kaum Rockmusik. Sie hätten es einvernehmlich beschlossen, egal, wie andere es fänden. Ihren Fans gefalle es aber.

»Außerdem macht es Spaß«, erklären sie lachend, »und es ist cool.« Wenn sie auftreten, tragen sie die Farben der Sami an Manschetten und Borden: Rot, Gelb, Grün und Blau.

»Wir rütteln damit auch an den Vorurteilen gegenüber dem Norden«, sagt Unna-Maari. »Unser Leben dreht sich zwar wirklich um Rentiere, aber doch nicht um die allein. Unten in Helsinki fragen uns manche bis heute, ob wir denn in Lappland wirklich schon Häuser und Strom hätten.«

»Es nervt«, stöhnt der Bassist, »wenn du dir dann immer die Zeit nehmen musst, um zu erklären, dass es auch bei uns Telefone und Internet gibt.«

»Einmal war ich so müde davon«, schmunzelt Unna-Maari, »da nickte ich einfach im Scherz und sagte: ›Ja, wir wohnen da alle in Iglus. Und nein, auch Toiletten haben wir noch nicht. Jede Familie hat dafür einen Baum, da setzen sie sich dann alle auf einen Ast.‹«

Am nächsten Vormittag sind wir mit ihr an der Uni in Oulu verabredet. Der Campus ist weitläufig, nach dem Institut für Sozialwissenschaften müssen wir suchen. Im Hotel haben uns zuvor sekundenlange Erschütterungen in Atem gehalten.

»Seit wann gibt es hier Erdbeben?«, fragten wir verblüfft die Rezeptionistin.

»Keine Sorge«, beschwichtigte sie. »Oulu wird Weltstadt. Die bauen hier eine U-Bahn. Leider genau unter uns.«

Vom Sprechverbot zur Amtssprache

In der Cafeteria begleiten wir unsere Protagonistin durch das Gedränge der Pause, danach beugen wir uns im Seminarraum mit ihr über Bücher und Skripte. Sie studiert Sprache und Kultur der Sami.

»In Finnland ist es normal, dass du studierst«, sagt sie. »Ich wusste schon lange, ich würde als Fach Sami wählen. Über andere Studiengänge dachte ich gar nicht nach.«

»Gab es Leute, die warnten, das biete zu wenig Aussicht auf einen Job?«, frage ich.

»Ich höre sowieso nicht auf andere«, antwortet sie selbstbewusst, »ich mache, wonach mir ist. Und ich finde, Sami muss als Sprache erhalten bleiben. Wir haben erkämpft, dass es Amtssprache wurde und Behörden und Banken es verwenden.« Trotzdem könnten nicht einmal alle Sami ihre Sprache, weil sie einer ganzen Generation einfach verboten worden sei.

»Ihr sprecht neben Finnisch auch immer mehr Englisch. Welche Sprache ist dir am wichtigsten?«

»Ich brauche alle. Manche lernen dazu auch noch Schwedisch. Trotzdem, Sami ist mir am nächsten.«

Der Raum ist mit Postern von Sami-Veranstaltungen beklebt. Bücher behandeln die Kolonialzeit in Europa und der Welt, den Umgang mit Minderheiten, die Umerziehung von Kindern, Geografie, Archäologie, Sprachanalyse.

»Ureinwohner, aus welchen Ländern auch immer, sind zueinander wie Brüder und Schwestern«, sagt Unna-Maari, »denn sie verstehen einander am besten.«

Im Zeitalter der Kolonialmächte seien indigene Völker als minderwertig betrachtet worden, vor allem wenn sie keinen privaten Landbesitz kannten, erklären die Studien des Fachbereichs. Europas Großmächte begriffen das stets als Gelegenheit, sich das Land einfach zu nehmen, um es nach ihren Maßstäben zu kultivieren. Bodenschätze galten ebenso als Ressource wie die Bewohner selbst. Die Sami seien insofern eine Ausnahme gewesen, als auch sie Europäer waren. Trotz Christianisierung hätten sie ihren Glauben und ihre nomadische Lebensweise beibehalten. Der schwedischen Krone wiederum habe es gereicht, dass sie Steuern zahlten. Loyalität sei relevanter gewesen als Nationalität. Die Sami hätten als unauffälliges, leicht handhabbares Volk gegolten, gut geeignet, um den Pelzhandel zu besteuern. Bürgerliche Rechte jedoch, etwa vor Gericht, seien ihnen verwehrt geblieben. Stattdessen hätten sie selbst als bürgerliches Besitztum gegolten. Ein Gesetz habe beispielsweise festgelegt, dass ein jeder Schwede das Recht habe, selbst von einem Sami Steuern zu verlangen, sobald er ihm einmal aus einer Notlage geholfen habe – sei es durch das Überlassen von Nahrung, eines Rentiers, eines Fischernetzes, einer Axt oder gar nur eines Topfs oder Wasserkessels. Das Besteuerungsrecht umfasse drei Jahre, erst danach sei der Sami wieder seinem vorherigen Besitzer anzuvertrauen. In mittelalterlichen Siedlungsplänen waren Sami-Viertel durch Zäune vom Rest des Dorfes getrennt. Vor allem Händler machten sie in den folgenden Jahrhunderten durch Alkohol hörig. Reisende beschrieben sie als arm, ungebildet und primitiv. Ihnen Sprache und Kultur zu nehmen schien folglich die Voraussetzung dafür zu sein, sie zu retten.

Mehr Jobs als Studenten

»Meine Großmutter leidet an Alzheimer«, sagt mir eine Studentin namens Sunna. »Sie versteht nichts mehr auf Finnisch. Aber Sami, das sie als Kind gelernt hatte, ist noch präsent. Meine Eltern sprachen es nie. Ich bin die Einzige, die nun noch mit ihr reden kann.« Schon deshalb habe sie sich für das Studium gemeldet.

Hochschullehrerin Anni-Siiri Länsman kann indes ihren sechzig Schützlingen mehr bieten, als es Studenten gemeinhin erwarten dürfen. Denn für Sami-Absolventen gibt es faktisch eine Jobgarantie.

»Sie können an Schulen oder beim Rundfunk arbeiten«, sagt sie, »an Unis und in Museen oder für die Sami-Parlamente in Finnland, Schweden und Norwegen.« Es gebe mehr offene Stellen als Absolventen. Am besten werde die Arbeit in Norwegen bezahlt, deshalb ziehe es manche dorthin. Aber da die Kultur ohnehin grenzübergreifend sei, spielten Staatsgrenzen keine große Rolle.

Es war Ende der Achtzigerjahre, als der Sami-Bewegung in den skandinavischen Ländern der politische Durchbruch gelang – hin zu eigenen Parlamenten und Institutionen, nach einer langen Phase der Rückbesinnung auf die eigene Stärke und Identität, ähnlich wie bei den Native-Pride-Bewegungen der Indianer und Inuit Nordamerikas, die aus scheuen und gebrochenen nationalen Minderheiten wieder stolze Stammesangehörige machten und ihren Status als »First Nation« reklamierten, als erste historische Nation.

Heute setze sich innerhalb der Sami das Bild einer facettenreichen Gemeinschaft durch, heißt es im Lehrplan der Uni. Für die Jugend bedeute Sami-Sein eher ein kulturelles Kapital, auf dem sich alles Mögliche aubauen lasse – sei es ein Projekt oder ein Unternehmen. Oder eben eine Rockband.

»Es gibt im Norden inzwischen über hundert Rundfunksendungen in Sami-Sprache«, sagt die Dozentin. »Wir kooperieren mit norwegischen und schwedischen Unis.« Sami seien stolze und starke Persönlichkeiten, findet sie, auch wenn ihnen noch immer anhafte, sie seien nur störrische Hinterwäldler.

Eine Präsenzpflicht in den Seminarräumen gibt es nicht, viele studieren hier der Entfernungen wegen sogar via Internet. Unna-Marie allerdings pendelt mindestens jedes zweite Wochenende zwischen Uni und Elternhaus.

»Wir sind Entfernungen gewohnt«, sagt sie, »in meinem Dorf wohnen dreihundert Leute, es gibt einen Laden, einen Kindergarten und eine Schule, sonst nichts. Wer mehr braucht, muss sich bewegen. Meine Mutter fuhr zweihundertfünfzig Kilometer zum nächsten Krankenhaus, um mich zur Welt zu bringen. Wir hatten kein Auto. Aber für das Taxi zahlt da in Finnland der Staat.«

Als sie die Band gründeten, hätten die Mitglieder Hunderte von Kilometern auseinander gewohnt und sich zum Üben irgendwo in der Mitte getroffen. Da sie nun alle in Oulu studierten, sei es einfacher.

»Was heißt eigentlich Musik auf Sami?«, frage ich.

»Musihkka«, spricht sie mir vor und korrigiert mich mehrmals, weil ich das »h« nicht so betone wie sie, sondern es entweder still übergehe oder ein zischelndes »ch« daraus mache.

»Was heißt, ich habe Hunger?«

»Das gibt es nur auf Finnisch, ein übernommener Begriff«, erklärt sie, »in Sami gibt es kein Wort für ›hungrig‹.«

»Eine großartige Kultur«, wirft Tonmann Helmut ein. »Darauf sollten wir etwas essen.«

Unna-Mari empfiehlt ein Pfannkuchenlokal in Campusnähe. Und weil sie Geburtstag hat, bestellen wir Nachtisch als Zugabe. Zweiundzwanzig Jahre ist sie nun alt, zwei Jahre Studium hat sie hinter sich, fünf dürfen es werden. So lange erhält sie das Studentendarlehen. Zurückzahlen muss sie es nur, wenn sie die Uni ohne Examen verlässt.

»Was ich danach machen werde, kann ich nicht vorhersagen«, lacht sie, »vielleicht lande ich als Lehrerin in meinem Dorf, vielleicht auch in China. Wer weiß das schon? Ich war immer ein Freak.« Tatsächlich gingen manche nach Norwegen. Schon als Studentin habe ihre Schwester dort ein Jahr verbracht.

Dann reisen wir. Unna-Maaris Pendelstrecke führt fünfhundert Kilometer nach Norden. Bewaldete Hügel wellen sich entlang des Weges. Doch die Fichten rücken bald weiter auseinander, bis sich jede allein im späten Dämmerlicht als schlanke, schwarz gezackte Silhouette über dem noch hellen Schnee erhebt.

Ihr sucht nur Klischees

Dass hier der Weihnachtsmann wohnen soll, scheint fast nahezuliegen. Als wir bei Rovaniemi wieder einmal den Polarkreis kreuzen, überbieten sich denn auch die Souvenirshops mit Hinweisen auf den »Arctic Santa«, der hier angeblich seinen Briefkasten leert. Er ist Finnlands wohl wirksamster Touristenmagnet. Selbst an den Tankstellen liegen Gästezeitungen aus, die in Englisch, Französisch, Russisch und Japanisch verfasst sind. Das neueste Titelfoto zeigt ein Rentierrennen mit zwei hornlosen, glupschäugigen Zugtieren beim Zieleinlauf, die Zungen aus dem Maul schlenkernd und alle Hufe in der Luft, dahinter in Rennanzug und Helm ihre beiden weit nach vorn gebeugten, die straffen Zügel haltenden Besitzer auf Langlaufskiern. Aus den verbissenen Blicken von Mensch wie Tier schließen wir, dass sie das nicht etwa für Klamauk halten, sondern für Sport.

Weitere Fahrstunden später passieren wir schmuckvolle Torpfosten. »Hier fängt das Land der Sami an«, freut sich Unna-Maari. Ihr Dorf Vuotso ist das südlichste der Sami-Region. Am örtlichen Einkaufsmarkt biegen wir in einen Waldweg ein. Holzgatter umzäunen nun die Waldflächen, doch die Rentierherden sind in diesen Wochen weit draußen in den einsamen Wäldern des Nordens.

Producerin Angela Andersen hatte mit Unna-Maari seit Wochen Mails ausgetauscht, bis sie mit unserem Besuch einverstanden war. Wir hatten uns an die Uni gewandt und dort nach jungen Sami gefragt, die sowohl das Land- als auch das Stadtleben kannten. Als Erste, die darauf antwortete, mutmaßte sie zunächst etwas schnippisch, wir seien als Fernsehleute ja doch nur hinter Klischees her. Dann überzeugte Angela sie, dass nicht wir die Arktisexperten seien, sondern eben Bewohner wie sie.

Nun ist es Unna-Maaris Mutter, die uns empfängt. Ihr Vater sei unterwegs zu Verwandten, sagt sie. Dann begrüßt die Tochter den jungen Hund, der vor Freude fast über den Zwingerzaun springt.

Wir treten in ein geräumiges Haus. Durch das Fenster der Rückwand sehen wir einen künstlichen Flusslauf, der zwei Stauseen verbindet. In den Sechzigerjahren, so hatte uns Unna-Maari erzählt, seien sie zur Stromerzeugung angelegt worden. Benachbarte Siedlungen habe die damalige Regierung zwangsgeräumt. Zudem hätten die Sami ein Drittel ihrer Weideflächen verloren.

Ihre Mutter scheint verlegen, als sie uns über die Lesebrille hinweg mustert. Als fürchte sie, dass auch wir sie als Iglu- und Waldmenschen porträtieren könnten. Doch dann erläutert sie uns bereitwillig eine gerahmte Zeichnung, vor der ich stehen blieb. Selbst bei genauerem Hinsehen wirkt sie wie eine Mischung aus Schnittmuster und Piktogramm. Es ist der feingliedrige Familienstammbaum von mehr als zehn Sami-Generationen.

Fransen am Feierabend

Im Fernseher läuft eine Sami-Talksendung mit bunt bemützter Moderatorin. Unna-Maari wacht kritisch über jeden Satz, stimmt erfreut zu oder schüttelt erbost den rotblonden Kopf. Unterdessen begibt sich ihre Mutter zurück an den Esstisch, wo ihre tägliche Handarbeit wartet. Es sind bunte Schultertücher aus Seide, an die sie lange Fransen knüpft – eine jede, wie sie mir erklärt, aus sechsunddreißig Fäden.

»Diese Tücher gehören zu unserer Festkleidung für Feiertage, Kirchgänge, Examen, was auch immer«, sagt sie. »Wenn ich sie komplett kaufen muss, sind sie sehr teuer, deshalb knüpfe ich wenigstens die Fransen selbst.« Jeden Abend sitze sie daran, nach der Dusche, bis die Haare getrocknet seien. So lasse sie den Tag ausklingen. Längst fertige sie die Tücher nicht mehr nur für die Familie, sondern fürs ganze Dorf. »Wenn wir eine Feier haben«, sagt sie, »sehe ich dann immer, wie viele Fransen ich schon geknüpft habe.«

Bald sitzen Unna-Maari und Milla, die später eintraf, daneben, reden über die Woche und bitten uns, als wir genug gedreht haben, dazu. Wir trinken Tee und schneiden uns, so wie sie es vormachten, mit dem Jagdmesser dünne Streifen von einem Stück getrockneten Rentierfleisch ab.

Den Sommer über arbeite sie im Nationalpark und bereite dort Veranstaltungen vor, sagt uns die Mutter. Im Winter werte sie Besucherbefragungen aus. Auch Unna-Maari jobbt regelmäßig. Im Kindergarten springt sie in den Ferien für die Betreuerin, in der Dorfschule für die Lehrerin ein, sie spielt Klavier an Musikabenden und liest Alten auf Sami aus Büchern vor. Jobs, die ihnen Freude machten, sagen sie, und die ihnen zudem etwas Geld einbrächten.

»Vor hundert Jahren brauchte man hier zum Leben kein Geld«, sagt die Mutter. »Aber heute muss man Rechnungen bezahlen, für Strom und Telefon und was weiß ich. Natürlich verkauften wir auch immer Tiere. Aber wir hüteten auch sie nie wegen des Geldes. Sie sind mehr als das. Sie sind Teil unseres Lebens.«

Es ist schon spät, als wir den nächsten Morgen besprechen. Die Mutter werde Ski laufen, solange der Schnee es noch zulasse. Sie brauche die Bewegung an der frischen Luft, sagt sie. Vor der Haustür waren uns schon bei der Ankunft die stattlichen Bündel von Langlaufskiern aufgefallen samt den überlangen Stöcken. Unna-Maari will uns von einem Berg aus die Wälder zeigen, in denen die Herden überwintern. Danach könnten wir bei ihrer Großtante Jungtiere sehen, die vorab zurückgekehrt seien. Als wir die Teebecher austrinken und die letzten Speckstücke aufteilen, leuchtet noch immer die blaue Stunde herein.

Wir finden sie immer

Der Weg auf den Berg führt in weiten Kurven durch lichten Wald, bis schließlich gar keine Bäume mehr wachsen. Blockhütten, die vereinzelt nahe der Baumgrenze stehen, bieten den Bewohnern wunderbare Weitblicke. Als wir höher hinaufkommen, liegt nur noch ein riesiger Schneebuckel vor uns. Loipen überqueren den Fahrweg, durch Kreuze markiert wie Bahnübergänge. Ganz oben dann streckt sich ein turmhohes Holzgerüst in den eisigen Wind, auf das mich Unna-Maari hinaufbittet.

Als ich mich auf der Plattform einmal im Kreis drehe und rundum auf die endlosen Wälder blicke, bekommt ihre Heimat für mich erstmals ein Gesicht. Im Norden breitet sie sich so aus bis nach Norwegen, im Osten bis nach Russland. Ein sanftes Land, denke ich, und ein eigenwilliges.

»Wie findet ihr in diesen Weiten eure Herden?«, frage ich.

»Intuition«, sagt sie. »Irgendwie findest du sie. Sie gehen die gleichen Wege, jedes Jahr. Im Sommer halten schon die Moskitos sie als Herde zusammen. Im Winter dagegen musst du sie oft einsammeln. Du suchst mit dem Schneemobil, manchmal auch per Hubschrauber, und auch die Hunde helfen uns dabei. Sie sind klug. Ich habe einmal gesehen, wie einer sich bei fünfunddreißig Grad Kälte um ein geschwächtes Jungtier legte, um es zu wärmen, bis Vater es, in Decken gepackt, mitnehmen konnte.«

Vier Monate dauere es dann, von Oktober bis Ende Januar, bis die Jungtiere markiert und die Herden durchgezählt seien. Danach würden Schlachttiere aussortiert und jene, die als Zugtiere taugten. Sie auszubilden brauche wiederum mehrere Winter. Lange laufe man nur neben ihnen her, um sie an Zaumzeug und Schlitten zu gewöhnen. Als Kind sei sie selbst noch mit dem Rentierschlitten zur Dorfschule gefahren.

»Wie viele Tiere verliert ihr, weil Bären oder Wölfe sie reißen?«, frage ich.

»Zu viele«, sagt sie. »Nichts gegen Raubtiere, auch sie gehören zur Natur. Das Unfaire ist, dass die Behörden die Jagd auf sie verbieten, aber uns für verlorene Tiere nur entschädigen, wenn wir den Kadaver finden und als Beweis das markierte Ohr vorlegen können.«

»Wie soll man das da draußen noch finden?«

»Eben«, sagt sie.

Auch mit ihrer Mutter hatte ich über das Problem gesprochen, über das in Finnland seit Langem gestritten wird. Dabei nehmen Tierschützer aus dem Süden gewöhnlich die Pro-Bären-und-Wölfe-Position ein, während die Rentierhalter des Nordens sie als übertrieben kritisieren. »Wenn du als Bärenfreund die Statistiken siehst, ist das eine Sache«, wich die Mutter mir aus, »wenn sie deine Rentiere reißen, eine andere.«

Schnapplippe und Spreizfuß

Weil mich der Wind frösteln lässt, binde ich den Schal enger und streife meine Kapuze über. Unna-Maari steht dagegen locker und ungerührt da, seit wir auf der Plattform ankamen. Ihre Pelzmütze trägt sie offen, ohne den Ohrenschutz zu verschnüren. Die schneeweiße, gezackte Schmuckborde wölbt sich über ihrem Gesicht wie der Rückenkamm eines Drachens.

»Warum friere ich und du nicht?«, frage ich.

»Weil ich hier aufgewachsen bin und du nicht«, antwortet sie. Mir fällt das finnische »Kältealphabet« ein, das mir ein Spaßvogel vor der Abreise zugeschickt hat. Sie kenne die Pointen seit ihrer Kindheit, sagt Unna-Maari und lacht. Darin wird die sprichwörtliche Kälteresistenz ihrer Landsleute karikiert. Bei minus einem Grad, so beginnt es, werde bei Menschen der Atem sichtbar, bei minus zwanzig Grad höre der Finne ihn zudem, und bei sechsundzwanzig Kältegraden könne er daraus Baumaterial für Iglus zuschneiden. Bei minus einunddreißig treffe sich Lapplands Fußballmannschaft noch immer zum Training. Bei minus neununddreißig immerhin schließe der Same den obersten Hemdknopf und bei minus fünfundvierzig das Klofenster. Im Gegensatz zu allen anderen Autos der Welt springe sein Lada dann immer noch an. Erst bei minus zweihundertfünfzig seien die Sami gereizt – weil nun auch Alkohol gefriere.

Und beim absoluten Nullpunkt von minus zweihundertdreiundsiebzig, wenn Helium flüssig geworden sei und selbst die Hölle in Froststarre liege, räumten sie ein: »Ja, es ist etwas kühl.«

Auf dem Weg zur Großtante legen wir die *SomBy*-CD ein, die mir der Produzent für den Filmschnitt überließ. Unna-Maari erzählt uns, dass sie mit fünf Jahren die ersten Klavierstunden nahm. Wie man auf dem Schlagzeug spielt, habe sie sich später selbst beigebracht. Ihr erstes Rentier dagegen hätten die Eltern ihr schon zur Geburt geschenkt. Das gebiete die Tradition. Die Tiere trügen dann an einem Ohr die Kennung der Familie, am anderen die des konkreten Besitzers. Dann bekräftigt sie eine Warnung, von der ich zuvor schon gelesen hatte: Einen Sami zu fragen, wie viele Rentiere er besitze, sei extrem unhöflich.

»Das ist etwa so«, erklärt sie mir, »als fragten wir euch nach eurem Kontostand oder eurem Jahresgehalt.«

Als wir das Haus mit der Rentierweide erreichen, füllt die Großtante gerade Heu in einen Tragesack. Dabei schaut sie über ihren Brillenrand hinweg wie ein Buchhalter. Rundlich ist sie und klein gewachsen, und beim Gehen schaukelt sie ein wenig. In einer Tüte bringt sie gräuliche Flechten, die sich anfühlen wie Gummi.

»Das ist ihre Leibspeise«, schwärmt sie und hält die Tüte zuerst einem weißfelligen Jungtier vor. »Sie ist eine Waise. Die Mutter wurde von einem Auto erfasst. Wenn ich sie nicht zuerst versorge, geht sie leer aus, weil die anderen sie wegdrängen.«

Die Großtante zeigt mir, wie ich das Heu nahe der Bäume zu lockeren Büscheln anhäufen soll. Forsch nähern sich die ersten Tiere, andere folgen eher scheu. Die meisten sind ohne Geweih, das Weibchen wie Männchen alljährlich abstoßen. Manche tragen noch eben ein halbes und kommen damit recht seltsam daher. Allein das älteste Rentier schmückt ein komplettes Gehörn.

»Was fressen sie sonst noch?«, frage ich die Großtante.

»Das ist schnell aufgezählt«, lacht sie. »Alles, was grün ist.«

Als Helmut um Ruhe bittet, damit er mit seinem Mikrofon ungestört die Fressgeräusche aufnehmen kann, fällt mir auf, wie hohl und schnappend ihre Mäuler dabei klingen.

»Sie haben nur unten Schneidezähne«, verrät Unna-Maari. Zudem deutet sie auf die breit auslaufenden Spreizhufe, die Rentiere so wenig elegant wirken lassen. Dabei verhindern sie bis ins Frühjahr, dass sie im Tiefschnee einsinken.

»Was genau ist es, das du an den Tieren so magst?«, frage ich sie.

»Das ist schwer zu beantworten, denn jedes ist anders«, antwortet sie. »Manche sind kräftig und willensstark, andere zögerlich und zart. Sie sind sehr individuell.«

»Du warst es, die mir sagte, sie seien euer Leben«, erwidere ich. »Ich würde das gerne besser verstehen.«

»Vielleicht mögen wir sie«, sagt sie da, »weil sie im Grunde so sind wie wir Menschen.«

Wurzeln und Flügel

Beim Hören der *SomBy*-Songs denke ich nach dem Abschied aus Lappland noch oft an Unna-Maari, ihre Familie und ihre Heimatverbundenheit zurück. Sie könne nicht genau sagen, was sie am Rand dieser Wälder halte, hatte sie auf der vom Wind gepeitschten Bergplattform kurz nach Worten gesucht. Schon die Frage war falsch. Sie selbst würde wohl eher wissen wollen, weshalb sie eigentlich von hier fortgehen solle.

Ihre Musik ist genauso. So wie die nordische Landschaft, auf die wir hinuntersahen, und auch wie sie selbst. Sowohl kantig und hart als auch melodisch und angenehm unkompliziert. Und immer ehrlich.

Man solle seinen Kindern zuerst Wurzeln geben und dann Flügel, habe ich in Asien gelernt, und ich ahne inzwischen, wie schwer es auch mir fallen wird, sie irgendwann davonziehen zu sehen. Bei den Sami scheint mir, sie trennten beides gar nicht voneinander. Als seien sie mobiler, gerade weil sie nicht so mobil scheinen wie wir. Als lernten sie zu fliegen, ohne dabei je ihre Wurzeln zu lösen.

Warten in Vartius

Mit Mücke zum Bären

Über schnurgerade, nun schneefreie Landstraßen nähern wir uns der russischen Grenze, vorbei an tauenden Heuwiesen, an deren Rändern sich noch die verpackten Rundballen vom Spätsommer stapeln, und Wegweisern, die wir nur bei Schrittgeschwindigkeit ablesen können – von »Nypläskylä« über »Pohjoisranta« bis »Kaakkurinkangas«.

Bisweilen wölbt sich dabei weiter die Landschaft wie ein nachlässig ausgebreitetes Tischtuch. Dann verschwinden die wenigen Autos, die uns begegnen, zwischen den Straßenwellen und erscheinen danach wieder, als bewegten sie sich nur auf und ab und gar nicht nach vorn. Als schließlich die Sonne durchbricht, färbt sie den Wald erstmals üppig grün. An den Seeufern legen Sonntagsausflügler die Skier ab, um sich hinter ihre Angel zu setzen.

Außer einigen Höfen und Häusern und ein paar von Holzfällern hinterlassenen Baumstämmen bleibt von den Stunden der Fahrt wenig haften, das auf Menschen und Orte hindeutet. Wäre es der Hunsrück, die Eifel oder der Pfälzer Wald, wie viele Kirchturmspitzen hätten wir in diesen Stunden gezählt?

Dann erkennen wir Ari Sääskis Hinweistafel und verlassen die Landstraße: »Wild Brown Bear«. Nach drei Kilometer Feldweg, auf dem die Eiskruste noch hier und da überdauert, halten wir im matschigen Schotter zwischen zwei Hütten. In der einen stehen unsere Betten, in der anderen erwartet uns eine warme Hühnersuppe.

Was wir uns hier erhoffen, erfordert Nachtarbeit. »Noch ist die Hälfte der Bären im Winterschlaf«, erklärt mir Ari und führt mich an großformatigen Fotos vorbei, die kräftige Braunbären mit bis zu vierhundert Kilogramm Lebendgewicht zeigen, mit seltsam kleinen Punktaugen, die aus dickem Fell blicken. Manche stehen aufrecht und sind umringt von ihren Jungen, die sich spielend aufeinander stützen oder umherwälzen. Mal umgibt sie farbiges Herbstlaub, mal tropfen Pelz und Schnauze im Dauerregen, mal trotten die größten Bären alleine im Schnee. Viele der Fotos hat Aris Sohn geschossen, der heute wie Unna-Maari in Oulu studiert.

Ari kommt nicht gerade bärenhaft daher, schmal von Statur, mit kahl rasiertem Kopf. Man könnte ihn für einen Bruder Wladimir Putins halten, täte ihm der Vergleich nicht unrecht, denn er ist nett. In den kommenden Tagen wird er uns die Tiere der Taiga nahebringen, in der wir nunmehr angekommen sind.

»Jenseits der Grenze sind meine Vorfahren geboren«, sagt er. »In Karelien, das jahrhundertelang zu Finnland gehörte. Die Familiennamen entnahm man dort der Natur. Dem Wild, den Vögeln oder Insekten, was auch immer einem gefiel.«

»Was heißt denn Sääski?«, frage ich.

»Moskito«, lacht er da, als fände auch er, dass dies zu einem Leichtgewicht wie ihm passt. »Nennt mich also gern Mücke.«

Vor über zehn Jahren hat er die beiden Hütten mit See-
blick den Grenztruppen abgekauft, die von hier aus auf
Patrouille gegangen waren. Die Regierung hatte gerade
einen Checkpoint an der Landstraße eröffnet und die
Grenzer dorthin verlagert.

»Seitdem beherberge ich Naturfreunde, die das Entle-
gene suchen«, sagt Ari. »So habe ich mein Hobby zum
Beruf gemacht.«

Eigenes Grab

Anders als im Rest Finnlands, wo die Bärenjagd von
August bis Oktober reiche, sei sie hier so gut wie verboten. Allenfalls fünf Exemplare pro Jahr würden geschossen, in einer Woche sei alles vorbei.

»Wir haben derzeit zwölfhundert Braunbären im
Land«, sagt er, »dazu hundertvierzig Wölfe. Vor Jahren
waren es noch zweihundertfünfzig. Und der Vielfraß
kommt gerade noch auf rund hundert Exemplare.«

Den Streit zwischen Helsinki und den Sami um die
gerissenen Rentiere kennt er, ohne sich auf eine Seite zu
schlagen. Hier in Grenznähe sei die Natur intakt, sagt er.
Seine Saison beginne im März mit dem Vielfraß, der
einem Jungbären ähneln könne, wäre da nicht der
buschige Schwanz. Im Frühjahr, wenn er noch auf dem
Schnee laufen könne, die schwereren Rentiere aber
schon darin einbrächen, sei er der erfolgreichste Jäger.

»Die Bären mögen diesen Schnee weniger«, sagt Ari.
»Denn auch sie sind schwer und dann weniger beweg-
lich. Deshalb können sie nicht mehr so schnell reagieren
und werden schreckhaft.« Er habe dann schon ausge-
wachsene Bären vor Singvögeln weglaufen sehen.

»Das ist Valerie«, bleibt er schließlich vor dem größten Wandposter stehen. »Er ist schon fünfundzwanzig Jahre alt. Seine Augen werden schlechter. Eines ist schon ganz weiß, das andere grau.« Aus den letzten Nahaufnahmen, die einem seiner Stammgäste geglückt seien, gehe das hervor. »Er wird also langsam blind und irgendwann nicht mehr jagen können.«

»Was wird dann aus ihm?«, frage ich.

»Bären graben sich ihr eigenes Grab«, antwortet er. »Wir haben noch nie einen toten Bären gefunden. Sie verschwinden im Herbst in ihrer Höhle und kommen nie mehr zurück.«

Gebären im Schlaf

Tags darauf verteilen wir Kameras und Batterien in drei Minihütten, die eine Wanderstunde entfernt ebenfalls an einem Seeufer stehen. Jede bietet Platz für zwei Klappstühle und eine Schlafpritsche. Bewegen kann man sich nur gebückt. Sehschlitze in den Außenwänden erlauben Blicke in drei Richtungen. Darunter sind Öffnungen für Kameralinsen, umhüllt von grünem Segeltuch. Von außen wirken die Verstecke wie geschrumpfte Holzschuppen, mit Stoffflächen anstelle der Fenster.

»Zurzeit sind draußen nur die Männchen unterwegs, und auch die nur nachts«, sagt Ari, als ich durch die Öffnung hinüber zum Waldrand blicke. »Die Muttertiere liegen noch im Winterschlaf. Sie haben im Herbst ihre Höhle gegraben und mit Geäst bedeckt, damit sie dem Schnee standhält. Darin haben sie nun ihre Jungen bekommen. Ihr Kreislauf ist aber noch im Ruhemodus, das Herz schlägt nur ein- oder zweimal pro Minute.« Auch nach dem Aufwachen brauche ihr Magentrakt dann noch bis zu zwei Wochen, bis er wieder Nahrung verarbeiten könne.

»Sie gebären im Winterschlaf?«, frage ich ungläubig.

»Ja«, nickt er. »Die Jungen sind anfangs nur drei- bis vierhundert Gramm schwer. Sie finden die Zitzen und trinken die Muttermilch. Im Mai wiegen sie schon ein paar Kilo. Die Mutter lehrt sie dann, wie man sich bewegt, wartet, klettert, jagt und flüchtet.« Im folgenden Winter nehme sie die Kleinen dann noch einmal mit ins Schlaflager. Die Väter dagegen blieben Einzelgänger.

»Sie jagen hier Elche und Rentiere. Wenn die Paarungszeit naht, sind sie sehr aggressiv«, sagt Ari und hebt dabei den Finger. »Sie würden sogar Bärenbabys töten, nur um an die Weibchen heranzukommen. Aber die Muttertiere sind wachsam. Bären verbrauchen dann viel Energie. Manche Männchen legen bis zu hundert Kilometer zurück, bis sie eine willige Bärin finden.«

Zu den Verstecken führen Pfade und Holzplanken, um die sich schon Schmelzwasser sammelt. Nur ein paar Tage noch werde die Eisdecke halten, dann werde sie gänzlich geflutet, sagt Ari und zeigt uns im Schnee frische Bärenspuren der vergangenen Nacht. Sie sind groß wie Teller, mit leicht zur Innenseite gewandten Krallen.

Aus einem Bottich greift er sich Fettwürfel, um sie rund um den See herum im Schnee zu verstecken. Hier und da legt er zudem ein Stück Speck in eine Astgabel. In der Nacht locke das die Bären hierher, sagt er. Tagsüber ruhten sie im Niemandsland. Da sei niemand zu hören, der sie vertreiben könnte. In den Verstecken müssten wir später absolut still sein, und keiner dürfe rauchen. An den Schuppendächern erkennen wir hoch aufragende

Von Gletschern geformt: Bergkämme in Zentralisland

Fjord unter Watte: Fischerhütte auf den Lofoten

Frostige Rennbahn: Pistenschieben in Arjeplog

Wurzeln, Flügel, Kanten: Rentier-Rockerin Unna-Maari

König der Wälder: Braunbär im Morgengrauen

Steinerner Wächter: Soldat über Murmansk

Bauboom am Kältepol: Hochhäuser in Jakutsk

Permafrost: Ohne das Eis bliebe nur Staub

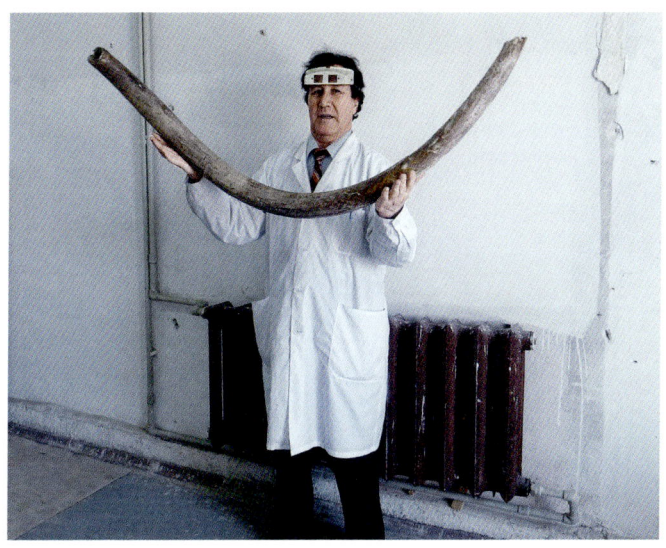

Beim Zahn-Professor: Mammuts als Rohstoff

Geburtstag an der Lena: Stute mit Fohlen

Eierdieb: Auf Beutezug in Alaskas Lummen-Klippen

Point Hope: Pause für die Robbenfell-Kajaks

Trommeltanz: Abschied von Steve Oomittuk

Im Schatten der Wale: Dorffriedhof von Tikigaq

Abluftröhren, die verhindern sollen, dass Tiere ihre Beobachter wittern.

»Sie riechen und hören dich und weichen dir aus«, erklärt er mir. »Es gibt Studien, die belegen, wie aufmerksam und planvoll Bären gewöhnlich Menschen aus dem Weg gehen. Sie machen einen Bogen um dich und verfolgen dabei aus der Distanz deine Laufrichtung, ohne dass du sie siehst. Sie wissen immer, wo du bist.«

»Woher bekommst du das Futter?«, frage ich ihn, als er die nächsten Fettwürfel tief in den Schnee drückt.

»Von einem Fleischbetrieb, der auch Husky-Züchter beliefert. Es sind Abfälle«, antwortet er. »Anfangs hatte ich manchmal eine tote Kuh ausgelegt, aber das lohnte sich nicht. Ich bekam sie von Bauern, denen sie weggestorben waren, meistens bei der Geburt eines Kalbs. Für die Bauern waren sie wertlos, denn Schlachtvieh dürfen sie nur lebend verkaufen. Aber die Bären zogen den Kadaver sofort weg in den Wald. Und wenn ich sie irgendwo festband, klagten die Fotografen, dass sie keine tote Kuh im Bild haben wollten.«

Zudem sei der Transport ein Problem gewesen. Er habe die Kühe mit einem Wagen oder hinter einem Schneemobil herschleppen müssen. Auch deshalb sei er zu Schlachtabfällen übergegangen, die leichter zu handhaben waren, meist Schweineknochen und Fett, manchmal auch Fisch. Daraus seien auch die Würfel geformt.

»Wir wollen die Bären ja nicht durch das Jahr füttern. Das würde ihnen schaden, denn dann hätten sie bald vergessen, wie man jagt, und die Muttertiere würden dieses Wissen nicht mehr weitergeben«, sagt er.

Als ich am letzten der kalten Fettklumpen rieche, bezweifle ich, dass er Stunden später unter dem Schnee noch genügend Duft abgibt. Doch Ari drückt auch diesen weit mit dem Stiefel hinab und stampft darüber noch sorgfältig Schnee fest. »Damit die Raben nicht alles holen«, lacht er. »Die fressen nämlich das meiste, noch bevor der erste Bär in Sichtweite ist.«

Auerhahn und Buntspecht

Zwischen kleinwüchsigen Birken, die wie Reisigbesen in der Erde stecken, gehen wir noch einmal zurück zum Quartier, um ein frühes Abendessen zu uns zu nehmen. Dann kleiden wir uns für eine lange Nacht bei niedrigen Außentemperaturen ein, denn die Verstecke sind zugig und unbeheizt. Ich ziehe mir Parka und Pelzmütze über und binde für die Dunkelheit eine Kopfleuchte an der Stirn fest, um zur Not wenigstens etwas zu sehen. Dann bringt uns Ari, wie in den Hausregeln vorgegeben, noch vor dem Abend auf unsere Posten.

»Da der See auf dem Eis nass und matschig ist, hört ihr Bären schon tapsen, auch wenn ihr sie im Dunkeln noch nicht seht«, kündigt er an. Im Sommer dagegen näherten sie sich völlig lautlos. Dabei seien sie gar keine reinen Raubtiere. Viel mehr ernährten sie sich von Pflanzen und Beeren, denn sie bräuchten viel Zucker, um Fette zu verdauen.

»Wenn sie jagen, dann sind es vor allem die großen Bären, die Beute reißen«, erklärt er zuletzt. »Ein kleiner Bär könnte gar keinen Elch fressen. Der rupft nur an den Beinen und am Kopf, kann aber den Körper nicht öffnen. Ich habe einmal gesehen, wie ein Großer das macht. Der dreht den Elch auf den Rücken und drückt ihm die Beine auseinander, um dann die weiche Haut am Bauch zu öffnen und daraus zu fressen. Erst wenn er satt ist, lässt er den Jungen und den streunenden Vielfraßen den Rest.«

Dann wünscht Ari uns Kameraglück und verschwindet. Wir verriegeln von innen unsere Türen und beziehen Position an den Sehschlitzen. Bis elf Uhr bleibe es hell genug, um die Umgebung zu beobachten, hatte er uns versichert, und ab drei Uhr früh klare es schon wieder auf. Bären kämen meist zwischen vier und fünf. Da habe die Kälte den Boden wieder angefroren und gebe ihnen mehr Halt.

Vierzehn Stunden habe ich in meiner Holzkiste nun vor mir. Wäre es ein Flug nach Singapur oder Sydney, tröste ich mich, wäre ich über so viel Platz froh. Vor dem Guckloch legt sich der graue, konturlose Himmel über den Wald, vor dem sich ein Streifen unbewachsenes Ufer öffnet. Darin sind noch die letzten Spurlöcher zu sehen, die über den See führen, bis nah vor mein Versteck.

Nur einmal habe ich wilde Bären aus der Nähe gesehen. Das war an der Seite von Wildhütern in Kamtschatka, als dort die seichten Bäche fast überliefen vor herandrängenden Lachsen. Die Bären schienen sich da schon zu langweilen, weil ihnen die Fische fast von alleine ins Maul hüpften, so heftig zappelten sie in dem flachen Wasser gegen die Strömung an. Am Vortag des damaligen Drehs waren wir ähnlich gespannt, was uns wohl erwarten würde. »Du solltest morgen nichts Lachsfarbenes tragen«, war der Spruch des Abends.

Später lehrten uns die Ranger, auf die Ohren der Bären zu achten. Stünden sie aufrecht, seien sie entspannt. Lägen sie an, sei Vorsicht geboten. Bald entdeckten wir in der Ferne den ersten aufrechten Bären, dessen Pranken am Arm baumelten wie zu lange Ärmel – während er ein Ohr hochstellte und das andere nicht. Doch auch da kehrten wir um. Am Ende aber hatten wir atemberaubende Bilder im Kasten, und ich erkannte noch beim Sichten des Drehmaterials immer neue Details. Die größten der Bären etwa drückten nur noch geschickt den fetten Kaviar aus den Fischleibern und ließen den Rest achtlos liegen, um gleich zum nächsten Leckerbissen weiterzutappen. »Sie halten uns allenfalls für andere Bären, die sich auch vollfressen«, sagte damals der Chefranger. »Und weil genug Fische da sind, sorgt sich keiner um sein Revier.«

Wer klopft?

Hier dagegen habe ich bald Sorge, dass die Raben tatsächlich schon vorzeitig alle Köder aus dem Schnee stehlen, wie Ari befürchtete, so heftig ist draußen das Geflatter. Manche graben sich so tief ein, dass nur die Schwanzfedern noch aus dem Schnee spitzeln. Einer klemmt sich mit Mühe einen Knochen in den Schnabel und flüchtet damit vor den Rivalen. Jeder jagt dem anderen nach, stets mit hörbarem Schwingen, als schüttle jemand ein Kissen aus.

Später kommen kleinere, grauleibige Dohlen dazu, um sich pickend an die Reste zu machen, die dann auch sie einander abjagen. Sogar zwei Möwen mischen sich noch darunter. Danach wird es ruhiger. Alle Vögel scheinen Hunger und Futterneid gestillt zu haben. Manche Raben hüpften am Ende unbeholfen davon, andere retteten ihre Beute auf Baumwipfel, wo sie nun stumm ruhen wie Totenwachen.

Wieder und wieder suche ich die Umgebung ab, ohne jedoch etwas zu erkennen, das sich bewegt. Dann plötzlich fährt mir ein Schreck in die Glieder, weil es hinter mir an der Wand klopft. Wie gelähmt sitze ich aufrecht auf meinem Klappstuhl. Als Erstes kommt mir mein Team in den Sinn, das zwei entfernte Hütten bezogen hat. Aber da wäre ein Flüstern oder gar ein lauter Ruf zu erwarten, wenn nötig. Oder die beiden wortkargen Fotografen aus Estland, die vor uns das Quartier verließen. Der eine gertenschlank und der andere so füllig, dass sie einen unweigerlich an das Stummfilmpaar Dick und Doof erinnerten. Doch Stimmen sind keine zu hören. Gebannt lausche ich, ob sich das Klopfen wiederholt. Dann erst, als es tatsächlich neu anfängt, sehe ich an einer Birke neben dem Fenster den hämmernden Kopf eines Buntspechts. Schwarz-weiß gefiedert, mit knallrotem Hintern, krallt er sich in die Rinde und wiederholt sein Schnabelstakkato noch mehrmals, bis ich mich frage, wie er ein solches Schlagtempo bloß schafft.

Dann fliegt er davon, während ich mich noch immer vom Herzrasen erhole.

Gegen acht Uhr abends kommt Wind auf, der Schnee von den Bäumen gegen die Hütte fegt. Ich ahne, wie kalt die Nacht wird, und ziehe den bereitliegenden Schlafsack über die Beine. Die beiden noch versiegelten Heizpäckchen, die ich in der Jackentasche befühle, bewahre ich mir für später auf.

Karneval der Tiere

Wie eine große Waldbühne vor Beginn der Aufführung liegt nun die Umgebung des Sees stumm vor meinem Ausguck. Als sei das Vorspiel der Vögel nur der Auftakt eines Karnevals der Tiere gewesen – und als müssten nun schwere Streicher und Paukenschläge den Star der Nacht ankündigen: den Bären.

Doch noch immer erscheint keiner. Ab zehn Uhr sehe ich meinen Atem. Wäre die Kälte nicht, ließe sich gut meditieren. Für Redakteure im Nachrichtenfieber das beste Gegengift, denke ich und harre der Nacht. Als es auf elf Uhr zugeht und dunkel ist, schüttle ich die Heizpäckchen durch, platziere sie in den Socken unter den Zehen und krieche im Schlafsack auf meine Pritsche. Bis zum Anbruch des Morgens gibt es nichts mehr zu tun.

Um vier Uhr früh weckt mich Licht. Zurück am Sehschlitz, erkenne ich in der Ferne einen schwarzen Buckel zwischen den Bäumen, der sich bewegt. Für einen ausgewachsenen Bären scheint er zu klein, und die Jungbären sind noch in den Höhlen. Dann hebt sich schnuppernd ein Kopf, und ich erkenne zudem den Schweif. Ohne näher zu kommen zieht der Vielfraß hinter dem Waldrand durchs Gehölz, bis ich ihn im Halbdunkel aus den Augen verliere.

Dann setzt sich das Schauspiel wieder so fort, wie es begann – mit Raben und Dohlen, dem Specht und den Möwen. Als ich um sieben Uhr früh müde und enttäuscht in die Stiefel steige und von außen die Hütte verriegle, gluckst von fern ein Auerhahn. Schön für die Vogelkundler, denke ich, und wate durch die Pfützen an den alten, schmelzenden Bärenspuren vorbei zum vereinbarten Treffpunkt. Von Ari und den Fotografen erfahren wir danach, dass in der Nacht kein einziger Bär unterwegs war.

Majestät in Zeitlupe

Unsere zweite Schicht hinter den grünen Vorhängen beginnt wie die erste. Gewinner des Abends scheinen erneut die Krähen zu werden, die flatternd Aris Ködersortiment auszugraben beginnen, bis ich fast meinem Groll darüber freien Lauf lasse.

Schon in Asien habe ich sie hassen gelernt. Denn in Tokio, meinem ersten Sitz als Auslandskorrespondent, enterten sie allmorgendlich ab vier Uhr die Stadt, kamen in Scharen aus dem Umland, um schreiend Mülltüten zu plündern, die nicht unter den vorgesehenen Schutznetzen abgestellt waren. In der Hitze stanken später die Fischgräten und Eierschalen auf dem Asphalt, und alle schimpften, dass die Krähen unter Naturschutz standen. Selbst im Vogelpark des Bezirks, der mit Bildern von seltenen Eisvögeln warb, fanden sich nur noch Krähen. Sie fräßen allen anderen Vögeln die Gelege aus den Nestern, entschuldigten sich die Parkwärter hilflos. Am nächsten Morgen weckte einen dann wieder der gleiche Lärm.

Erneut ist es der Vielfraß, der mich aus den Gedanken reißt. Von den Nachbarhütten aus erkennen Sandra und Kristian durch ihre Teleobjektive, dass dem ersten Tier noch ein zweites durch das Dickicht folgt. Doch näher kommen sie auch heute nicht.

Dann aber, noch vor Anbruch der Dunkelheit, zeichnet sich zwischen den Stämmen des Waldrands der massige Körper eines Braunbären ab, der sich wie in Zeitlupe über eine sanfte Kuppe bewegt. Bei jedem Schritt wölbt sich sein Rücken über dem belasteten Bein. Dann hält er inne, hebt den Kopf und dreht ihn zum See. Wie zufällig scheint er danach die Fettportionen zu finden, die er gemächlich verspeist, manche davon sogar liegend. Das Krachen von Knochenteilen zwischen seinen Zähnen dringt bis in unsere Verstecke. Erhaben und abgeklärt scheint er. Nur einmal erhebt er sich aufrecht, um von einem Baum zu pflücken, was den Krähen entging.

Was für ein Riese, staune ich beeindruckt und hoffe, er möge noch etwas näher kommen. Doch er setzt nur behäbig seinen Rundgang fort, bis ihn der Wald und die Dunkelheit wieder verschlucken.

Morgens um vier jedoch kommt er zurück. Und diesmal kreuzt er den See. Tatsächlich höre ich jedes Auftreten seiner Pranken. Sekundenlang pausiert er mitunter mit einem Fuß in der Luft, bevor er den Schritt zu Ende führt. Am Ende nähert er sich bis auf Armeslänge den Hütten, in denen Sandra, Kristian und Helmut gebannt den Atem anhalten, während sie Kamera und Mikrofon auf ihn richten. Rundgesichtig und massig tappt er daran vorbei, fasst hier und da noch einmal in den Schnee, um letzte Bissen hervorzuholen, und verlässt schließlich den See vom diesseitigen Ufer aus in den Wald.

Wieder breche ich kurz vor sieben Uhr durchgefroren und steif gesessen zu den anderen auf, diesmal aber mehr als zufrieden. Begeistert berichten sie von der Begegnung mit dem Bären, von dem nur der Vorhang sie trennte. Rasch sichten wir die Kameradisketten und studieren noch einmal den dickfelligen Riesen und seinen geschmeidigen Gang, seinen lässigen Schlenker vor den Kamerahütten. Sogar Detailaufnahmen gelangen dem Team, bis zur Prankensohle mit ihren schwarzen Ballen und Krallen, als der Bär sie zwischen den zögernden Schritten für Sekunden erhob.

Auch die huschigen Vielfraße haben wir im Kasten und natürlich die Krähen, Dohlen und Möwen, mit denen das Warten begann. Anders als wir erkannte das Kameraobjektiv sogar, dass der Buntspecht nicht nur an Bäumen hämmerte, sondern einmal auch in ein befestigtes Speckstück.

Mit meinem Dank an alle für Ausdauer und Können endet die Drehschicht. Nun brauchen wir nur noch eine Mütze voll Schlaf und danach ein Frühstück mit starkem Kaffee.

Beluga bis Biber

Als ich später Ari auf dem Bootssteg treffe, frage ich ihn, was er selbst beim Anblick der Bären empfinde.

»Respekt«, antwortet er. »Sie sind die Könige des Waldes. Ich lebe mit ihnen seit meiner Kindheit. Mein Großvater und mein Vater waren Jäger. Die ernährten sich davon, die Felle und das Fleisch zu verkaufen. Es gibt in Helsinki heute noch Lokale, die Bärenfleisch servieren. Ich selbst mochte es nie, es schmeckt mir zu sehr nach Wild. Ich mochte lieber Fisch.«

Hinter uns erhebt sich sein Gästequartier über dem Ufer. Daneben kauert die kleinere Saunahütte. »Gab es Rückschläge, nachdem du das Grundstück gekauft hattest?«, frage ich.

»Nein, denn ich gab mir das erste Jahr als vorsichtige Probezeit. Von den ersten Gästen verlangte ich gar kein Geld. Ich musste ja noch herausfinden, ob sich die Tiere denn tatsächlich zeigten, welche Futterrationen sich bewährten, welche Orte und welche Tages- und Nachtzeiten. Wären diese Gäste unzufrieden abgereist und hätten es herumerzählt, hätte ich gleich wieder dichtmachen können. So aber konnte ich von ihren Anregungen profitieren. Sie sagten mir früh, dass ich auf Kadaver als Köder verzichten solle. Am liebsten sei ihnen gar keine Beute, nur Bären in der Landschaft. So fand ich einen Mittelweg und wurde unter Tierfotografen in ganz Europa eine Adresse.«

Was er vorher gemacht habe, frage ich.

»Ich hatte mein Berufsleben als Fahrzeugtechniker begonnen, bei einer Autofirma in der nächsten Stadt, nach Abschluss der Hochschule. Dann wechselte ich in den Verkauf und bekam so eine Ahnung von Marketing. Und ich wollte immer hierher zurück, in den Wald und die Wildnis. Heute arbeite ich den Frühling und Sommer durch, und von Oktober bis Anfang März machen wir dicht. Aber wir sind gut vernetzt. Wir betreiben beispielsweise Austauschprojekte mit Veranstaltern in Spanien, die Tierfotografen beherbergen, wenn in Gibraltar die Zugvögel rasten. Nun vermitteln wir uns gegenseitig Gäste, die neue Motive suchen.«

Als wir durch den Windfang der Haupthütte treten, um trockenes Holz für die Sauna zu holen, sehe ich die Hinweiszettel am Eingang. Tatsächlich reihen sich darauf die Europatouren nur so aneinander, mit Fotomotiven von Biber bis Beluga, Braunbär bis Vielfraß, Unglückshäher bis Haselhuhn. Zuletzt frage ich Ari, ob es nie ernsthafte Zwischenfälle mit den Bären gab.

»In den letzten Jahren nur einen in ganz Finnland«, beteuert er. »Da schlug eine Bärenmutter nach einem Jogger, der zwischen sie und die Jungen geraten war, und traf seine Halsschlagader. Alle anderen Fälle betrafen Wilderer, die Bären angeschossen hatten, statt sie zu töten, und ihnen so selbst zum Opfer fielen. Denn dann sind sie wirklich unbändig, egal, ob sie im Winterschlaf lagen oder nicht.«

Reiseziel Stille

Mit den Armen voller Holzscheite gehen wir zur Sauna hinunter. Als wir eintreten, wähne ich mich eher in einer Räucherkammer. Decke, Wände und Holzbänke sind rußgeschwärzt. Die Luft riecht wie nach einem Großbrand, obwohl Ari in der Ecke den eisernen Ofen erst anfeuert.

»Das ist eine Rauchsauna, da muss das so sein«, lacht er, als er meinen skeptischen Blick bemerkt. Nie würde er sein Holz mit Zeitungspapier anzünden. »Birkenrinde ist besser«, schwärmt er. »Das muss nun ein paar Stunden brennen, erst dann mache ich sauber. Bis heute Abend sind Steine und Wasserbehälter heiß genug. Kaltes Wasser holen wir dann aus dem See nach.«

Tatsächlich bietet die Schwitzrunde später die erhoffte Entspannung, während draußen Regen auf den See niederprasselt. »Wie war deine Kindheit hier?«, frage ich Ari.

»Ich lief täglich auf Skiern zur Schule«, sagt er und schwenkt dabei die Arme. »Es gab keine Straße, nur einen Pfad und im Sommer das Boot. Wer Geld hatte, leistete sich ein Motorrad. Alle fischten und jagten, pflanzten Kartoffeln und hielten sich eine Milchkuh. Der nächste Laden war kilometerweit weg. Dort kaufte man nur Zucker, Salz, Seife und Jagdmunition.«

Auch habe mehr Schnee gelegen, sagt er. »Der Winter begann im Oktober. Heute wird es oft Dezember, bis Schnee fällt. Und ohne den Schnee, der das Licht reflektiert, ist es dunkler. Andererseits fängt im Frühjahr so meine Saison eher an. Das ist gut für mich. Vor ein paar Jahren wachten die ersten Bären frühestens Mitte April auf, heute sieht man sie schon im März.«

In der Haupthütte brennen nun schon keine Lichter mehr. Die beiden Esten sind wieder auf Fotopirsch. In Tarnfarben verließen sie vor Stunden das Haus. Eine britische Vogelkundlerin mit Sommersprossen, Großmutterbrille und Zahnspange reiste am Morgen ab. Nur ein einheimischer Fotograf nächtigt noch mit uns.

»Hast du Pläne, noch weitere Hütten zu bauen?«, frage ich Ari.

»Ich wollte zuletzt die Schlafräume erneuern, um auf fünfundzwanzig Doppelzimmer mit Duschen zu kommen«, sagt er, »aber das kostet zwei Millionen Euro. Die habe ich nicht. Da habe ich beschlossen, dass mein Projekt jetzt groß genug ist. Alles andere würde es verändern. Wer hierherkommt, will ja nicht schlafen. Ich hatte schon Sommergäste, die schliefen in fünf Tagen und Nächten nur ein paar Stunden. Sie wollten das lange Licht nutzen und Fotos machen. ›Schlafen können wir zu Hause‹, sagten sie.«

Ein anderer Gast sei sogar aus London angereist, nur um draußen zu sitzen und zu lauschen, sagt Ari am Ende. »Ich fragte ihn irgendwann, was er sich denn so aufmerksam anhöre. ›Die Stille‹, sagte er. ›Das kennt man in der Stadt gar nicht mehr.‹«

Einmal sei auch ein Paar aus Italien heraufgekommen, um sich in der weiten Natur einen Lebenstraum zu erfüllen. Doch nach zwei Jahren in ihrer Hütte seien sie wieder verschwunden. »Sie hatten die Finsternis des Winters unterschätzt und die Einsamkeit des hohen Nordens«, sagt er. »Hier hörst du manchmal über Wochen nur die Stimme des nächsten Raben.«

Wohin das Paar weitergezogen sei, frage ich noch.

»Nach Österreich«, schmunzelt er.

RUSSLAND
Point Hope
Nördlicher Polarkreis
Anadyr
ALASKA
(USA)
Magadan
Kamtschatka
Pazifischer Ozean
Murmansk
Nördlicher Polarkreis
Werchojansk-
Gebirge
Jakutsk
Lena
St. Petersburg
Tjumen
RUSSLAND
Moskau
Nowosibirsk
KASACHSTAN
MONGOLEI
Wladiwostok
CHINA

6

RUSSLAND

Am Fundort des Füllhorns

Graues Murmansk

Im Schatten Aljoschas

Der russische Reisende, so scheint es, folgt einer neuen Leidenschaft. Er umwickelt seine Gepäckstücke vor dem Abflug so lange mit Plastikfolie, bis sie aussehen wie Kokons mit Rädern. Entweder er lässt das für dreihundert Rubel pro Stück, immerhin gut sieben Euro, an den zahlreichen Automaten erledigen, deren Dreharme zupacken wie jene, die Bauern die Heurollen versiegeln. Oder er führt selbst einen Klebebandroller mit, mit dessen Hilfe er sein Gepäck dann endlos umhüllt. Der Vorteil ist, dass es im Flieger nicht mehr verschmutzt, der Nachteil aber, dass sich auf dem Transportband nach der Ankunft nunmehr alle Taschen gleichen, was das Reisen erheblich verlängern kann, vom Plastikmüll nicht zu reden. Zudem dringt einem das ratschende Abrollen der Paketklebebänder derart ins Ohr, dass Gespräche oder Telefonate am Flugschalter kaum noch möglich sind.

Unsere Koffer und Kisten kamen denn auch unverpackt mit uns in Murmansk an, wo eher die Hammerschläge für Grundlärm sorgen, die vom Industriehafen heraufhallen, und der Donner von Kohlen, die aus Kranschaufeln in Schiffsleiber fallen. Darunter mischen sich der Straßenverkehr an Ampelkreuzungen, das Hupen der Kleinwagen und die Dieselmotoren der schweren Omnibusse, soweit sie nicht mit Strom aus Oberleitungen fahren.

Derweil erscheinen die Menschen so grau wie die ganze Stadt. Selbst die farbigen Muster, die man hier manchen Plattenbauten zuletzt aufmalte, sind nur noch Varianten von Grautönen. Und von den Altbauten, die sich ähnlich kasernenhaft aneinanderreihen, fällt mit dem, was einmal Farbe war, zugleich der Putz ab. Murmansk sei nicht sonderlich schön, hatte uns Eduard, unser russischer Producer, gewarnt. Die Stadt sei nur aus strategischen Gründen gebaut worden, um Russland mit einem eisfreien Nordhafen zu versorgen. Nicht zum Vergnügen der Bewohner.

Dazu kommt, dass wir in der schmutzigsten Jahreszeit angereist sind – wenn der Schnee, der bis dahin noch all den Unrat der Straße gnädig bedeckt hat, sich nun selbst zu schmutzig braunen Resthalden häuft. Sogar der kleine Stadtpark ist ein einziges Schlammloch, erkennbar nur am Grundriss der Einfassungen, die irgendwann einmal etwas Grünes umgaben. Das Team wird auf der Diskettenhülle statt der üblichen »Stadtimpressionen« scherzhaft »Stadtdepressionen« notieren, und beim Sichten des Materials scheint es später, als hätten wir für einen Schwarz-Weiß-Film gedreht.

Tatsächlich zog schon bei der Anfahrt vieles am Autofenster vorbei, das uns den West-Ost-Sprung über die alten Blockgrenzen verdeutlicht und mich an frühere Russlandreisen erinnert hat. Die Allgegenwart von Rost, Ruß und Ruinen vor allem – und eben das seltsame Fehlen von Farbe, als wäre sie in diesem Land noch nicht erfunden. Allenfalls neuere Banken und Tankstellen tauchen aus der Tristheit hervor oder mal ein Blumenladen an der Bushaltestelle.

Über Stadt und Hafenbucht wacht das Denkmal eines Soldaten, dessen kantige Züge dem kalten Wind trotzen. Am massigen Sockel reihen sich die Städtenamen der früheren Sowjetmacht aneinander, von Leningrad bis Odessa, von Moskau bis Minsk. Aljoscha heiße er, sagt mir Eduard und zeigt auf weitere Hafenanlagen, die sich auf der anderen Seite des Hügels fortsetzen. Zudem gebe es in der Nähe einen für niemanden zugänglichen Militärhafen, wo auch die Eismeerflotte liege, einschließlich der Atom-U-Boote.

Erinnerung an Kamtschatka

Die geheime Stadt, so werde sie hier genannt. So hieß auch der Militärstützpunkt nahe Petropawlowsk auf der Pazifik-Halbinsel Kamtschatka, wo ich zuletzt Zugang zu einem U-Boot beantragte. Wochenlang hatten uns das Verteidigungsministerium in Moskau, das Flottenkommando und der Geheimdienst damals hingehalten, bis dann angeblich am lokalen Geheimdienst alles scheiterte. Der Zufall führte uns stattdessen zum Bischof der Provinz, der den Matrosen die Beichte abnahm und der viel mehr über ihre Ängste schildern konnte, als jedes von Militär überwachte Interview vermocht hätte. Fast alle Matrosen ließen sich taufen, berichtete er, bevor sie auf ihre erste monatelange Tour unters Eis gingen. Sie hätten sich Messen an Bord gewünscht und mit ihrem Leben im Reinen sein wollen, so nahe am möglichen Tod wähnten sie sich dort. Dann deutete er an, dass der erschütternde Unfall der »Kursk«, bei dem hundertachtzehn Mannschaftsmitglieder qualvoll erstickten, in all den Jahren nicht der einzige Vorfall gewesen sei.

»Viele Matrosen der ›Kursk‹ hatten in Murmansk gelebt«, sagt Eduard, als wir von Aljoschas Füßen auf die Stadt blicken. Bis heute warteten die Familien auf Details darüber, wie es wirklich zu der Tragödie gekommen sei. Auch für sie gibt es, jenseits der Statue, eine Gedenkstätte.

Was mich dieses Mal in die Nähe der Eismeerflotte führte, hat jedoch nichts mit U-Booten zu tun. Vielmehr wartet ein Atomeisbrecher auf uns – und die seltene Gelegenheit, ihn sowohl in Gänze zu sehen als auch mit seinen Betreibern über seine künftigen Aufgaben in der sich wandelnden Arktis zu reden. Immerhin spricht Staatschef Putin von einem neuen »Nördlichen Seeweg« als Großprojekt, das die Handelsschifffahrt ebenso revolutionieren solle wie einst der Suezkanal. Seit Jahren schwindet im Sommer das Eis auch vor der russischen Nordküste. Die Zahl der Frachter, die in der Passage zwischen Europa und Asien unterwegs sind, steigt. Ein neues Polarschiff mit der Bordaufschrift »Arctic Express«, viel schlanker konstruiert, hat gerade gegenüber der Werft am Kai festgemacht. Da stellt sich die Frage, ob man Russlands Atomeisbrecher vielleicht bald gar nicht mehr braucht.

Der Größte von ihnen ragt auffallend rot vor den schwarzen Halden des Kohlekais aus dem Trockendock wie ein in einen Schiffsrumpf gezwängtes Riesengebäude – der »50 Let Pobedy«, zu Deutsch: »Fünfzig Jahre Sieg«, der stärkste atombetriebene Eisbrecher Russlands. Im Dock erhält er einen neuen Anstrich, um auf Fahrt zum Nordpol zu gehen, zu den Inseln Franz-Josef-Lands und wohl bald auch auf ebenjene Handelsrouten der

Arktis, solange er sie noch eisfrei halten muss. Denn dass schon binnen Jahrzehnten sogar der Nordpol im Sommer eisfrei sein dürfte, sagen Experten voraus. Der amtierende Chef der Reederei hat sich bereiterklärt, uns am nächsten Vormittag vor der Kamera Antworten zu geben.

Zuvor gönnen wir uns einen kurzen Ausflug in die Murmansker Freizeitkultur. Auf dem Weg zum Denkmal hatte uns der Fahrer geschildert, dass das neu gebaute Fußballstadion nur für zwei Monate im Jahr als Spielfläche tauge, den Rest der Zeit diene es den Städtern als Eisbahn. Nun erkennen wir in der Nähe davon eine zweite Eisfläche auf einem Weiher, in die ein Loch von der Größe eines Badepools geschnitten ist. Daneben kauert eine Holzhütte, zu der ein Weg von der Straße hinabführt.

Kälte macht stark

Die Badestelle gehört einem Verein, der sich »Walrosse« nennt. Jeden Abend nach Dienstschluss kommen Mitglieder hier zu einem kurzen Schockbad vorbei, dessen belebende Wirkung auf Kreislauf und Seele sie rühmen. Mehrere Hundert Kältefans soll es geben, vom Fischhändler bis zum U-Boot-Kapitän. Um achtzehn Uhr sind wir da, um einige ihrer geübtesten Eisschwimmer zu treffen.

Vater Valentin Glinskij und sein Sohn Sergej wohnen nur fünf Gehminuten von hier in einem der Wohnblocks. Seit über zwanzig Jahren sei er im Walrossverein, stellt sich Vater Glinskij vor. In einer russischen Firma arbeite er als Programmierer. Dreimal pro Woche komme er mit seinem Sohn hierher. Sergej ist zwölf. In der Schule hat er die ersten Englischstunden. Nur in T-Shirt und dünnem Jäckchen steht er neben dem kräftigen Vater, der in Strickweste kam. »Der Semenovskoye-See ist der sauberste in der Gegend«, sagt er, »er speist sich aus eigenen Quellen.«

Natürlich fordern mich beide gleich kumpelhaft auf, mit ihnen in den Eispool zu hüpfen, doch ich kneife gewöhnlich schon vor dem Abkühlbecken der Sauna. Dann verschwinden sie im Umkleideraum.

In Badehosen trippeln sie kurz darauf zur breiten Leiter, die sie ohne Zögern hinabsteigen, als sei Kälte kein Thema. Danach schwimmen sie nebeneinander zwei Bahnen, der Vater mit ruhigem Atem, Sergej mit hörbarem Hecheln. Als sie danach vor unserer Kamera kurz im Wind stehen, zittern ihre Körper. »Zweimal zwölfeinhalb Meter«, erklärt der Vater lächelnd, »für die Gesundheit reicht das. Nicht zu wenig und nicht zu viel. Alles muss sein Maß haben.« Dazu reckt Sergej den Daumen und grinst.

»Kälte macht stark«, sagt er schlotternd.

Dann trippeln sie zurück zu den Kleidern, in denen sie gekommen waren.

Nach und nach erscheinen so Frauen, Männer und Paare. Manche bleiben minutenlang bis zum Hals im Wasser, dem sie dann stumm und mit krebsrotem Körper entsteigen. Andere schuften und prusten sich durch den Eispool und schreien befreiend, als sie sich das Handtuch überwerfen.

»Das ist wunderbar«, schwärmt eine breitschultrige Frau. »Ich habe erst vor einer Woche damit angefangen.« Auch sie winkt uns herein. Wir seien Feiglinge, foppt sie uns. »Kommt, es hält jung.«

Schließlich retten Eduard und Kristian unsere Ehre, in

den Badehosen, die ihnen Vater Valentin und Sergej nach dem Ankleiden geborgt haben. Wortlos taucht zuerst Eduard hinab, um dann gleich wieder herauszuklettern und sich zu schütteln. Kristian schafft sogar eine respektable Schwimmrunde unter rhythmischen Stoßseufzern, als hörten wir einem Tennismatch mit Monica Seles zu. Dann eilt auch er zur Hütte zurück, begleitet vom Applaus der Umstehenden.

Andere malen den Kälteschock wortreicher aus. Und dramatischer: »Er dringt in jede Faser deines Körpers«, beschreibt ihn ein Seemann namens Poborchiy. »Als würdest du selbst zu Eis. Als bekämest du Elektroschocks. Als würdest du sterben.«

»Ich könnte gleich wieder rein«, sagt Eduard später. Auch Kristian bestätigt, dass er nun keineswegs friere, sondern im Innern tatsächlich eine wohlige Wärme empfinde.

»Jetzt seid ihr auch Walrosse«, sagt Vater Valentin, reicht ihnen die Hand und zeigt uns in der Hütte die Bildergalerie der Mitglieder. Von seinem Passfoto, das in der Mitte klebt, blickt er noch grimmig unter pechschwarzem Haar hervor. Heute ist er ergraut und sieht dennoch fast jünger aus.

»Und freundlicher«, sage ich.

»Eben«, antwortet er . »Das kommt nur vom Baden.«

Sergej winkt und ruft uns ein perfektes »Goodbye« zu, dann gehen sie über die Straße nach Hause, und wir drehen als Schlussbild die Inschrift vom Hüttengiebel. »Heldenhaftes Murmansk – Stadt des Sports, der Gesundheit und der Körperkultur«.

Schwimmender Stahlhammer

Der Weg zum Trockendock, in dem der Megaeisbrecher »Fünfzig Jahre Sieg« liegt, ist weniger ruhmreich als dessen Name. Die Hinterhöfe, Kais und Pontons gleichen einer Müllhalde. Bierdosen, Sektflaschen, Radkappen und Autowrackteile, CDs, Lumpen und Plastiktüten mischen sich mit öligem Schlamm. Am Ende der verrosteten Stahlrampe, die hinaus zu den Docktoren führt, flucht ein Lieferant, weil ein hervorgebogenes Plankenende gerade seinen Reifen zerfetzt hat. Am ersten Dock sind die Haupttore durchlöchert wie ein Käse. Ins nächste Dock führt ein Seiteneingang, den ein Pförtner bewacht. Auf der obersten Dockebene patrouillieren Polizisten. An Bord gehört ein Verbindungsmann des Geheimdienstes zur Besatzung, der uns in Sichtweite verfolgt. Zudem erklärt uns der Sprecher der Reederei, dass wir im Dock die Kameras abschalten müssten, bis wir an Bord seien. Auch im Kontrollraum über dem Antriebsreaktor gelte absolutes Drehverbot. Letzteres hatte ich erwartet. Die Atomflotte, ob militärisch oder zivil, gilt schließlich noch immer als das Allerheiligste Moskaus. Dass aber auch ein Schiffsrumpf im Trockendock der Geheimhaltung unterliege, mag ich nicht hinnehmen.

»Wie sollen wir einen Eisbrecher zeigen«, frage ich, »wenn unsere Kamera ihn nicht sehen darf?«

»Ich mache die Regeln nicht«, meint der Pressemann lächelnd, »wir sind für das Schiff zuständig, nicht für die Werft. Die will keine Kameras. Außerdem haben Sie vom Deck aus schöne Blicke auf die Umgebung.«

Ich halte für einen Moment inne. Klein wie Ameisen stehen wir gerade unter einem Schiffsbug, der mit Anlauf bis zu zehn Meter dicke Eisschwellen zermalmt. Über uns wölbt sich ein dreißig Meter breiter Rumpf mit sechsundzwanzigtausend Tonnen Gesamtgewicht. Der größte Eisbrecher, den Russland jemals gebaut hat. Da soll ich mich über schöne Blicke auf die Küste freuen?

»Sie machen ansehnliche Schiffe«, versuche ich es erneut. »Sie werden verstehen, dass ich auch einen ansehnlichen Film machen möchte. Ein aufgebocktes Schiff will man nun mal auch von unten sehen.«

Der Pressemann telefoniert, der Kompromiss findet sich auf halber Höhe – wo der Dockkran auf seinem Gleis hin und her fährt. Unter die mächtige Bugkante sehen wir auch noch von da. Die Kamera nimmt sie nun von vorn ins weite Visier und schwenkt dann sekundenlang von der Wölbung nach unten – auf den Reporter in Ameisengröße.

Dann steigen wir über einen Treppensteg hinüber auf das Schiff, sehen Arbeitern zu, die mit Sandstrahlkanonen die alte Farbe von der Schiffswand entfernen. Sie sind ausgestattet wie altertümliche Tieftaucher mit Kugelhelm, Sichtfenster und Atemschlauch.

»Wohin wird die nächste Fahrt gehen?«, frage ich den Ersten Offizier, als er zu uns stößt.

»Zum Pol«, sagt er stolz. »Wir bringen erstmals das Olympische Feuer dorthin.«

Einhundertfünfzig Mann Besatzung seien auf solchen Polartrips an Bord, dazu ebenso viele Touristen. Zehn Tage seien sie unterwegs und zahlten dafür fünfundzwanzigtausend Euro. Im Winter, wenn der Eisbrecher nur Schiffsrouten frei halte, reiche eine kleinere Crew.

»Dieses Schiff fährt nicht besonders schnell«, erklärt er mir weiter. »Gerade mal einundzwanzig Knoten, das sind kaum vierzig Kilometer pro Stunde. Die schaffen kleinere Schiffe auch. Dieses ist eher dafür gebaut, Widerstände zu brechen. Es fährt durch Eisdecken von über zweieinhalb Meter Dicke.«

»Ich las von zehn Metern«, erwidere ich.

»Damit sind quer- oder übereinanderliegende Eisschollen gemeint, die oft zusammengefroren sind. Auf die fahren wir dann mehrmals zu, bis sie zerbrechen wie unter einem Hammer. In durchweg zehn Meter dickem Eis ist kein Schiffsverkehr mehr möglich.«

Im Schiffsinneren führt er uns die Treppen hinab zum Maschinenraum, der die Ausmaße einer Sporthalle erreicht und den Lärmpegel einer Fabrik. Unten zeigt er auf zwei Turbinen in der Größe von Tankwagen und notiert »75 000 PS« auf meinen Block. Dann folgen wir ihm durch einen stählernen Gang zu der schweren Tür, auf der ein Hinweisschild mit durchkreuzter Kamera klebt. Als wir sie abstellen und eintreten, blicken wir vom Kontrollpult aus durch zwei Glasfenster ins Innere des Reaktorraums mitsamt den Öffnungen für die Brennstäbe.

»Wer noch weiter will, muss Schutzanzug tragen, einen Geigerzähler mitführen und danach duschen«, sagt er.

»Gab es je Zwischenfälle auf dem Schiff?«, frage ich.

»In der ganzen Geschichte der Atomeisbrecher nicht einen einzigen, der ernsthaft gewesen wäre«, beteuert er. »Von 1959 bis heute.«

»In den U-Booten gab es sie«, werfe ich ein.

»U-Boote«, seufzt er, »sind eine andere Geschichte.«

Seine Antwort stimmt nur, wenn man zwei Pannen auf dem ersten Atomschiff nicht für ernsthaft hält, die den vorgesehenen Austausch der Brennelemente verhinderten, und ein Bordfeuer auf einem anderen Atomeisbrecher, bei dem zwei Matrosen umkamen. Tatsächlich aber finden sich über Strahlungsunfälle keine Berichte.

Murmansk wird wachsen

Nach dem Mittagessen in der Schiffskantine, die auch während des Werftaufenthalts das Bordpersonal versorgt, erwarte ich am Eingangstor den Vizechef der Reederei. Er erscheint strammen Schrittes, in Nadelstreifenanzug und Ledermantel. Im Krawattenmuster entdecke ich kleine Schiffsanker. Andrej Stepanow steht an der Spitze der Rosatomflot, der halbstaatlichen Reederei, in deren Dienst die Eisbrecher auslaufen. Der Gesamtkonzern Rosatom ist darüber hinaus auch verantwortlich für die U-Boote des Militärs und für die russischen Kernkraftwerke.

Vom Oberdeck aus sehen wir das Museumsschiff »Lenin« am Hafenrand liegen, mit dem die Geschichte der russischen Atomeisbrecher begann. Stepanow steuerte es neunzehn Jahre lang.

»Mit welchen Erinnerungen blicken Sie auf die ›Lenin‹ hinüber?«, frage ich.

»Das Schiff war mir sowohl eine Schule als auch ein Heim«, gibt er sich schwermütig. »Ich fuhr es bis zur letzten Tour. Der Abschied fiel mir schwer. Aber es warteten neuere Schiffe auf mich.«

»Was hatten die der ›Lenin‹ voraus?«

»Der Unterschied war riesig«, sagt er und deutet über das Deck. »Dieser Eisbrecher ist fast doppelt so stark, er ragt über vierzig Meter hoch aus dem Wasser, ist günstiger geformt und kann durch doppelt so dickes Eis fahren. Auf der ›Lenin‹ waren noch zweihundert Mann beschäftigt, hier reicht die Hälfte, weil der Betrieb stärker automatisiert ist. Dafür sind mehr Spezialisten an Bord. Trotzdem war die ›Lenin‹ auch ihr Labor, ihre Schule. Viele kamen von ihr auf die neuen Schiffe.«

Ich zeige hinüber auf die Stadt und die Berge ringsum. Murmansk sei immer ein wichtiger Hafen gewesen. Nun drängten die Anrainerstaaten in die Arktis vor. Neue Handelsrouten könnten sich öffnen, die Jagd nach bisher verborgenen Bodenschätzen beginnen. Komme also auf Murmansk eine neue Blütezeit zu?

»Das wird so sein«, ist er sich sicher. »Nach den politisch und wirtschaftlich schwierigen Jahren in den Neunzigern und danach hat die Regierung den Ausbau des Hafens beschlossen, sowohl was den Warenumschlag angeht als auch die Stärke der Eisbrecherflotte. Unsere Politik hat sich dem Norden klar zugewandt.«

»Sehen Sie auch Touristenreisen wie die zum Nordpol als neues Marktsegment?«

»Noch ist das nur ein kleiner Teil unserer Arbeit«, sagt Stepanow. »Wir haben damit begonnen, als es für die Eisbrecher wegen der Wirtschaftskrise wenig Arbeit gab. Heute ist das anders. Das Schiffsaufkommen im Eismeer steigt. Auch mehr Tanker werden auf Strecken unterwegs sein, die Eisbrecher zunächst noch für sie frei halten müssen. Wir werden unsere Fahrtrouten zwischen Murmansk und dem Nordpol nicht nur beibehalten, sondern auch sehen, wie wir sie erweitern können.«

Bisher, so schränkt der Chefreeder ein, seien diese Reisen nur im kurzen Sommer sinnvoll, wenn die Strecke recht schnell zu bewältigen sei. In den anderen Monaten seien Transporte per Hubschrauber praktischer. Größeres Wachstum erwarte er in der Öl- und Gasförderung.

Viele Vorkommen seien geortet, aber wegen der großen Entfernung noch nicht erschlossen. Bald werde sich das ändern, dann steige das Ausmaß der Transporte. Für die Eisbrecher sei das gut.

Alle profitieren

»Die Begehrlichkeiten in der Arktis bergen auch Konflikte«, werfe ich ein. »Auch China meldet Ansprüche an, obwohl es keinen eigenen Zugang dorthin hat – oder ebendeswegen. Erwarten Sie denn, dass sich alles ohne Grenzstreit entwickelt?«

»Die führenden Nationen bewegten sich zuletzt weg von Konfrontationen und hin zur Zusammenarbeit«, sagt er. »Die Erschließung der Arktis und ihrer Ressourcen unter dem Eis und den Meeren ist eine gigantische Aufgabe, die kein Land alleine bewältigen kann. Deshalb wird die Kooperation zunehmen. Zwischen den USA, Kanada, Norwegen, Dänemark, Grönland und Russland gibt es sie bisher vor allem auf wissenschaftlicher Ebene. Die Regierungen führen aber Gespräche, die Außenminister arbeiten an Abkommen. Denn sie erkennen, dass alle davon profitieren würden.«

Tatsächlich unterzeichnet Staatschef Putin in diesen Wochen gerade wieder ein Abkommen, dieses Mal mit den Niederlanden. Deren Shell-Konzern soll gemeinsam mit Putins Staatsfirma Gazprom die »Untersuchung und Entwicklung der Arktis« vorantreiben, wie es heißt. Damit weiten sie eine bestehende Kooperation auf der Halbinsel Sachalin auf die Polarzone aus.

Mit wem seine Reederei kooperiere, frage ich Stepanow.

»Mit anderen Schiffseignern, mit internationalen Auftraggebern oder in wissenschaftlichen Projekten, an denen verschiedene Länder teilhaben. Wir unterstützten schwedische Eisbrecher beim Erforschen des Eismeeres und auch das deutsche Alfred-Wegener-Institut mit seinem Eisbrecher ›Polarstern‹. Wir trafen uns am Nordpol auch schon mit Expeditionen aus Kanada und den USA. Also, wir sind weltoffen und kooperativ, so wie unser Mutterkonzern.«

Ich komme auf die Kritik von Umweltorganisationen, an der Atomenergie als solcher wie in Deutschland, aber auch in Nachbarländern wie Norwegen oder gar in Russland selbst. Nahe Murmansk werde seit Jahren der brisante Atomschrott der sowjetischen U-Boot-Flotte geborgen, in Franz-Josef-Land beispielsweise müssten Inseln erst noch vom Müll des Militärs befreit werden. »Haben die Vorbehalte von Umweltschützern je auch die Atomeisbrecher erfasst?«, frage ich.

»Sie bemerken zu Recht, dass sich auch in Russland die Bevölkerung immer mehr um die Umwelt sorgt«, antwortet er. »Nicht nur in Franz-Josef-Land, auch auf anderen Inseln sind Säuberungen vorgesehen. Studenten haben schon vielerorts Altmetall und Ölfässer zusammengetragen, die abgeholt und verwertet werden, zuletzt allein siebzig Tonnen auf der Weißen Insel in der Karasee. Und dass in der Vergangenheit das Militär zu sehr auf den Atombetrieb fixiert war, stimmt auch. Aber wir haben da inzwischen eine bessere Balance erreicht. Wir sind sogar selbst Teil der Umwidmung von militärischen Atomschiffen hin zu Zivilunternehmen. Solche Eisbrecher haben andere Länder auch. Nehmen Sie nur die amerikanische ›Savannah‹, die nach der ›Lenin‹ gebaut wurde. Ich erwarte sogar eine Wiedergeburt der atombetriebenen Schiffstechnik, gerade mit Blick auf die Umwelt. Wenn Sie ein Schiff gleicher Stärke mit Dieselmotoren ausstatteten, würde es pro Tag vierhundert Tonnen Treibstoff verbrennen und in die Atmosphäre jagen. Von Atomschiffen steigt nur Wasserdampf auf, keine Asche, keine Ölreste. In der heutigen Zeit, in der immer größere Teile der Weltmeere zu Schutzzonen erklärt werden, ist das ein Kostenfaktor. Reedereien werden gezwungen sein, ihre Motoren auszuwechseln und teureren Treibstoff zu tanken. Und trotzdem hinterlassen sie noch Schadstoffe. Ich glaube, bis wir etwas Besseres gefunden haben, bleiben atombetriebene Schiffe sogar die saubersten.«

Wenn man denn vom Atommüll absehe, schränke ich ein und zitiere Norwegens Presse, die noch kurz vor unserer Ankunft beklagte, dass Brennstäbe vor ihren Küsten in Geheimtransporten nach Murmansk gebracht worden seien. Die radioaktive Fracht stamme aus tschechischen Kraftwerken russischer Bauart und gelange durch Ost- und Nordsee hierher, weil sie den Ostseehafen St. Petersburg nicht anlaufen dürfe. Ob er das bestätigen könne, frage ich, und wenn ja, ob er künftig mit mehr Protest rechne.

»Die Kritik ist unbegründet«, erwidert er. »Diese Transporte basieren auf internationalen Abkommen. Es gibt in der Mitte Europas viel mehr Atommüll als bei uns. Vergessen wir nicht, dass beispielsweise Frankreich nach wie vor drei Viertel seines Energiebedarfs mit Atomkraft deckt. Wir arbeiten mit den zuständigen Ministerien und den Außenämtern zusammen. Wir machen unsere Arbeit, und wir machen sie sauber.«

»Sind die Atomtransporte denn nun geheim oder nicht?«, frage ich weiter.

»Dass sie stattfinden, ist nicht geheim, sondern Teil der Abkommen. Allein der Zeitpunkt wird geheim gehalten. Aber das hat mit der Gefahr von Terroranschlägen zu tun und mit Abwehrmaßnahmen, damit atomares Material nicht in falsche Hände gerät.«

In Wahrheit eine Kältephase?

Dass der Kreml jenseits seiner Küsten – und jenseits der Terrorgefahr – nicht nur neue Kooperationen und Harmonie erwartet, zeigt unterdessen eine wohl nicht nur kosmetische Maßnahme des Obersten Flottenkommandos. Dieses habe angeordnet, berichtet die Zeitung *Izvestia*, an russischen U-Booten sowohl Namen als auch Erkennungswappen zu überstreichen, die bei offener Fahrt an der Stirnseite des Turms sichtbar waren. »Die Hauptaufgabe solcher Boote ist es, vom Gegner unerkannt zu bleiben«, zitiert das Blatt eine Militärquelle. Die Malaktion solle dies wieder besser gewährleisten, wie schon zu Sowjetzeiten. Schließlich trügen auch amerikanische Unterseeboote keine Stirnwappen.

Als ich mit Stepanow von Deck gehe, bitte ich ihn noch um eine letzte Antwort. Ob es nicht ein wenig verrückt sei, dass wir die Arktis mit fossilen Brennstoffen zum Schmelzen bringen, nur um dann dort nach noch mehr davon zu bohren, frage ich und zitiere Umweltschützerappelle, auf die Ausbeutung der Arktis zu verzichten.

»Dem Klimawandel begegnen wir in der Tat überall«, findet er – um uns dann jedoch die Moskauer Version der nötigen Wende darzulegen. »Man sollte da nicht nur auf den Zeitraum eines Menschenlebens schauen, sondern weiter in die Zukunft. Es gibt viele Denkschulen zur globalen Erwärmung. Vieles spricht dafür, dass es sich bei dem Phänomen um Zyklen handelt. Nach der drastischen Phase, die hinter uns liegt, sind wir neueren Daten zufolge bereits über die Erwärmungsperiode hinweg. Das bedeutet, dass wir uns in Wahrheit auf eine neue Kältephase einstellen müssen, die in fünfzehn bis zwanzig Jahren beginnt.«

Die Frage, ob man den Planeten weiterhin derart ausplündern müsse, sei dennoch sehr interessant, schließt er jovial. »Die barbarische Zerstörung der Erde ließe sich womöglich beenden, wenn wir lernten, die Sonnenenergie besser zu nutzen oder erdnahe elektromagnetische Felder. Fossile Heizkraftwerke und Verbrennungsmotoren gleichen ja wirklich dem Verbrennen von Geldscheinen. Wir sind aber noch nicht so weit. Wir haben es wohl noch nicht verdient.«

Eis wie Butter

Die Frage, ob Firmen- und Schiffslenker wie Stepanow wirklich über die Zukunft der Menschheit sinnieren oder doch nur über die ihrer Konzerne, beantwortet wenig später der Kapitän, bei dem wir noch gemeinsam vorbeigehen. Denn der lacht sich krumm über die Prognosen von der schwindenden Eiskappe Grönlands. Dort habe doch nur mal eben der Wind gedreht, winkt er ab, ohne dass Stepanow widerspricht. Mannschaftsmitglieder und Offiziere, mit denen Producerin Angela Andersen derweil draußen redet, schildern ihr jedoch, wie drastisch auch sie die Veränderungen der Arktis erleben. »Inzwischen«, sagt ihr einer, »fahren wir dort schon durch das Eis wie durch Butter.«

Nur ein paar Wochen später werden auch an dem Kapitän die Notrufe nicht vorbeigehen, die russische Klimaforscher aus dem Nordpolarmeer nach Hause funken. Weil die anfänglich vier Meter dicke Eisscholle, auf der ihre Forschungsstation seit dem Herbst stand, ihnen bei Dauertemperaturen über null Grad buchstäblich wegschmilzt, muss der Atomeisbrecher »Jamal« – das Schwesterschiff der »50 Let Pobedy« – ausrücken, um die Landsleute samt der Station zu retten.

Wir verlassen Murmansk nicht, ohne auch noch einen Blick in die »Lenin« zu werfen, die wir wie eine Reisegruppe durchlaufen. Das frühere Offizierskasino gleicht einem Tanzsaal, der Maschinenraum einer Katakombe. Bis heute enden für Schulklassen die Besuchsrunden erst, wenn sie aus Bananen und Orangen das Atomemblem arrangiert haben. Dazu erhalten sie Kugelschreiber mit der Aufschrift »Der nächste Morgen wird gut«.

Als dieser für uns kommt, gewinnt das graue Murmansk doch noch unser Wohlwollen. Putzkommandos fegen plötzlich mit unzähligen Besen die Bürgersteige. Über der Hauptstraße spannt sich Girlandenschmuck. Und am Stadtrand, den wir nach der Ankunft nur im Dämmerlicht sahen, reihen sich Mustersiedlungen aus bunten Wohnhäusern aneinander, die Dörfern in Schweden oder im Schwarzwald nicht nachstehen.

Möge Murmansk, wie von Stepanow vorhergesagt, wachsen, denke ich beim Abflug. Wenn es dabei auch wohnlicher wird, umso besser. Dann zieht vor dem Fenster ein letztes Mal die Hafenbucht vorbei, mitsamt dem knallroten Riesenschiff in der Werft, das bald Kurs auf den Nordpol nimmt, den Kohlehalden am Kai, den end- und farblosen Wohnriegeln dahinter und dem bescheidenen See mit dem Eisloch der »Walrosse«. Und darüber

der Hügel, auf dem Soldat Aljoscha stumm und mit eher-
ner Zuversicht sein Antlitz erhebt – als erinnerte er sich
nicht nur an die Vergangenheit seiner Stadt, sondern
wisse auch um eine bessere Zukunft.

Versinken verboten

Stadt auf Stelzen

Siedlungsgeografen haben einmal ein Modell entworfen, das Bienenwaben glich. Gäbe es weltweit exakt die gleichen Bedingungen zum Leben, so ihre These, würden sich die Distanzen zwischen Dörfern und Städten zu kristallhaften, sechseckigen Mustern entwickeln. Im Studium erschloss sich mir nie so recht, welchen Gebrauchswert das Modell hatte. Wo gab es schon haargenau gleiche Lebensverhältnisse, um wie Bienen zu siedeln?

Als wir ostwärts über Sibirien fliegen, fällt mir das Kristallmuster wieder ein. Nicht, dass unter uns gerade irgendwo auch nur sechs Menschen lebten, die ihre Behausungen als Wabe hätten anordnen können. Weit und breit sind weder Orte noch Straßen zu sehen. Doch die Landschaft erscheint ähnlich regelhaft. Legte man statt der Sechsecke Kreise als Idealtyp fest, käme sie hier der Reinform nahe.

Als habe die Natur alle Höhenlinien mit eingezeichnet, verbinden sich dort unten zahllose verschneite Rundberge miteinander zu einem Muster aus Ringen. Es könnten auch Tapetenentwürfe sein oder umgedrehte Muschelschalen. Erst eine Flugstunde später durchbrechen es gewundene Flüsse und Eistümpel, die sich einmal daraus lösten wie wabernde Kleckse in Lavalampen.

Es ist die Morphologie des Permafrostbodens, die ich betrachte, auf dem sich jeden Sommer das Schmelzwasser sammelt, ohne durch das Untergrundeis sickern zu können. Dann nehmen mir Wolken die Sicht, und über unser Flugzeug legt sich die Nacht.

Zwischen Bann und Boomtown

»Dass ich das noch mal erleben durfte«, notiere ich Stunden später vor der Ankunft in Jakutsk, »eine freie Sitzreihe für jeden zum Schlafen. Wir sollten öfter auf Nebenstrecken ausweichen.« Tatsächlich sind wir einen Umweg über Wladiwostok geflogen, nur um die Fluggesellschaft beizubehalten. Sonst hätten die Übergepäckkosten unsere Reisekasse ruiniert. Für die Jakuten freilich ist die Verbindung eine Nabelschnur zur Küste. Ihre Teilrepublik ist so groß wie Europa. Die Siedlungsgeografen könnten hier jedem Bewohner eine Fläche von zehn Quadratkilometern zuweisen, verteilt über verschiedene Zeitzonen. Die nächste Eisenbahnstation liegt vierhundertfünfzig Kilometer weit weg. Straßenverbindungen sind nur im Sommer und, wenn sie frei geräumt sind, im Winter befahrbar. Im Frühjahr und Herbst versinken sie im Schlamm. Hauptverkehrsader ist die Lena – als vereiste Fahrpiste oder als Schiffsroute. Tatsächlich war Jakutsk schon den Zaren entlegen genug, um es als Verbannungsort auszuwählen. Die erste Wegstrecke dorthin bahnten Zwangsarbeiter.

Es sind denn auch nur wenige Ankömmlinge, die mit

uns in die kalte Nacht von Jakutsk hinausdrängen und den wartenden Wagenbesitzern eine Tour bescheren, egal, ob mit oder ohne Taxileuchte. Dass wir Asien näher gerückt sind, verraten die rechts gesteuerten Autos, die als Gebrauchtwagen aus Japan herüberkommen, wo Linksverkehr herrscht. Beim Überholen bleibt Ortsfremden schon mal das Herz stehen, so wenig sehen die hupenden Fahrer noch auf gerader Strecke. Wieder erinnert mich der Moment an Kamtschatka, wo mir Autofahrer versicherten – und bewiesen –, dass sie deshalb bevorzugt in Kurven überholten.

Auch den einheimischen Kastenwagenklassikern »Uaz« begegnen wir hier wieder. Bullige Blechfossile mit seltsam schmalem Radstand, als seien sie für Gleise gebaut. »Ein gutes Auto, es kommt überall hin«, beschrieb es mir einmal ein Russe, »und weil nichts Unnötiges dran ist, kann auch nie etwas abfallen.«

Schon auf dem Flughafenparkplatz war mir indes aufgefallen, wie viele Frontscheiben von quer verlaufenden Sprüngen zerteilt waren. »Das kommt nicht von Steinschlägen«, sagte mir der Fahrer, »sondern von der Heizung im Winter. Wenn bei minus fünfzig Grad Außentemperatur von innen Warmluft an die Scheibe strömt, reißt schon mal das Glas.« Gewöhnlich lasse man sein Auto bei solchen Temperaturen die ganze Nacht hindurch laufen, sonst könne man es morgens nicht mehr starten. Dass ein Liter Benzin hier nur etwa siebzig Cents koste, helfe da. Erst neuere Modelle verfügten über eine Automatik, die den Motor in bestimmten Zeitabständen kurz startet, damit er nicht erkaltet.

Tatsächlich gilt Jakutsk als die kälteste Großstadt der Welt, im Winter sieht man hier seinen Atem gefrieren. Bewohner vermeiden Wartezeiten an der Bushaltestelle.

Und wer fotografiert, scheut sich, dafür die Finger aus dem Handschuh zu ziehen. Der geografische Kältepol der nördlichen Halbkugel liegt unweit von hier im Werchojansk-Gebirge und misst sogar bis zu siebzig Grad unter null. Und weil mein hiesiger Gastgeber der leitende Architekt von Jakutsk ist, hat er täglich mit den Folgen zu tun. Sei es, weil alte Wohnhäuser sich durch ihre eigene Wärme buchstäblich in den Dauerfrostboden versenken. Sei es, weil hier Neubauten auf Stelzen stehen müssen, die ihren Halt erst tief im Untergrund finden. Oder sei es, weil unter Forschern noch immer strittig ist, wie beständig dieser im Wandel des Weltklimas bleibt.

Als wir Asam Stepanow auf dem Paradeplatz der Stadt treffen, begeht diese gerade den Nationalfeiertag. Von der Festbühne erklingt jakutische Tanzmusik. Noch kommen Menschen zu Fuß und in Bussen an. Ihre Gesichter zeigen westliche Züge oder asiatische und darunter wieder eher mongolische oder nordische, die selbst unser Begleiter den zahlreichen Volksstämmen der Teilrepublik nicht mehr zuordnen kann. Viele der Alten tragen farbige Trachten aus Pelz oder Seide, oft mit kunstvollem Kopfschmuck und hohen Fellmützen. Dann wieder kreuzen Teenager in Jeans und Turnschuhen unseren Weg. Mädchen in Lederschick und engen Röcken, Männer in schwarzem Anzug, manche mit Verdienstabzeichen am Revers. Ein Spielzeugdrachen steht für die Kinder bereit, die ihn erklettern, während die Eltern Fotos schießen. Am Ende hüpft sogar noch eine rundlich-kitschige Werbefigur mit Antennen an den Ohren durch die Menge, als wäre sie einem Raumschiff entstiegen, sodass ich in dem Kulturen- und Weltenmix fast zu taumeln beginne.

Auch Asam ist Jakute. Den Stadtplanerjob übernahm er erst vor ein paar Monaten. Mit seinen vierzig Jahren, Markensonnenbrille, Kinnstoppelbart und Daunenweste wirkt er fast jungenhaft. Er studierte in Nowosibirsk. Das Angebot, dort zu bleiben, schlug er aus. Auch nahe der Diamantenminen Jakutiens hat er Gebäude geplant. Aber da sei alles noch sowjetisch geprägt, sagt er, mit Plattenbauten überall. Jakutsk sei interessanter. Zudem sei er hier geboren. Die Mutter war Lehrerin, der Vater Geologe. Er hat eine Tochter. Auch sie studiert Architektur.

Von den Gesängen der Bühne begleitet, führt uns Asam zu Holzhäusern, die zwischen höhergeschossigen Bauten die Hauptstraße säumen. Auf zwei Etagen teilen sie sich in Wohnungen. Die Fenster sind mit Gardinen behängt. Es sind sichtlich alte, einst grün gestrichene Häuser, die äußerlich jedoch intakt scheinen. Allein die Dachfirste, auf die Asam zeigt, neigen sich jeweils zur Mitte hinab wie asiatische Tempel. Und bei genauerem Hinsehen zeigt auch der Verlauf der Wandpaneele, dass sie sich über die Jahrzehnte gebogen haben.

»Die Häuser wurden erst von Öfen, dann mit Fernwärme beheizt, ohne dass sie und die Heizrohre hinreichend vom Untergrund isoliert waren«, sagt der Architekt. »Deshalb weichten sie ihn auf und sanken so Jahr um Jahr tiefer.« Sie würden bald abgerissen und durch Neubauten ersetzt. Die Bewohner bringe man zunächst in Übergangsquartieren unter. Dann weise der Bauherr ihnen neue Wohnungen aus seinen Beständen zu. Die Stadt verpflichte ihn dazu im Vertrag, damit die Modernisierungen niemanden aus Jakutsk verdrängten.

Kein Holz, keine Platten

Vielen der versinkenden Häuser sieht man den Wohlstand ihrer ersten Besitzer noch an. Noch oft fallen unsere Blicke auf ähnliche Häuserzeilen – manche noch mit dörflichem Charme, mit kunstvollen Balkonen, Dachbalustraden und Giebelschmuck. Dennoch sind sie verrottet. Oft bereits unbewohnt und mit Löchern im Dach, versinken sie entweder als Ganzes oder zur Mitte gebeugt.

Die Umgebung prägen indes entweder die Plattenbauten der Siebzigerjahre oder Wohnblocks neueren Stils, deren Bau nun Asam auf den Weg bringt. Auf einer seiner Baustellen führt er uns zu einem Wald aus mannshohen Betonpfählen, wie sie unter den nunmehr höher gelegten Erdgeschossen fast die gesamte Stadt stützen. Die dick umwickelten Heizleitungen verlaufen seither überirdisch zwischen den Pfeilern. Sobald sie Straßen überqueren, biegen sie sich nach oben wie Brücken. Ein-, Zwei- und Dreizimmerwohnungen ziehen die Maurer hier hoch. Baukräne überragen die Stadtviertel. Die Architektur folgt westlichen Vorbildern mit variierten Fassaden, Pastellfarben und reflektierenden Glasflächen.

»Wie sicher bist du«, frage ich, »dass die steigenden Temperaturen den Permafrost nicht noch so weit aufweichen, dass irgendwann sogar die Stelzenhäuser einsinken?«

»Wir haben hier vierzig Grad Hitze im Sommer, ohne dass es dem Untergrund schadet«, winkt Asam belustigt ab. »Ihr mögt in Europa Probleme mit dem Klima bekommen. Permafrost aber heißt auf Russisch ›ewiger Frost‹. Das wird er bleiben. Ihr könnt dann ja gerne zu uns ziehen.«

»Nur wenn du mir da oben ein Penthouse draufbaust«, gebe ich zurück. »Und es mir schenkst.«

Jenseits der Baustelle ragen die vergilbten Plattenquader hoch, die jahrzehntelang auch Jakutsks Stadtbild beherrschten.

»Seht ihr die breiten Ritzen in der Fassade?«, fragt Asam. »Die Bewohner haben sie mit Bauschaum abzudichten versucht, weil sie immer größer wurden und im Winter der Eiswind hineinblies.« Eine Etagenecke ist sogar großflächig mit Schaum eingegilbt, weil jemand offenbar die gesamten Außenwände seiner Wohnung verpacken wollte.

»Kein Holz, keine Platten«, fasst Asam zusammen, »das ist meine Faustregel, beides hat hier keine Zukunft.« Allein nahe der Lena hält Jakutsk ein kleines Viertel vor, das aus dickstämmigen Blockhäusern nach altem Vorbild besteht. »Das ist unsere Altstadt«, tröstet er mich, »auch wenn sie ganz neu ist.«

Asams jüngstes Vorzeigeprojekt ist ein Hochhaus, das auch im Zentrum Berlins oder Frankfurts stehen könnte. Elliptisch im Grundriss und in der Höhe gestaffelt, türmt es sich sechzehn Etagen übereinander. Als modernstes Gebäude der Stadt wird es einem Shoppingcenter und Luxusappartements Platz bieten. Alle Flächen seien bereits vermietet, sagt Asam. Als wir die Baustelle betreten, begrüßt uns sein Chefingenieur. Auch er weist mich auf die Grundpfeiler hin, auf denen der Turm ruht. Zwölf Meter tief reichten sie in den Untergrund, der Beton werde stets mit Spezialflüssigkeit versetzt, damit er nicht beim Einlassen gefriere. Auf jeweils drei Pfeilern fußen die dickeren Betonsäulen, an denen sich das Hochhaus festhält. Die Außenwände bedecken Arbeiter gerade mit armdicken Glaswolleplatten.

»Darüber legen wir noch eine Folie, mehr Wärmeschutz geht nicht«, erklärt mir der Ingenieur und reicht uns Bauhelme, bevor wir den Rohbau besteigen. Die größten Appartements messen hundert Quadratmeter, die oberen mit Blick bis zur Lena. Als wir selbst hoch über der Stadt über das Flusstal schauen, das noch weithin unter Eis liegt und bald doppelt so viel Wasser führen wird, erkenne ich Hafenkräne und neu erschlossene Außenareale. Bis zu dreißig Kilometer breit wälzt sich der Strom im Frühjahr dahin. In engeren Passagen variiert sein Wasserstand schon mal binnen Tagen um fünfundzwanzig Meter. Hier eine Brücke zu bauen, wie Moskau es versprochen hat, scheint mir nahezu unmöglich. Allein das belegt, wie sehr diese Stadt boomt.

»In wenigen Monaten wird der Turm fertig sein«, sagt der Ingenieur. »Wir mauern auch am Wochenende und im Winter, erst bei minus vierzig Grad hören wir auf, denn dann dreht sich kein Kran mehr.«

Auch ihn frage ich nach seiner Einschätzung der Klimaprognosen. Bisher taue der Boden im Sommer nur ein bis zwei Meter tief auf, meint er. Er rechne in der Region nur mit einer Erwärmung von weniger als einem Grad. »Trotzdem legen wir die Statik so an, dass wir auch ein Auftauen bis in drei Meter Tiefe verkraften«, zeigt er sich sicher. »Bedenken Sie, dass wir hier neun Monate Winter haben. Da rückt dem Frost so schnell nichts zu Leibe.«

Dabei warnen auch russische Wissenschaftler davor, die Arktis in »wildem Pioniergeist« zu bebauen, ohne auf die Forschung zu hören. In Norilsk etwa, das noch nördlicher liegt als Jakutsk, seien zuletzt dreihundert Häuser nahezu eingestürzt, meldet die regierungsnahe Zeitung *Russland heute*, weil sich »der Permafrostboden bis zu zwanzig Meter tief erwärmt hatte«. Die Stahlträger seien daraufhin eingesunken. »Es wäre töricht, auf diese Art weiterzumachen«, zitiert das Blatt den Institutsdirektor der Russischen Akademie der Wissenschaften in Tjumen, Wladimir Melnikow. Anlass war die jüngste Konferenz internationaler Permafrostforscher, die erstmals Russland ausrichtete.

Der gastgebende Gouverneur freute sich unterdessen, den Ausbau der regionalen Infrastruktur anzukündigen. Von einer neuen Eisenbahnverbindung bis zu zusätzlichen Häfen, Raffinerien und einem Werk zur Aufbereitung von Flüssigerdgas reicht seine Liste. Tatsächlich hat Moskau allein für das laufende Jahr Milliardensummen zugesagt. Das gesamte Investitionspotenzial mit Blick auf Russlands größte vermutete Öl- und Gasreserven beziffert die Zeitung mit weit über einer Billion Euro.

Ganz nebenbei teilte der Gouverneur den Klimaforschern denn auch ihre Rolle dabei zu. Sie sollten »deren Erschließung wissenschaftlich begleiten«. Ein Stopp der Ölförderung aus ökologischen Gründen, wie es etwa Grönlands neue Regierung diskutiert, kommt für Moskau nicht infrage. Zu sehr hat sich die russische Führung daran gewöhnt, dass ihr Rohstoffreichtum sie auf der Weltbühne unabhängig vom Reformdruck des Westens macht.

Ewiger Frost?

Wir fahren mit Asam jenseits der Stadt zu einem Talhang, den zu Urzeiten ein Flussarm in die Landschaft gefräst hat. Heute ist da nur noch ein isolierter See. Als wir uns nähern, erkennen wir verschlossene Stolleneingänge.

»Hier zeige ich euch, wie sich Permafrost anfühlt«, kündigt er an. Die Hohlräume seien im Krieg in den Berg getrieben worden, als Versorgungsdepots für die Stadt. »Das ist wie eine riesige Tiefkühltruhe«, schwärmt er, als wir durch mehrere Kammern und Zwischentüren treten. An den Wänden türmen sich Eisquader, von der Decke glitzern verästelte, weiße Kristalle. Ein Thermometer zeigt minus zwölf Grad.

»Die Temperatur schwankt zwischen minus zehn im Sommer und minus zwanzig im Winter«, sagt er. Als wir tiefer vordringen, offenbaren die Wände stellenweise den Untergrund. Es ist feinkörniger Sand, der sich an kantigen Stellen herausbrechen und zwischen den Fingern zerreiben lässt. »Wäre der Permafrost nicht, würde das alles wie Staub zerfallen«, erklärt mir Asam. »So aber ist es hart wie ein Fels.«

Schon vor Jahrhunderten habe ein Wissenschaftspionier herausfinden wollen, wie weit hinab der Dauerfrost reiche. In einhundertsechzehn Metern Tiefe habe er aufgegeben. Tatsächlich sei die Eisschicht hier großflächig drei- bis fünfhundert Meter dick.

»Da einen Brunnen zu bohren ist kaum möglich«, sagt er und lacht. »Schon deshalb filtern wir unser Trinkwasser aus der Lena. Man kann aber auch Eisschollen auftauen und trinken, das machen sie draußen in den Dörfern. Nichts schmeckt besser.«

Pro Auto, contra Landflucht

Ich komme auf die Besucher des Nationalfeiertages zurück und frage, ob viele Familien aus dem Umland nach Jakutsk zuwanderten. Asam nickt. Die Einwohnerzahl der Stadt wachse. Vielen lägen schon die Dörfer zu weit auseinander. Junge Paare drängten in die wenigen Kleinstädte oder an den Rand von Jakutsk, wo sie sich ein Stück Land leisten könnten, um ein Haus zu bauen. Die Innenstadt sei für sie zu teuer. Viele kämen auch, um zu studieren. Gerade die Kleinstädte aber würden gefördert, vor allem damit soziale Berufe nicht abwanderten. Die Regierung zahle Absolventen ein Stipendium, wenn sie sich als Arzt oder Lehrerin dort niederließen. Und in den Dörfern erhielten die Bauern zinslose Kredite, wenn sie sich Landmaschinen anschafften.

»Wie sehen deine Pläne für Jakutsk aus?«, frage ich und provoziere ihn ein wenig. »Wenn bald dreihundertfünfzigtausend Einwohner in Appartementblocks wohnen, könnte die Stadt etwas gesichtslos wirken. Auch wenn ich dann von meinem Penthouse aus leichter darüber hinwegsehen kann.«

»Na, es gibt auch gemauerte Häuser, die wir erhalten«, antwortet er unbeeindruckt. »Und auch Neubauten können Altes aufnehmen, selbst aus der Gotik oder der Renaissance.« Insgesamt wolle er Jakutsk zu einer eigenen Mischung verhelfen, zu der auch die Blockhäuser der nachgebauten Altstadt beitragen sollten. Selbst der Permafroststollen gehöre dazu, den man noch besser vermarkten müsse, etwa als Eismuseum. »Wir sollten die Kälte und den Norden zu unserem Branding machen«, findet er. Das Rekordimage als Frostzentrum sei einzigartig und verhelfe zu Investoren. Allein die Lena-Brücke werde Moskau Milliarden kosten. Sie verbinde Jakutsk dann endlich mit der Transsibirischen Trasse zum Pazifik. Zudem erhielten Zuzügler nach wie vor fünfundzwanzig Prozent Nordzulage auf ihren Lohn. »Jakutsk weiß das Land hinter sich«, freut sich Asam.

»Gibt es Möglichkeiten, den Autoverkehr im Winter zu entlasten?«, frage ich ihn. »Eine U-Bahn ist hier ja wohl kaum zu bauen.«

»Die sind in Russland ohnehin nur für Millionenstädte vorgesehen«, erwidert er. »Wir denken aber an eine Hochbahn.« Doch bald lässt er durchblicken, dass es Vorbehalte gebe, weil ihr Bau den Straßenverkehr zu sehr beeinträchtigen würde. Trotz allem, ein jeder hänge hier an seinem Auto.

Erst beim Abflug werde ich später erkennen, warum. Denn noch weit jenseits der sich ausdehnenden Stadtgrenzen wächst ein zweiter Ring noch üppiger heran – der Speckgürtel aus Datschen. Dort jedenfalls lebt die Holzhüttenkultur zeitlos weiter, werden riesige Flächen in neue Parzellen geteilt, bebaut und umzäunt, mit sorgsam gehegten Gärten und Gewächshäusern für Kartoffeln und Möhren, Gurken und Rote Bete, Salate und Kräuter. Manche, so erfahren wir zuletzt, schafften es sogar schon, hier Wassermelonen zu ernten.

Rohstoff Mammut

Am Zahn der Zeit

»Suchen Sie sich eines aus«, bittet der Professor und reicht mir drei weiße Klötzchen in der Größe von Zündholzschachteln. »In einer Stunde«, verspricht er, »schnitze ich daraus ein Mammut.« Dann müsse er zum Flughafen, die nächste Ausstellung in Tokio warte auf ihn und danach eine in China. Der Mann verschweigt nicht, dass es ihm gut geht. Er liebe seinen Beruf, frohlockt er. Wenn er morgens aufstehe, singe er ein Lied vom Mammut. Und wenn er zu Bett gehe, singe er es noch immer.

An umstehenden Werktischen arbeiten drei Lehrlinge an Skizzen, Entwürfen und einem Ornament aus dem Gehörn eines Elchs. Seine Ehefrau organisiert den Werkstattbetrieb, den Verkauf und die Buchhaltung. Auf seiner Visitenkarte umringen fünfzehn Miniaturfotos weißlicher Tier- und Menschenfiguren seinen Namen. Konstantin Mamontov, Elfenbeinschnitzer, Hochschullehrer und »verdienter Künstler der Russischen Föderation«, ist ein Gewinner des Wandels.

Die Werkstatt haben wir über einen Hinterhof in der oberen Etage eines Hauses erreicht, zu dem die Adresse des »Arktischen Instituts für Kunst und Kultur« führte. Dort begrüßte er uns in Krawatte und Kittel, das geschwärzte Haar zur wilden Tolle gekämmt, die nach hinten weicht, sobald er sich seine kantige Schutzbrille auf die Stirn schiebt – die wiederum wirkt, als sei sie eher für Sehtests gemacht.

Im angrenzenden Lagerraum zeigte er mir zuvor den geschwungenen Mammutstoßzahn, der ihn in den kommenden Monaten mit Werkstoff versorgen wird. Als er mir das Exemplar beidhändig überreichte, sanken meine Arme zunächst unter der überraschenden Last. Umgerechnet zweitausend Euro habe er dafür bezahlt, ein Schnäppchen, weil er außen angebräunt sei und erste Risse zeige, denn er habe zu lang im Feuchten gelegen. Später hob ich probeweise einen Schenkelknochen desselben Tieres. Achtunddreißig Kilo wog er, geschätztes Alter zwischen zehn- und vierzigtausend Jahre. Ich fühlte mich wie ein Museumswärter, der einen Schatz hütet. Vergleichbare Funde hatte ich bisher allenfalls hinter Absperrkordeln betrachtet, mit einem Hinweis versehen, dass jedes Berühren verboten sei.

Wie ein Zahnarzt hantiert Mamontov nun mit kleinsten Fräsen, Bohrern, Schleif- und Polierrädchen, um das gewählte Stück Elfenbein in Form zu bringen. Mit dem Buckel des Rückens beginnt er das erste grobe Schnitzen, dann bildet er den Körper heraus, die Füße, die bald darunter hervorlugen wie Halbschuhe unter einem knöchellangen Rock, schließlich das Hinterteil und zuletzt den massigen Schädel.

»Die Bohrer klingen ja tatsächlich wie beim Zahnarzt«, rufe ich ihm zu und greife mir im Scherz an die Wange. »Wie oft haben Sie diese Figur schon geschnitzt?«

»Bestimmt anderthalbtausend Mal«, antwortet er. »Man muss die Handgriffe immer wieder anwenden, um sie nicht zu vergessen.«

Zwischendurch wechselt er die Werkzeuggrößen, fräst weiter an Nacken und Ohren und reicht mir sein Kunstwerk mehrmals, um meine anerkennenden Kommentare zu hören.

Als sich das Tier noch eckig, kubisch und matt, aber bereits in den richtigen Proportionen zeigt, deute ich an, dass ich es so womöglich gar am schönsten fände. Doch das überhört der Meister und macht sich an die Feinheiten des Kopfes, von dem aus Rüssel und Stoßzähne in Schleifen verlaufen, um mit ihren Enden noch eben den Körper zu berühren, damit sie nicht absplittern.

Wie er zu diesem Handwerk gekommen sei, frage ich.

»Als ich elf war, fand unser Lehrer beim Schulausflug ein Stück Mammutstoßzahn. Das gab er mir und sagte: ›Hier, Junge, mach etwas daraus.‹ So fing es an.« Er habe sechzehn Geschwister gehabt und früh gelernt, wie ein jeder sich behaupten müsse, um später allein sein Brot zu verdienen. Aber noch immer liebe er seine Arbeit. Er sei von morgens um acht Uhr bis abends um acht Uhr in der Werkstatt.

Totenjagd in der Tundra

Am weichen Filzrad poliert Mamontov vorsichtig die Figur, nachdem er sie mit einer wachsartigen Paste eingerieben hat. Danach glänzt sie wie für Ewigkeiten versiegelt.

»Weißes Gold«, schwärmt er und graviert noch zahllose Fellstrichlein in den Körper. Dann, im letzten Arbeitsschritt, verleiht er seinem Kunstwerk die Augen.

»Jetzt erwacht unser kleines Mammut zum Leben«,

lacht er und zieht die geschwungene Lidlinie zu Ende. »Es freut sich, dass es sehen kann.«

Dass Mamontov in Japan und China ausstellt, macht Sinn. Denn wer dort Elfenbeinschmuck aus Jakutsk absetzen kann, erzielt mitunter den doppelten Preis. Für aufwendige Arbeiten zahlen Liebhaber in Hongkong umgerechnet mehrere Hunderttausend Euro. Fast neunzig Prozent der Funde Jakutiens, heißt es hier, landeten letztlich in den Nachbarländern. Begünstigt werde der Boom vom internationalen Verbot des Handels mit Elefantenstoßzähnen.

Zwar brauchen Jakutiens späte Jäger Lizenzen, wenn sie in der eisigen Tundra oder gar auf den Nordinseln vor der Küste nach den verschütteten Resten der einstigen Riesen suchen. Sonst beschlagnahmen Kontrolleure, die sie aus dem Hubschrauber sichten, nicht nur ihre Beute, sondern auch Motorschlitten und Boot. Dabei ist ihr Risiko auch mit offizieller Erlaubnis noch hoch genug. Immer wieder kommen Mammutsucher im Eis um, sei es, weil ihre Nahrungsvorräte ausgehen, sei es, weil ein hungriger Eisbär sie in ihrem schäbigen Lager überrascht. Doch der weicher gewordene Permafrost lockt, denn er gibt mehr und mehr von den Schätzen preis, nach denen sie suchen.

Auch dass die Mammuts hier starben, hatte mit einem Klimawandel zu tun, wenn auch damals ohne den Menschen als mitwirkendem Faktor. Denn es war das Ende der letzten Eiszeit, das sie nach Norden trieb. Als Grasfresser nahm die Erwärmung ihnen den Lebensraum der Steppe, die im Schmelzwasser versumpfte. Die letzten Herden, vermuten Forscher, starben auf heutigen Eismeerinseln, die der steigende Meeresspiegel isoliert hatte. Die tonnenschweren Kolosse, deren Körper zunächst dick gekräuseltes Unterfell und darüber noch meterlanges Drahthaar bedeckte, waren zum Anachronismus geworden. Ihre Überreste versanken im Erdreich, das bald über ihren Friedhöfen wieder gefror.

Nach solchen Orten sind Mamontovs Lieferanten nun auf der Suche. Sie durchkämmen die Mooskissen der Tundra, wühlen im Schwemmland der Flussufer, bis sich die Spitze eines Knochens oder eines gewundenen Zahns zeigt. Manche harren über Monate auf ihren Außenposten im Nordmeer aus, nachdem sie kilometerweit über die Eisdecke eines Winters gekommen sind, und kehren erst im nächsten Jahr wieder zurück. In zugänglicheren Gegenden hantieren sie mit Generatoren und Druckwasserschläuchen, um Ufersande aufzuwirbeln, tauchen in Trockenanzügen durch trübe Gewässer und bringen, wenn sie genug Glück und Geduld hatten, tonnenweise Fundstücke zu Expeditionsleitern und Zwischenhändlern, die sie auf Kettenfahrzeuge aufladen und zu den Umschlagplätzen verfrachten. Einer davon ist Jakutsk.

Mit Essig und Handfeile

Auch einen Zahn aus dem Gebiss eines Mammuts hat Mamontov auf Lager. Braun, pfundschwer und porös liegt er auf meiner Hand, deren Fläche er mehr als bedeckt. Dann wieder reicht er mir die ausgesägte Scheibe eines Rückenwirbels, die schon unbearbeitet wie ein Amulett wirkt. Selbst daraus meißelt er Figuren, Schmuck oder Sockel für die weißen Mammutmodelle. Auch im Hotel hatte ich Vitrinen gesehen, die kunstvolle Schatullen ausstellten, sitzende Buddhas oder zweifarbige Schachfigurensets samt karierter Spielflächen. Jedes Einzelteil glänzte wie das Minimammut, das er nun prüfend im Licht wendet.

Bevor er Professor wurde, habe er an der Kunsthochschule studiert, erzählt er, später an der Akademie der Künste in Magadan am Pazifik, dazu Pädagogik in Nowosibirsk. »Ich bewarb mich um Praktika in Fabriken und lernte von Künstlergruppen, sogar in Finnland.« Dort fertige man aus Elch- und Rentiergeweihen eher Schmuck und Gebrauchsgegenstände. Von seinen Regalen blicken heute durchweg Menschen- und Tierfiguren bis zu Fischen und Fabelwesen, jagenden Inuit-Gruppen und ganzen Jakuten-Familien im Ochsenkarren, begleitet von Reitern in Fellmützen auf im Schnee versinkenden Pferden. Manchmal sogar alle aufgereiht entlang der geneigten Linie des Mammutzahns, aus dem er sie schnitzte.

Der Kilopreis für gutes Rohmaterial liege derzeit zwischen fünfhundert und zweitausendfünfhundert Euro, rechnet Mamontov vor, als er die Saugluftanlage abschaltet, deren Trichter hinter den Schleifrädern den Staub auffangen, um die Atemluft davon frei zu halten. Was er für sich brauche, kaufe er selbst. Was für die Studenten nötig sei, bezahle die Regierung. Er habe hier beste Arbeitsbedingungen.

»Als ich selbst noch studierte, machten wir das alles mit Handfeilen«, erzählt er. »Die Zähne und Knochen legten wir in Essigwasser ein, damit sie weicher wurden. Aber das Trocknen war schwierig, denn oft bildeten sich dabei Risse, und man konnte sein Werk wegwerfen, bevor es fertig war.« Inzwischen habe er sechsundvierzig Berufsjahre hinter sich. Mehrere Studentenjahrgänge durchliefen seine Werkstatt. Vier Jahre brauchten sie bis zum Kunstschnitzer. Das Studium sei für sie kostenfrei.

Traum von der Schnitzwerkstatt

»Ich mochte schon als Kind handwerkliches Arbeiten«, sagt die Studentin, die am Elchornament feilt. »Ich malte gern und schnitzte Dinge aus Holz. Nach der Ausbildung hätte ich gerne meine eigene Werkstatt. Egal, wo.«

Die grobe Richtung ihrer Arbeiten gebe der Professor vor, ergänzt ihre Nachbarin. Sie brächten ihre Ideen zunächst in Zeichnungen zum Ausdruck, dann meist in Knetmodellen, bevor sie das teure Elfenbein bearbeiteten. Sie möge die Atmosphäre der Werkstatt, das stete Schaffen und Gestalten.

Für sein heutiges Tagewerk hat Mamontov tatsächlich nur Minuten benötigt. Als er zum Flughafen muss, gibt er es uns als Geschenk mit auf den Weg. Weil zu Hause Geburtstage anstehen oder Kinder warten, kaufen wir weitere Kleinigkeiten dazu, was seine Frau am Kassenbuch freut.

Ob er sich denn auch selbst als Gewinner des Klimawandels sehe, frage ich den Abreisenden.

»Ja«, nickt er, »Gott sei es gedankt. In Jakutien liegen noch eine Menge Mammuts verborgen. Ich bin mir sicher, dass auf meine Studenten noch ein besseres Leben wartet, als ich es hatte.«

Die Zuversicht des Professors passt zu den Ortschroniken der Stadt. Denn wer dem Ruf von Jakutsk als Kälterekordhalter auf den Grund geht, stößt bald auf eine göttliche Erklärung. Ihr zufolge schickte der Schöpfer einen Engel über die Weiten Sibiriens, mit einem Füllhorn voller Reichtümer. Als dieser Jakutien erreichte, ließ die Winterkälte jedoch seine Finger ersteifen, sodass ihnen gleich das ganze Füllhorn entglitt. So sei es gekom-

men, heißt es, dass die Erde hier mit vielerlei Bodenschätzen gesegnet sei. Den Herrn aber habe dies derart
erzürnt, dass er Jakutiens Winter zur Strafe fast auf das
ganze Jahr ausdehnte. Ob die Strafe befristet war, ist
nicht überliefert.

Bei Pferdehirten an der Lena

Die Fohlenfamilie

Grigorij Neustrojew schläft in einem durchgelegenen Bett mit Wolldecke, wäscht sich an einer Schüssel und befeuert seinen Bollerofen mit gesammeltem Kleinholz. Drei Kleiderhaken ersetzen den Schrank. Mehr findet sich nicht in seiner Hütte. Im Sommer bewohnen weitere Hirten und Melkerinnen die vier benachbarten Ein-Raum-Häuschen. Im sechsten kochen sie Mahlzeiten.

Bis zu den Stallungen braucht er nur ein paar Schritte. Seit Beginn des Winters sind die Kühe der Besitzer auf einer anderen Farm, die geschützter liegt. Im Frühjahr werden sie zurückkommen, weil dann die Weiden hier üppiger sind. Allein die Pferde, um die Grigorij sich kümmert, laufen den Winter über frei und suchen sich unter dem Schnee, was vom Steppengras übrig blieb. In Sichtweite windet sich ein Flussarm der Lena, den noch Eis überspannt.

»Immer ab März, wenn sie ihre Fohlen gebären, streue ich ihnen Hafer aus«, sagt Grigorij. Als wir die Kamera zwischen den Ställen und seiner Hütte aufbauen, endet schon der April. Selten sah ich in freundlichere Augen als die dieses Hirten. Und nie hatte ich mehr Respekt vor Pferden als hier, wo schon kurz nach unserer Ankunft zwei Leithengste übereinander herfielen, als wollten sie sich die Halsadern aufbeißen.

»Im Sommer werden hier wieder fünfzehn Leute schlafen«, sagt uns Grigorij, als er einen Sack Hafer auf seinen Holzwagen wuchtet, »die Besitzer wollen uns bald ein größeres Haus bauen.«

Die Besitzer, das sind Jakuten, die in die Stadt zogen. Darunter die Chefin der Kooperative und ein Tierzüchter, den Grigorij den »Zoologen« nennt. Auch ihm gehören ein paar der Pferde. Andere wurden ihm nur vorübergehend anvertraut von Anwohnern des nächsten Dorfes, wo er sich als Nachtwächter noch ein paar Rubel dazuverdient, weil sein Hirtenlohn kaum über Essen und Schlafplatz hinausgeht.

Die staubige Fläche zwischen Stallungen und Schlafhütten wirkt wie eine Arena. Der zuletzt siegreiche Hengst, graufellig und kräftig, dominiert sie nun im Kreis seiner Stuten wie ein markiertes Revier. Die Herde frisst letzte Haferkörner, die Grigorij auf die Erde geworfen hat. Dickfellig sind die Jakutenpferde, mit lang wehenden Mähnen um Kopf und Hals, von Größe und Blick den Wildpferden nicht unähnlich, auf die wir in Island trafen. Zweikämpfe unter ihnen sahen wir dort jedoch nicht.

Noch bevor wir den Wagen besteigen, nähert sich der zweite, dunklere Hengst wieder, auch er von Stuten begleitet. Scheinbar zufällig verlaufen die Schritte der beiden, doch es ist klar, dass gleich die nächste Kraftprobe ansteht.

»Verletzen sie jemals einander?«, frage ich.

»Nicht ernsthaft«, sagt Grigorij, »sie sind jung und ungestüm und messen ihre Stärke, aber der Unterlegene gibt am Ende rechtzeitig klein bei.«

Kaum hat er den Satz gesprochen, eröffnet der Graue den neuen Zweikampf, weil ihm als Revierherr die Provokationen des Eindringlings offenbar reichen. Mit erhobenen Vorderhufen gegen den Herausforderer wirbelnd, hält er sich aufrecht. Doch in gleicher Kampfpose stellt sich ihm dieser entgegen, wenngleich er etwas kleiner ist. Dann plötzlich zeigt der Graue offen die Zahnreihen und hackt sie unter die Mähne des anderen, dreht sich dann blitzschnell, um zackig noch mit beiden Hinterhufen auszuschlagen, die Knochen zertrümmern können, sobald sie treffen. Gerade noch kann der Kleinere zurückweichen, doch schon steigt der Graue vorne erneut hoch und wirbelt, bis der Schwarze davon überrascht kurz zu Boden geht. Wie ein Faustkampf von Vierbeinern mutet nun an, was ich in der wachsenden Staubwolke mit angehaltenem Atem verfolge. Doch anders als ein Boxer oder Ringer, der sich sofort auf den Liegenden stürzen würde, um ihn nun in den Haltegriff zu nehmen, lässt der Große den Kleineren erneut entwischen, wendet sich ab und gesellt sich zu seinen Stuten, als wäre nichts gewesen. Der Herausforderer dreht derweil kleinere Runden mit den Seinen, frisst noch eine Weile mit ihnen vom verbotenen Hafer des Platzhengstes, weicht dann aber mit ihnen aus, hinaus in die offene, karge Weite des Lena-Ufers.

Zwischen den Welten

Grigorij, der den Ausgang des Duells vorausgesehen hat, winkt mich herbei, um auf die Ladefläche seines Wagens zu steigen. Wie einen Kindersandkasten umgibt sie ein niedriger Holzrahmen. Rücken an Rücken setze ich mich mit Eduard hinein, mit seitlich des Wagens baumelnden Beinen. Das Zugpferd, dessen knochigen Rücken Grigorij noch eben tätschelt, scheint alt, doch die bereiften Autoräder, über deren Achsen Grigorij seinen Karren gezimmert hat, laufen leicht. Keinem Weg folgend, führt er das Pferd zunächst, um dann mit gehaltenen Zügeln vorn auf die Wagenkante zu hüpfen und von hier aus die Laufrichtung vorzugeben. Irgendwo im weiteren Umkreis, sagt er, müssten die anderen Stuten mit ihren neugeborenen Fohlen sein.

Einen erwachsenen Sohn hat Grigorij, den wir nur kurz sahen, als er Besorgungen vorbeibrachte. In Jakutsk, erzählt er, teile er sich mit seiner Frau eine Einzimmerwohnung. Sie arbeite dort in einem Versicherungsbüro.

»Wie oft bist du in der Stadt?«, frage ich.

»Nie«, sagt er und lächelt. »Ich bin das ganze Jahr hier. Aber wir telefonieren viel, und sie kommt mich besuchen. Die Pferde, die Landschaft, das Wetter, das ist meine Welt.«

Ob denn eher sie seine Familie seien, mutmaße ich.

»Alles hier gehört dazu. Ich bin einfach ein Naturbursche, während meine Frau die Vernünftigere ist. Sie mag ihre Arbeit in der Stadt. Sie hat eine bessere Ausbildung. Ich habe nichts gelernt, außer Tiere zu hüten. In der Stadt würde ich untergehen«, erzählt er. »Gerade war ich zwei Tage da, und es war mir schon wieder zu viel.« Was er schildert, erinnert mich an die jungen Sami in Finnland, deren Leben ohne Rentiere ebenso wenig vorstellbar war, egal, wo neue Zeiten und Mobilitäten sie hinführten. Nur empfanden Unna-Maari und ihre Schwester den Spagat zwischen den beiden Welten als Gewinn, während Grigorij und seine Frau sie sich aufteilen.

Gemächlich rollt unser Wagen über flache, bemooste Kuppen, an dünnen Bäumen vorbei und sumpfigen Pfützen, bis wir eine Gruppe Pferde mit Fohlen ausmachen. Ein paar trächtige Alttiere darunter quälen sich unförmig breit und mit schaukelndem Leib von Schritt zu Schritt. Grigorij zeigt auf ein hellfelliges Muttertier, unter dem ein zierliches Fohlen fast verschwindet, als es die Zitze sucht. »Es wurde heute früh erst geboren«, sagt er, während die Mutter es aufmerksam abschirmt.

Sandra und Helmut setzen sich zunächst mit Kamera, Richtmikrofon und Windschutz stumm vor eine Birke und warten geduldig. Später machen sie die schönsten Tieraufnahmen, die ich seit Langem gesehen habe – das Kleine stets engbeinig neben der Mutter, die sich ihm mit geneigtem Kopf zuwendet. Andere Fohlen sind Tage oder Wochen alt. Schon ihr Anblick aus der Distanz lässt beim Betrachter unweigerlich den kindlichen Wunsch wachsen, sie wenigstens einmal wie Stofftiere in die Arme zu schließen.

Hirte online

»Bald melken wir die Stuten mehrmals in der Woche«, sagt der Hirte. Pferdemilch sei in Jakutien ein Grundnahrungsmittel. Bis zu zwanzig Jahre alt würden die Muttertiere, bis man sie schlachte. Allerdings suche man jeden November auch Schlachtfohlen aus, um sie zu verkaufen. Ihr Fleisch gelte als Delikatesse.

Als Grigorij den Futtersack halb geleert hat, reicht er ihn mir, damit ich die Reihe der Haferhäufchen fortsetze. Vorsichtig nähern sich die Stuten. Die Fohlen bevorzugen weiter die Milch.

»Erst im Mai kommen die meisten Fohlen zur Welt, dann füttern wir weit mehr Hafer zu«, sagt Grigorij, als wir auf unserem Wagen zu den Hütten zurückhoppeln. Seit er denken könne, freue er sich darauf. Für jeden Jakuten seien jene Wochen die schönsten des Jahres.

Zwischendurch nestelt er wie schon auf der Hinfahrt immer wieder an seinem Handy herum, weil seine Frau anruft oder er Fotos schießt. Würden wir nach perfekten Klischees suchen, es würde stören, denn der Klingelton zerreißt die Idylle wie ein Weckruf aus dem All. Zudem wirkt so eher Grigorij wie der Reisende. Erst später werde ich erfahren, was er da alles in Fotodateien festhält – und auf Facebook an seine Familie verschickt. Dann sind Eduard und ich seine Freunde Nummer vier und fünf, die wöchentliche Updates vom Lena-Ufer erhalten. Von neugeborenen Fohlen, ihren liebevollen Müttern und kampfhungrigen Vätern bis zu den blühenden Frühjahrsblumen.

7

AMERIKA

Wal ohne Stimme

Wiedersehen in Alaska

Alles auf Ende?

»Ihr seid immer willkommen«, hatte Steve Oomittuk am Telefon versprochen. »Edna und Larry sind auch da. Und Peter wohnt noch in der Geisterstadt.« Der Walfang sei für dieses Jahr vorüber. Zurzeit sammelten die Dörfler in den Klippen die Eier von Seevögeln. Zudem erwarte man in den nächsten Tagen, dass im Hinterland eine Karibuherde vorbeiziehe. Steve war vor acht Jahren mein örtlicher Ansprechpartner, als ich in Alaskas Außenposten Point Hope, das zugleich den Inuit-Namen Tikigaq trägt, ostwärts zu meiner ersten Polarreise aufbrach. Schon damals glich er einem wandelnden Geschichtsbuch. Man konnte ihm stundenlang zuhören, wenn er von den Traditionen der Inuit erzählte. Nun wartet er im Pick-up-Truck am Rand der Landepiste, bis unser kleiner Propellerflieger endlich am Himmel erscheint. Seit ein paar Jahren ist er Bürgermeister des Dorfes, das es zuletzt in die Randmeldungen der US-Presse brachte, weil es sich den Bohrplänen der Ölmultis so hartnäckig entgegenstemmte wie das Galliernest des Comichelden Asterix der Macht der Römer.

Edna versorgte bei unserem ersten Dreh die Walfangcrews draußen auf dem Eis mit Essensrationen und lehrte mich, auf dem Vierradmoped durch den Strandkies zu fahren. Larry war einst aus Kalifornien heraufgekommen als eine Art Dorfpolizist, der jedoch nie eine Waffe benutzte und in einem alten Jumbo-Cockpit einer abgestürzten Frachtmaschine wohnte. Peter malte Bilder und harrte als Einziger in seiner Hütte zwischen den Ruinen der alten, ufernahen Siedlung aus, die die Dörfler aufgaben, als ihnen das Meer zu nahe kam.

Auch Andy Bibber, der Pilot, mit dem wir nunmehr Point Hopes Landpiste ansteuern, ist so ein Alaska-Kid. Im schmutzigen, schon sichtlich löchrigen T-Shirt hat er vor dem Start unser Gepäck festgezurrt. Nie könnte er in Anzug und Krawatte bei einer großen Airline fliegen, spöttelte er fröhlich durch seinen Preußen-Schnauzer. In Maine aufgewachsen, heuerte er einst abenteuerlustig bei Bering Air an, für zwei Wochen als Lückenfüller im Flugplan – und blieb siebzehn Jahre. So stranden viele an Amerikas Abenteuerfront.

Als die dünne Landzunge vor den Propellern auftaucht, auf der bald die Landepiste durch die Wolken scheint, ist er nett genug, um für uns noch zwei Extrarunden über dem gitterförmigen Straßenraster des Dorfes zu drehen. Im Zentrum erkennen wir die Schule, die igluförmige Versammlungshalle, die kreisrunden Wassertanks und sogar Larrys Cockpit. Ringsum derweil nur Kies und Küste, keine Landstraße, die den Ort mit anderen verbinden würde, kein Hafen. Die letzten Eisschollen blies vor Tagen der Wind weg. So liegt vor uns, was als älteste noch immer bewohnte Siedlung Amerikas gilt, gegründet von Inuit, die aus Asien einwanderten, bevor die Beringstraße die Kontinente trennte.

Anfangs war Andy gar nicht sicher, ob wir es bis hierher schaffen würden. »Wir haben in den Sommerwochen oft Nebel vor der Küste«, meinte er. »Wenn der Wetterdienst meldet, dass die Wolkendecke tiefer als hundertfünfzig Meter hängt, blasen wir schon mal die Landung ab und kehren wieder um.« Am Ende fliegt er die Runden, obwohl ihm unter den Wolken nur siebzig Meter Höhe bleiben. Die Weitsicht ist dennoch gut. Steves Pickup entdecken wir schon lange vor der Landung.

Unser Händedruck gerät lang, als ersetzte er eine Umarmung. Steve hat ein paar Pfunde mehr und ein paar Zähne weniger. Aber sein Blick verrät das gleiche weichherzige Wesen wie damals. Während uns der Eiswind durch die Kleider bläst, stelle ich ihm mein neues Team vor. Später sehen wir uns in seinem Büro den letzten Filmausschnitt über Point Hope an, den ich ihm geschickt hatte. Darin erzählte er von seinen Jahren als Walfänger. Auch an ihm gingen sie seitdem nicht vorüber. Sein von einer Knieverletzung erschwerter Gang ist mühsamer geworden, seine Sätze begleitet mitunter ein keuchender Atem. Dennoch ist er ein Anführer geblieben. Lange vertrat er den Bürgermeister, dann rückte er in das Amt auf. »Sie wollten mich schon damals zum Dorfchef machen, aber ich blieb lieber noch eine Weile im Schatten«, sagt er. »In der Politik muss man erfahren sein. Man muss die Zeit nutzen, in der man noch von den Alten lernen kann. Und wir müssen viel lernen. Hier stehen manche Zeichen auf Untergang.«

Kein iPod, kein Texten

Die Filmszenen hatten wir im Frühjahr gedreht. Sie zeigen die Walfänger beim Zerteilen der schwarzen Barten, Familien, die den Festplatz in der weitläufigen Tundra schmücken, spielende Kinder in handgenähten Pelzanoraks, stolze Crewkapitäne in kunstvoll gefertigten Felljacken vor ihren aufgebahrten Robbenhautkajaks und eine Alte, die mir kichernd zum Essen anbietet, was die Dörfler Eskimoeis nennen: kaltes Walfett mit Brombeeren. Es schmecke für mich etwas ungewohnt, antwortete ich wohlwollend vor laufender Kamera, mit einem öligen Kloß im Mund. Dabei waren wir insgeheim dankbar, dass die Crewchefs uns nicht schon zuvor zum Kosten einluden – als sie mit vollen Händen den bräunlich tropfenden, fermentierten Walspeck aus ihren Depotfässern verteilten, den die glücklichen Empfänger entgegennahmen wie Goldstaub.

Dennoch blieb mir das Fest in bester Erinnerung, das die Inuit zum Ende der Fangsaison begehen. Drei Tage lang preisen sie so den Bowhead-Wal als Symbol ihrer Kultur. Er lebt vor den Küsten der Arktis und fällt vor allem durch die Größe seines Mauls auf, dessen ausladende Kiefer ein Drittel der Körperlänge ausmachen. Seine Jagd ist auch für die Inuit reglementiert – obwohl es nie die Naturvölker waren, die seinen Bestand bedrohten, sondern die Walfangschiffe, die im 19. Jahrhundert aus Boston und San Francisco heraufkamen und aus Europa, begierig allein nach Walöl für Waffen und Schiffslampen. Den Rest warfen sie über Bord. Die Inuit verschwenden bis heute kein Gramm ihres Fangs, denn die Wale liefern ihnen seit Jahrhunderten Nahrung und Vitamine, Medizin gegen Krankheiten und Knochen als Baumaterial, Häute für ihre Trommeln und ebendie Barten, aus denen sie Körbe flechten und Ornamente schnitzen. Ihr Dankesfest beenden sie, indem sie eine ganze Nacht hindurch tanzen – die nie zu einer rechten Nacht wird, denn die Polarsonne senkt sich da kaum noch unter den Horizont.

»Dieses Jahr haben wir sechs Bowheads gefangen«, sagt Steve, »den Fangquoten nach hätten uns zehn zugestanden, aber wir sind mehr als zufrieden. Weiter im Norden, in Barrow, fingen sie nur einen.« Vor seinem schlichten Schreibtisch, von dem aus er über Funk zum ganzen Dorf sprechen kann, kommen nun Jugendliche an, die meisten in Hoodys und Turnschuhen. Steve hat sie angeheuert, um das Dorf zu säubern und den Zaun um den Friedhof zu flicken. Vom Bundesstaat bekommt er dafür jährlich ein Budget. Nun schart er alle um sich, verteilt Arbeitshandschuhe und weist sie väterlich an.

»Schreibt eure Namen auf die Handschuhe, und lasst sie nicht liegen«, beginnt er. »Jeder bekommt nur ein Paar, sie kosten dreizehn Dollar, das ist viel Geld.« In zwei Trupps sollen sie losziehen, sechs Stunden pro Tag, Freitag sei Zahltag. Arbeitsbeginn sei neun Uhr, wer mehr als zehn Minuten zu spät erscheine, könne wieder nach Hause gehen. Wer zweimal zu spät komme, werde ersetzt. Im hellen Sommer nähmen es manche mit der Nachtruhe nicht so genau, lässt er mich wissen, und kämen dann den ganzen Vormittag nicht aus dem Bett. »Ihr könnt hier gutes Geld verdienen, lasst es euch nicht entgehen«, mahnt er sie zuletzt und nimmt die beiden jungen Vorarbeiter gesondert in die Pflicht. »Das sind jetzt eure Angestellten, nicht eure Freunde«, sagt er augenzwinkernd. »Also seid streng. Kein Texten, keine iPods. Auf geht's!«

Auch zwei Mädchen sind dabei. Als alle nach draußen gehen, erkenne ich auf den Hoody-Rücken die Logos der Walfängerfamilien, denen sie angehören. »Lane's Whaling Crew«, steht da über Wal- und Harpunenemblemen, »Rock's Crew« oder »Tuzroyluk MT 157«. Niemand in den Inuit-Dörfern ist angesehener als die Whaling Captains.

Geheilt in der Geisterstadt

Würde irgendwo sonst in der Welt jemand einen Friedhofszaun reparieren, er käme mit Draht und Zange, dazu eine Heckenschere für den Bewuchs oder Kelle und Mörtel für den Unterbau. Hier dagegen wuchten die Schüler den Spaten in den Kies und lockern mit dem Eispickel die schadhaften Zaunpfähle, die einst in den Boden getrieben wurden. Es sind die Kieferknochen der erlegten Wale, die wie aufgereihte, nach außen gebogene Mahnmale zum Himmel weisen. Auch über manchen Grabkreuzen neigen sich welche, um die Ruhestätten angesehener Crewchefs zu markieren.

Auch hier sammeln die Schüler in Tüten, was sie an Unrat finden, von verblichenen Plastikblumen bis zum angewehten Blechstück aus dem nahe gelegenen Geisterdorf. »In vielen der Gräber liegen Verwandte von mir«, sagt mir die vierzehnjährige Taylor Milligrock und zeigt auf die Inschriften der Holzkreuze, die alle der einzige Tischler im Ort anfertige.

Warum sie sich für die Arbeiten gemeldet habe, frage ich.

»Wir wollen alle, dass das Dorf sauber bleibt. Wo Müll herumliegt, werden Leute krank«, antwortet sie, während uns Moskitos umschwirren.

Ob sie die schneefreie Zeit möge oder doch lieber den Winter, will ich wissen.

»Den Frühling«, sagt sie, »denn dann ist die Walsaison. Ich sorge dann mit Edna dafür, dass die Crews gut verpflegt sind.«

Natürlich will auch sie später Captain werden. Sechzehn gibt es derzeit im Dorf, der Anteil der Frauen wächst. Auch setzten jüngere Walfänger durch, dass Motorboote zum Einsatz kommen, zumindest um den erlegten Wal zum Eisrand zu schleppen. Zuvor war auch das Aufgabe der Paddler in den Kajaks, die alle mit dem Wal vertäut waren. War die Strömung zu stark, verloren sie schon mal ihren Fang. »Wir wollen ja nicht alles ändern«, sagt Taylor. »Die Traditionen zu wahren ist wichtig. Dazu gehören die Robbenhautboote. Wir benutzen sie weiter.«

Am Zaun weist Steve die Trupps an, die brauchbaren Walzähne nebeneinanderzulegen, um sie zunächst zu zählen und dann auf die Zaunlücken zu verteilen. Dann lenkt er unsere Blicke auf den Tundrastreifen zwischen Friedhof und Küste.

»Zweitausend Jahre lang lag hier alles voller Menschenskelette«, sagt er. »Es war unsere Sitte, so die Verstorbenen der Natur zurückzugeben, die uns ernährt. Die Tiere der Umgebung, von den Vögeln bis zu den Eisbären, fraßen die Leichname. Wir glaubten an die Wiedergeburt, womöglich gar als eines jener Tiere. Erst die Missionare drängten die Dörfler zu Erdbestattungen.« Dabei habe der Erste von ihnen gut daran getan, hier nicht gleich zu predigen. Stattdessen habe er zwanzig Jahre lang mit den Einheimischen gelebt, ihre Sprache gelernt und mit ihnen gejagt. So habe er sich ihr Vertrauen erworben. »Als der Friedhof angelegt wurde, sammelte er die Knochen in einem Massengrab«, sagt Steve. »Nur die Skelette der Schamanen ließ man ihn nicht berühren. Denn die Dörfler hatten Sorge, es könne sie aufwecken und erzürnen.«

»Wie hebt ihr im Permafrost Gräber aus?«, frage ich.

»Früher war das mühsam, da bist du schon in einem Fuß Tiefe auf Eis gestoßen. Aber inzwischen kannst du sogar fünf Fuß ausheben und stößt dann allenfalls auf Wasser.«

Allein für den letzten Häuptling des Ortes gibt es jenseits des Friedhofs ein eigenes Opfergerüst. Dort wickelte ihn die Gemeinde nach seinem Tod in Robben- und Wolfsfelle ein und überließ ihn der Wildnis. Es war Peter Lisbourne, der mir vor Jahren als Erster die Grabstätte zeigte, denn der Häuptling war sein Urgroßvater.

Wir hatten Peter vor seiner Hütte nahe der Landepiste getroffen, wo Point Hopes verbliebene Geisterhäuser stehen, die noch aus Wrackholz und den Brettern von Frachtkisten gezimmert wurden. Peters Hütte war die einzige, die noch jemand instandhielt. Daneben verfielen die alte Missionarskirche und das Postamt. Die Bewohner waren weiter ins Innere der Halbinsel gezogen. Nur Peter war über die Einsamkeit froh, denn sie heilte ihn von den inneren Wunden, die der Vietnamkrieg in ihm hinterlassen hatte. Die Jahre bei der Armee waren die einzigen, die er außerhalb Alaskas verbracht hatte. Er habe als Soldat jedoch so Schreckliches erlebt, deutete er an, dass seine Hände noch jahrelang zitterten, unbrauchbar für jede Jagd.

Auch dieses Mal finden wir ihn zwischen den Ruinen. Der gleiche schleppende Gang, die gleiche Veteranenmütze, nur der schwarze Schopf hat mehr graue Strähnen. Ob er neue Bilder gemalt habe, frage ich. Zuletzt war seine Hütte voller bunter Gemälde, auf denen er Szenen festhielt, wenn die Hand ruhig genug blieb, die er bewahrt sehen wollte: Inuit, die im Landesinneren campen, um Robbenfelle gegen Karibufleisch und Lachse zu tauschen; Jagdszenen mit Wal und Kajaks auf dem Eismeer; die Tänze der Dörfler.

»Ich habe alle verkauft«, sagt er. »Seit ich im Ort meinen kleinen Neffen hüte, bin ich nicht mehr so oft hier.« Das Haus pflege er dennoch, stopfe die Löcher, die Mäuse unter den Fußboden lockten, und flicke Ritzen, die der Wind in die Wände reiße. Auf die Öffnung im Dach über dem Ofenrohr hat er eine umgedrehte Bratpfanne gestülpt und mit einem Stein beschwert, solange er nicht heizt. Lange befeuerte er den Ofen mit Robbenfett. Jetzt reicht ihm Treibholz, das sich am Strand findet. Die Hütte ist leerer geworden, seit er seine Gemälde hergab. Und während ich mich freue, dass es ihm besser geht, fällt mir der kleine Bilderrahmen auf, der schon zuletzt am größten Stützpfeiler hing. Darin hatte er zwei Zeilen notiert, die womöglich auch ihm immer Halt gaben: »Gott schließt nie eine Tür, ohne eine andere zu öffnen.«

Was sich in Point Hope in den letzten Jahren verändert habe, frage ich Peter. Es seien weniger Erdhörnchen da, antwortet er, ohne dass er eine Erklärung dafür habe, und die Windrichtungen wechselten öfter. Zudem fresse das Meer weiter an der Halbinsel. Dann führt er uns zu dem nahen Schutzdeich, den die Dörfler entlang der flachen Küstenabschnitte aufgeschüttet haben, und zu den Erdiglus, in denen die Inuit-Familien lebten, bevor sie die Holzhütten bauten. Von außen erscheinen sie wie kleine Dünen, doch bald legt Peter die erste von Planen bedeckte Luke frei, durch die man von oben in den Raum darunter steigt. Als er sie öffnet, blicken wir auf gelblichen Walspeck, den die Familien hier lagern, seit sie die Iglus als Eiskeller nutzen. Ein Ring aus Walknochen wölbt sich darüber und stützt so die Decke.

»Leider sammelt sich immer mehr Wasser in den Depots«, sagt Peter und lässt einen bereitliegenden Eimer hinunter, um es abzuschöpfen. »Wer weiß, wie lange sie noch halten. Ich habe Sorge, dass das Meer uns bald ganz von hier vertreibt.«

Eier holen, Alaska Style

Am nächsten Morgen nehmen uns zwei Jungs aus dem Dorf in ihrem Boot mit zu den Klippen. Gut zwei Stunden lang sind wir dorthin unterwegs. Erstmals ist es windstill. Glatt und glänzend wie ein Spiegel liegt unter blauem Himmel das Meer. Die Landzunge spannt sich in weitem Bogen bis zu den ersten Hügeln, deren Felskuppen sich grau aus dem Moos wölben wie Walrücken. Dahinter steigen höhere Berge an, bis sie an der Steilküste jäh abreißen. Wie so oft auf dieser Reise ist es diese Weite, diese nackte Natur, die mich beeindruckt – obwohl mir zugleich bewusst wird, wie sehr mir hier auf Dauer Bäume und Wald fehlen würden.

Die äußersten der in der Ferne aufragenden Klippen sind das Ziel, das Guy Tuzroyluk und sein Cousin Adam Sage ansteuern. Bald scheucht unser Motorboot erste Seevögel auf, die im Meer schwimmen, Möwen zunächst, selten Papageitaucher, die blitzschnell nach unten verschwinden, dann mehr und mehr Trottellummen, die kleinen Pinguinen ähneln und ihren plumpen Körper erst in die Luft zu heben vermögen, wenn sie eine Weile mit breiten Füßen über das Wasser gerannt sind, und sogar mit den Flügeln zunächst mehr laufen als fliegen. Dann spätestens weiß man, was ihnen zu ihrem Namen verhalf.

»Deren Eier sammeln wir in den Klippen«, sagt Guy und rückt sich Mütze und Sonnenbrille zurecht. »Anders als die Möwen legen die Lummen sie dort ab, ohne Nester zu bauen. Möweneier sammeln wir früher, jetzt brüten die schon zu lange.« Guy ist dreiundzwanzig Jahre alt, das Boot gehört ihm. Er hat einen der wenigen bezahlten Jobs in Point Hope. An Funkgerät und Computer versorgt er im Schichtdienst nahe Flugzeuge mit Wetterdaten. Nicht ohne Stolz erzählte er mir vor der Abfahrt, dass auch mit seinem Boot nunmehr Wale gejagt würden. Sein älterer Bruder sei Whaling Captain.

»Wir können entweder die Klippen hinaufklettern oder uns von oben von ihnen abseilen«, sagt er. »Dann hält einer das Seil, und der andere packt die Eier in den Rucksack.«

Wer von beiden denn lieber am Seil hänge, frage ich.

»Natürlich Adam«, sagt Guy. »Der ist noch verrückter als ich.«

Dabei ist sein Cousin weit von jedem Draufgängergehabe entfernt. Drei Jahre jünger als Guy, wirkt er sehr jungenhaft. Er habe mit einem Stipendium der Inuit-Gemeinden in Seattle gelebt und Sport studiert, erzählt er, dann sei ihm das Geld ausgegangen. Nun wolle er lieber den Pilotenschein machen und danach so oft wie möglich in Point Hope sein, vor allem im Frühjahr und Sommer zur Jagd.

»Ich mag den Gemeinsinn hier und die Art, wie man einander hilft«, sagt er uns. »Was immer wir mitbringen, teilen wir auf, vom Wal bis zum Karibu. Auch die Eier suchen wir nicht nur für uns, sondern für alle. Wer sie kühl lagert, kann den ganzen Winter über davon essen. Mit mehreren Sammlern kamen wir schon auf tausend Eier pro Tag. Wir bringen sie nach Hause, waschen sie und verteilen dann welche an die Verwandten, die Alten und andere, die nicht mehr selbst hinauskönnen oder denen das Geld fehlt, um im teuren Dorfladen einzukaufen.«

Als wir die Steilküste erreichen, wärmt uns die Sonne wie im Strandurlaub. Die Vögel kreisen schreiend vor den Felsen, starten von den Nischen herab, in denen sie brüten, zum Meer hinaus oder kommen zurück, um flatternd zu landen, eleganter die Möwen, die Lummen eher lustig mit weit gespreizten Schwimmfüßen, als suche eine Raumfähre Bodenkontakt.

Gemeinsam ziehen wir das Boot ans Ufer und binden es an einem Gesteinsbrocken fest. Dann entscheiden sich Guy und Adam für eine Kletterroute, die zunächst einen Geröllhang hinaufführt, von dem aus sie quer zu einem Felsvorsprung gelangen können, um das Seil einzusetzen.

Da es keine zugängliche Stelle gibt, von der aus wir die beiden von oben beobachten können, und auch Guy seinen Cousin unterhalb der Felswölbung bald nicht mehr sehen wird, befestigen wir eine Minikamera an Adams Stirnband. Den leeren Rucksack bindet er sich wie ein Tragetuch vor den Leib. Dann steigen sie die Halde hinauf, von der das Kleingeröll rieselt, das ihre Schritte loslösen.

»Gehen die Eier im Rucksack nicht kaputt?«, rufe ich ihnen noch hinterher.

»Manche schon«, antworten sie. »Leider.«

Als Ersten sehen wir Guy über der Klippenkante. Er mustert die Abstiegsroute, dann tritt er zurück, um Adam mit den Sicherheitsgurten und -haken zu versehen. Langsam, stets eine Hand am Seil und die andere am Hang, sucht der bald nach festen Trittstellen. Dazwischen greift er um sich herum in die Felsklüfte, um die Eier daraus zu pflücken und in seinen Beutel zu legen.

Erst später werden wir auf dem Mitschnitt der Klein-kamera sehen, wie wagemutig der Beutezug von den Fel-sen aus scheint und wie bedrohlich der Blick des Ange-seilten hinab in die Tiefe.

Als Adam die halbe Klippenhöhe erreicht hat, ist der Rucksack gefüllt und hängt schwer an den Gurten. »Hier sind noch viel mehr, ich mag gar nicht umkehren«, hören wir ihn klagen. Mit vereinbarten Ruckzeichen und Rufen verständigt er sich mit Guy, der ihm nun ziehend beim Hochklettern hilft, bis sie wieder gemeinsam am Ausgangspunkt stehen. Zurück auf dem Kiesstrand, zäh-len sie sechsundsechzig Eier. Nur drei davon sind zer-brochen. Sie sind größer als Hühnereier, laufen an den Spitzen konisch zu, die Schalen hellgrün, türkis oder weißlich, ein jedes Ei mit anderen bräunlichen Flecken-varianten. »So erkennen die Vögel, welche ihre eigenen sind«, erklärt uns Adam lachend. »Sie kacken darauf und verzieren die Eier mit Mustern wie andere zu Ostern.«

»Wie esst ihr sie am liebsten? Gekocht oder als Rührei?«, frage ich.

»Nichts davon«, gibt Guy zurück. »Am besten schmeckt French Toast.«

»Nicht eben ein Inuit-Rezept«, antworte ich.

»Wir haben auch europäische Wurzeln«, lacht Adam da, »einer meiner Vorfahren kam aus Italien. Walfän-ger.«

Auch unser Abendessen besteht später aus Lummen-eiern. Es wird ein wohlschmeckendes Omelette – eines der größten, das je eine Pfanne verließ. Die Übrigen ver-arbeiten wir zum Frühstück, wie empfohlen. Als French Toast.

Jabbertown

Steves nächste Geschichtsstunde handelt denn auch von den Hunderten Walfängern aus aller Welt, die einmal nahe der Landzunge siedelten. Man habe dort alle Sprachen gehört, die europäischen und sogar Japanisch, erzählt er uns, als wir wieder zurück im Dorf sind. Deshalb hätten die Einheimischen den Ort Jabbertown genannt: Kauderwelschdorf.

»Als sie ankamen, wollten sie sich hier bei uns niederlassen«, sagt er. »Aber das hat Peters Urgroßvater verhindert. Er war ein starker Häuptling, der stärkste Captain, den Tikigaq je hatte. Ein erfolgreicher Walfänger und zugleich ein Schamane. Er hatte fünf Frauen.« Zuvor hätten die Clanchefs den Ort gemeinsam geführt, einen Häuptling für alle habe es gar nicht gegeben. Doch die Fremden hätten darauf bestanden, einen Ansprechpartner zu haben, mit dem sie verhandeln könnten. »Es ging auch um Deals, und es ging um Alkohol. Seefahrer waren damals nicht die besten Menschen, und wir Dörfler waren unerfahren. Wir hatten zuvor nie mit Geld zu tun. Und als unsere Vorfahren das erste Buschflugzeug sahen, dachten sie, Jesus Christus komme darin vom Himmel herab.«

Jabbertown sei wie ein Fluch gewesen, raunt Steve. »Es brachte uns neue, tödliche Krankheiten wie Masern und Tuberkulose, gegen die unsere Körper keinerlei Abwehrstoffe hatten. Einmal lebten hier nur noch einhundertsechsundzwanzig Inuit.« Auch der Häuptling selbst sei am Ende an dem Unheil zerbrochen, überrascht uns Steve. Denn Peter hatte nie erwähnt, wie der Häuptling zu Tode kam.

»Er handelte mit Jabbertowns Herren, hortete Waren und Schnaps, den sie dort brannten, und wurde zum Trinker«, erzählt er. »Er schlug seine Frauen, und auch die Dörfler fürchteten ihn. Weil er Schamane war, hielt er sich für unsterblich. Sie könnten ihm die Eingeweide herausreißen, verhöhnte er sie, und er würde immer noch weiterleben. Am Ende töteten ihn seine eigenen Leute.«

»Warum dann das Ehrenmal neben dem Friedhof, das bis heute geschmückt wird«, frage ich, »wenn er so sehr an Respekt verlor?«

»Es war nicht er«, schließt Steve. »Es war der Alkohol, der ihn veränderte. Unsere Vorfahren haben das unterschieden.«

Point Hope gegen die Öllobby

Üben im Vorgarten

Im Frühjahr 2012 porträtiert die amerikanische Busi-
nessnews-Agentur Bloomberg die Gewinnerin des aktu-
ellen Goldman Awards für Umweltschutz. Zwischen den
noblen Gästen des Willard-Hotels in Washington falle die
Preisträgerin auf, heißt es, denn in ihrem Collier glänz-
ten nicht Gold und Diamanten, sondern Walrosselfen-
bein und Bärenzähne. Sie sei fünfundfünfzig Jahre alt,
habe schon sechsundzwanzig Enkel und stamme aus
dem abgelegenen arktischen Ureinwohnerdorf Point
Hope. Das Preisgeld von einhundertfünfzigtausend
Dollar fließt an die Inuit-Gemeinde. Es ist ihr bisher
größter Triumph im Kampf gegen internationale Ölkonzerne, die vor ihrer Küste mit Probebohrungen beginnen
wollen. Das Moratorium für Offshore-Projekte, das die
Obama-Regierung nach der Ölkatastrophe im Golf von
Mexiko verfügt hatte, war zuvor abgelaufen.

Dennoch ruhen fast alle vergebenen Lizenzen, seit ein
Bundesgericht den Bewohnern Point Hopes recht gab,
die klagten, dass die Umweltfolgen von Ölbohrungen in
der Arktis nicht hinreichend geprüft seien. Allein den
Shell-Konzern konnten die Dörfler bisher nicht stoppen.
Gut zwei Milliarden Dollar zahlte er für die Förderlizenz

und spricht seitdem öffentlich von einem neuen »Herzstück« seines Ölgeschäfts. Dennoch warfen auch ihn Probleme mit Entfernungen und Extremwetter im Zeitplan zurück, die er offenbar unterschätzt hatte.

»Das Meer der Beringstraße ist unser Garten«, argumentieren Point Hopes Familien. »Wir wollen nur verhindern, dass ihn jemand zerstört.« Als das Gericht ihre Bedenken teilte, weinten sie Freudentränen. Doch der Druck der übermächtigen Öllobby ist gewaltig. Ähnlich wie die Putin-Regierung in Moskau preisen auch die Förderfürsprecher in Washington ihre Nordregion als nationale Schatztruhe, in der Unmengen von Rohöl und Erdgas nur darauf warteten, gehoben zu werden, sobald der Rückzug der Eisdecke dafür Gelegenheit gebe.

»Wir verlangten eine Garantie, dass es zu keiner Ölpest kommt«, erinnert sich Steve an den Streit vor Gericht. »Aber die konnten uns die Konzerne nicht geben. Also sagten wir, wenn sie in der Arktis erst üben müssen, wie man nach Öl bohrt, sollen sie es lassen. Kein Mensch will, dass in seinem Garten ein Ölkonzern übt.« Die Natur, mit der die Inuit hier seit Jahrtausenden in Einklang lebten, sei sensibel – vom Krill, der die Wale ernähre, bis zu den Walen selbst, den Robben und Walrossen, von denen das Dorf lebe. Ein Leck wie zuletzt im Golf von Mexiko, und es wäre vorbei damit. Deshalb sprächen die Dörfler auch für die Meerestiere, die selbst keine Stimme hätten, um zu klagen.

»Unser ganzes Leben, unser Alltag, unsere Kultur drehen sich um sie«, sagt uns Steve. »Wir glauben, dass sie sich in Wahrheit für uns opfern, wenn wir sie jagen. Wir glauben, dass nicht nur wir wiedergeboren werden, sondern auch sie. Wir lehren unsere Kinder, vor jedem Zerteilen eines Tieres die Messer zu schärfen, damit wir seine Seele nicht verletzen. Wir erlauben die Jagd erst, wenn unsere Vorräte in den Winterdepots aufgebraucht sind. Und den Schädel eines Wals bringen wir feierlich ins Meer zurück, damit sich sein Körper erneuern kann. Es ist so, als würden wir ihm nur die Kleider wegnehmen, um uns darin gegen die Kälte zu wappnen.«

Geschichte der Geringschätzung

Den Kampfgeist Point Hopes nährt auch die Vergangenheit. Dass die kommerziellen Walfänger Jabbertown gründeten, erzwangen die Dörfler. Tatsächlich hatten die Fremden geplant, gemeinsam mit den Inuit das begehrte Walöl auszubeuten. Stattdessen verbannten diese sie nicht nur von ihrer Halbinsel, sondern rangen ihnen auch das Zugeständnis ab, dass der Walfang der Inuit Vorrang habe und die fremden Jäger nicht verhindern dürften, dass Wale Point Hope erreichten. »Dem Hunger nach Öl«, so zitierte sogar die *New York Times* Steve als Bürgermeister in einem Rückblick, »hielten schon unsere Vorfahren stand.«

Später, in den Fünfzigerjahren, war es der wahnwitzige Plan Washingtons, die Atombombe zu kommerzialisieren, der Point Hope als Schauplatz vorsah – und der noch mehr von der Geringschätzung der Arktisbewohner zeugte. Damals drängte der Physiker Edward Teller gemeinsam mit der US-Energiebehörde die Dörfler, seinem Vorhaben zuzustimmen, mit nuklearer Sprengkraft eine Hafenbucht anzulegen, die sich dank der neuen Technik sogar in der Form eines Bären erschaffen lasse. Auch er pries Wohlstand und Arbeitsplätze, die das Projekt der Region beschere. Die absehbare Kontaminierung von Küste und Meer redete er schön. Doch die Anwohner fielen nicht darauf herein. Sie lehnten ab und vereitelten das »Project Chariot«, unterstützt von kritischen Wissenschaftlern und Presse, obwohl diese Tellers Zukunftsvision anfangs noch willfährig feierte.

»Teller dachte, er könne sich die ganze Welt zurechtformen«, sagt Steve. »Da war ich noch ein kleiner Junge. Aber die Wahl fiel damals noch öfter auf uns, wenn Versuchsopfer gebraucht wurden. Wir schienen offenbar rückständig genug, um dafür herzuhalten.« Tatsächlich sind am Cape Thompson, wo Teller seine Explosionen plante, später strahlende Rückstände eines Atomtests in Nevada deponiert worden, darunter in Sand gemischtes Strontium und Cäsium, um herauszufinden, wie sehr es Umgebung und Trinkwasser verseuche. Zudem gab die Air Force Jod-131-Pillen an die örtlichen Inuit, einschließlich schwangerer Frauen. Sie hoffte auf Hinweise darauf, dank welcher Nährstoffe Menschen den arktischen Temperaturen standhielten, um sie bei Bedarf auf US-Soldaten anzuwenden, die sie in Wintereinsätze schickte. »Manche unserer Frauen bekamen danach Fehlgeburten«, erzählt Steve. »Später starben viele an Krebs.«

Zu warm für uns

Als ich mit ihm durch den Ort fahre, um Edna und Larry zu treffen, die wir vor acht Jahren wie den Häuptlingsurenkel Peter über ihren Alltag befragten, kommen wir auf jene Herausforderungen zu sprechen, vor denen Point Hope vermutlich auch ohne den Kampf an der Ölfront steht. Seit Tagen flimmert die Luft über Kiesbett und Häusern da schon in sommerlicher Hitze von fast dreißig Grad Celsius. Dass dies nur eine zufällige Wärmephase ist, glaubt Steve nicht mehr. »Es wird viel zu warm«, sagt er und wischt sich den Schweiß von der Stirn. »Und es ist zu warm für uns. Es verwirrt uns. Wir wissen nicht, was es bedeutet.«

Das haben die Dörfler auch Wissenschaftlern berichtet, die hier Daten und Eindrücke sammelten, um den Umwelt- und Gesundheitsbehörden Empfehlungen zu geben. Der Nordwestwind sei es, der die Wellen über das Land treibe und schon fast an der Landebahn nage. Auf zehn Meilen habe man den Schutzdeich nunmehr verlängert. Andere beklagten, dass der Wechsel von Kälte und Hitze sie krank mache. Sie erkälteten sich öfter und länger. Und seit die Eiskeller die Winternahrung nicht mehr verlässlich kühlten, schmeckten die Vorräte bisweilen seltsam, sodass manche sie nicht mehr essen würden. Eine Krankenschwester meldete Vitaminmangel bei einem Teil der Bevölkerung, die Mitarbeiter der Trinkwasserstation sprachen von Problemen, weil neuerdings Moskitolarven die Filter verstopften, sodass sie immer öfter ausgewechselt werden müssten. Ursache sei die gestiegene Wassertemperatur. Auch seien umliegende Seen, aus denen man Trinkwasser beziehe, erstmals in den Sommern ausgetrocknet.

Wieder holt Steve aus, um mir von seiner Kindheit zu erzählen, schildert Jagdszenen der Walfangcrews und sommerliche Ausflüge in die Tundra, wo er als Halbwüchsiger im Dauerlicht einschlief, während ihn die Schlittenhunde vor Bären schützten. Natürlich habe es immer Wandel gegeben, weiß er. Auch früher habe man ihn zuerst beklagt und dann genutzt. Die Hundeschlitten seien den Vierradmopeds gewichen. Und eine Zeit

lang habe es sogar Erdiglus mit Glühbirnen und Licht-
schaltern gegeben.

Nicht dass es früher leichter gewesen sei. Viele Männer
seien von der Jagd nicht zurückgekehrt, seien selbst
Opfer der Natur geworden, weil sie erfroren oder ertran-
ken. Manche seien auf dem Eis weggedriftet, als es sich
unbemerkt von der Küste löste, und mitunter erst auf der
russischen Wrangelinsel gestrandet. Es habe Verschol-
lene gegeben, die erst nach Jahrzehnten zurückkehrten.
Dennoch sei man recht sicher gewesen, solange man
nur die Regeln befolgte. Sobald etwa der Wind seewärts
blies, stieg die Gefahr, dass sich das Eis von der Landzunge löste. »Inzwischen aber wechseln die Winde zu
oft, um verlässlich zu sein«, sagt er mit ernst blickenden
Augen. »Auch die Jahreszeiten stimmen nicht mehr. Wir
haben immer im April Wale gejagt, sobald das Eis aufbrach. Nun sehen wir schon welche im Februar, denn das
Eis bekommt schon im Januar Risse. Womöglich müssen
wir also früher mit der Jagd beginnen. Zugleich ist das
Eis oft zu dünn, um darauf zu gehen oder gar einen Wal
daraufzuziehen. Die Sommer sind länger und wärmer,
die Strömungen im Meer ändern sich. Wir treffen plötzlich auf andere Fische und andere Seevögel, während die
Robben und Walrosse mit dem Eis weggehen, manchmal
bevor wir sie überhaupt jagen konnten. Die Eisdecke
wich damals im Sommer höchstens achtzig Meilen weit
zurück. Heute sind es vierhundert. Zudem frisst die Ero-
sion unsere Heimat auf. Ob der Deich das verhindern
kann, steht dahin. Unser Leben lang sind wir dem Rat der
Alten gefolgt. Nun sind wir selbst die Alten, die entscheiden müssen. Doch uns fehlen immer mehr Antworten.«

Der Grundherren Glück

Wachstum durch Landhub

Als ich zum letzten Mal Steves Büro aufsuche, greift er
nach seinem Funkgerät im Regal. »Bitte alle herhören.
Heute um achtzehn Uhr tanzen wir ein wenig in der Versammlungshalle«, sagt er cool. »Ich wiederhole. Tanzen
um achtzehn Uhr. Wir machen eine kleine Party.«

Als Gäste verabschiedet er an diesem Abend auch Besucher aus dem benachbarten Barrow, die in Alaskas Ge-
meinden vor den Folgen von Fast Food warnen und für
die Vorzüge traditioneller Nahrung werben, nicht nur
der Preise wegen. Tatsächlich hatten auch wir gestaunt,
als wir sahen, wie teuer im Dorfmarkt die Lebensmittel
waren, die Point Hope nur per Flugzeug erreichen oder
einmal jährlich auf dem Lastkahn aus dem Süden, der
sich zum Entladen mit dem Bug auf den Strand schiebt.
Schon ein Pfund Nudeln kostete da sieben Dollar. Dabei
verbreiteten die Berater aus Barrow, die sich mit uns die
Gästehütte des Ortes teilten, nur Kenntnisse alter Dörfler. Wilde Kartoffeln etwa, verrieten sie, habe man sich
hier schlichtweg aus den Höhlen von Lemmingen geholt,
die sie als Winternahrung horteten. Nun lauschen wir
alle am Rand der Tanzfläche dem kehligen Gesang der
Gemeinde und freuen uns über die Ehre, so von Jung und

Alt verabschiedet zu werden. Denn fast zwei Stunden lang schlagen die Männer ihre Handtrommeln, schwingen Frauen und Kinder dazu sanft wie Seevögel ihre Körper oder stampfen Väter und Söhne in Fellstiefeln im Takt der Musik – und deuten mit Armen und Fäusten Jagdszenen an, vom Wurf der Harpune bis zum Einsatz des Messers.

Natürlich endet der Abend, wie er überall enden würde. »Nun zeigt uns mal, wie aufmerksam ihr zugeschaut habt«, bittet uns Steve in die Schlussrunde, während die Dörfler schmunzeln – und wir mühen uns unbeholfen beim Tanz wie die Lummen beim Wasserstart. Doch niemandem geht es darum, die Gäste vorzuführen. Es ist tatsächlich nur eine Party, an der alle teilhaben sollen. Und ich frage mich später, wann wir es wohl verlernten, in Familien und Dörfern gemeinsam zu spielen oder ausgelassen um ein Lagerfeuer zu hüpfen.

Der Flug südwärts führt an den Vogelklippen vorbei, über sommergrüne Hügel und sanfte Senken, hinter denen die Gipfel der Brooks Range aufragen. Dorthin, in das Nomadendorf Anaktuvuk Pass, mit dem die Bewohner Point Hopes Felle und Fleisch tauschten, so wie es Peters Bilder verewigten, führten damals die nachfolgenden Reiseetappen. Nie allerdings hatten wir das erhoffte Glück, auf eine Karibuherde zu treffen. Nun ist es erneut unser Pilot Andy Bibber, der uns am Steuer seiner Piper Navajo darüber hinwegfliegt. Tausende Tiere, wie von Steve erwartet, bevölkern da, ruhig grasend, zugleich Kuppen, Hänge und Täler, in denen noch Schneereste überdauern. Wie ein Schwarm Insekten wirkten sie von Weitem, nun erkennen wir im tieferen Flug ihre Geweihe und ihren federnden Gang. Dabei ist dies noch eine kleinere Herde. Die größten Alaskas umfassen auf ihren

Hauptwanderrouten Hunderttausende Karibus und Käl-
ber. Sie gelten als eindrucksvollstes Sinnbild für die Fülle
und Reichhaltigkeit der Natur. Bald werden sich Point
Hopes erste Jäger den Tieren nähern und warten, bis sie
alle verfügbaren Dörfler gerufen haben, um die Chance
zu nutzen, die Fleischvorräte für den Winter zu sichern.
Denn sobald ihr erster Schuss fällt, werden die Leittiere
zu laufen beginnen und die anderen ihnen aufgescheucht
folgen.

Auch Guy und Adam warteten auf die Karibujagd. Als
wir uns nach der Klippentour von ihnen verabschiede-
ten, fragte ich sie, wie Point Hope wohl sein werde, wenn
sie selbst einmal die Familien anführten. »Die Inuit-
Sprache wird sterben, und die Kajaks dürften ihre Bedeutung verlieren«, sagte Guy abgebrüht. Adam widersprach
nicht. Walfang und Jagd aber, waren sich beide sicher,
würden fortdauern.

Der Kisseneffekt

Unsere Heimreise peilt die Küstenorte Kotzebue und An-
chorage an, zu denen mich in meinen Jahren als Amerikakorrespondent auch andere Drehreisen führten.
Auch da ging es meist um Folgen des Klimawandels. An
weiteren Schauplätzen des Nordstaates zeichneten wir
den Aufstieg der schillernden konservativen Vizepräsi-
dentschaftskandidatin Sarah Palin nach oder schilderten
Spätfolgen der Ölpest, die der verunglückte Riesentan-
ker »Exxon Valdez« an den Küsten hinterließ. Zudem
bleibt mir für immer der Besuch bei Bürgern Alaskas vor
Augen, denen ein klimatisches Kuriosum noch immer zu
mehr Landbesitz verhilft, als manchen von ihnen lieb ist.

Dazu zählen Mary Lou King und ihr Ehemann Jim. Das Grundstück, das sie in jungen Jahren erwarben, hatte damals die Form eines Dreiecks. Ein paradiesisches Stück Land am Ufer einer Meerenge, laut Grundbuch an einer der Dreiecksseiten begrenzt vom Uferverlauf. Da waren ihre Kinder klein und plantschten mit ihnen im flachen Wasser. »Und wenn sie bei Ebbe allein im Schlamm spielten und die Zeit vergaßen«, erinnert sich Mary Lou heute, »mussten wir sie holen, bevor die Flut sie überraschte.«

Jahr um Jahr jedoch wuchs seitdem ihr Besitz, weil sich das Wasser vom Ufer zurückzog, bis nur noch ein Rinnsal floss, wo einst die ansehnliche Meerenge war. »Zweimal haben die Behörden nach dem Kauf das Land neu vermessen«, erinnert sich Jim. »Schon nach wenigen Jahren hatte sich seine Größe verdoppelt. Das war im Jahr 1969. Im Jahr 2003 war es dann um ein Vielfaches größer als beim Kauf und reichte bis zu dem verbliebenen Bachlauf in der neuen Talmitte.« Den Großteil des Grundstücks haben die Kings seitdem einem Naturschutzverband anvertraut. Sie hätten sich weder die Grundsteuer leisten noch das Land hinreichend pflegen können.

Klimaexperte Roman Motyka, Professor der Universität von Südalaska, lacht, als wir ihn um eine Erklärung des Phänomens bitten. »Ich dachte immer, der Meeresspiegel steige«, frage ich ihn, »warum sinkt er hier?«

»Das scheint nur so. Er steigt hier auch. Nur steigt das Land schneller«, erklärt er mir. »Ursache ist das schwindende Gewicht der nahen Gletscher. Weil sie infolge der Erderwärmung abschmelzen und leichter werden, hebt sich das Land darunter wie ein Kissen, von dem jemand aufsteht.« Nirgendwo auf der Welt geschehe das anschaulicher als hier. Die Gegend steige um über einen Zentimeter pro Jahr.

»Wie wollen Sie da den Leuten beibringen, dass Klimawandel ein Problem ist?«, frage ich weiter. »Da liegt es doch näher zu sagen: Es ist eine gute Sache. Es bringt uns Land.«

»Nun ja, wir wissen, dass an anderen Orten Menschen darunter leiden«, erwidert er. »Nicht nur auf den Pazifikatollen, auch in US-Bundesstaaten wie Louisiana oder Florida, wo die Küsten gefährdet sind und Hurrikane immer mehr Schäden anrichten.«

Der Bürgermeister der Hauptstadt Juneau weiß indes auch von Konflikten, die der Landhub mit sich bringt. Nun müssten oft Juristen klären, wem die neue Fläche rechtmäßig zustehe. »Wenn es da um konkurrierende Privatinteressen geht, um Grundstücksanteile unter Nachbarn oder neue Zugänge«, sagt Bruce Botelho, »geht das mitunter bis zum Obersten Gericht, dauert also Jahre. Oder es trocknen Bootsrouten aus, die dann die Fischer nicht mehr benutzen können. Es ist nicht immer ein Segen.«

Auch Bootsanleger auf vorgelagerten Inseln reichen allmählich nicht mehr weit genug in die Fahrrinne hinaus, lernen wir, etwa in Gustavus, wo ein Pionier namens Morgan DeBoer seit Jahrzehnten Amerikas wohl abgelegensten Golfplatz betreibt. Weil auch dieser immer von der Uferlinie begrenzt wurde, die der Landhub immer weiter nach vorne verlegt, wächst die Grünfläche zur Freude DeBoers. Denn seinen Neun-Loch-Parcours kann er so bald auf achtzehn Löcher ausweiten, ohne Grünflächen hinzukaufen zu müssen. »Früher war hier alles Feuchtland, in dem wir Enten jagten«, lacht er, »ein bisschen Strandgras und Treibholz, sonst nichts.«

Forscher Motyka, der in Juneau lebt und lehrt, liegt bis heute mehr an den Gletschern als an Grundstücksgrenzen. Das Tempo, in dem das Eis zurückgehe, das hier bis zu tausend Meter dick war, habe sich alarmierend erhöht, klagt auch er. So verschwänden am Ende die Großgletscher Alaskas, der Eisschild Grönlands und die Antarktis. Zudem erwärme sich das Meer selbst und dehne sich so zusätzlich aus. Von den Landhubausnahmen abgesehen, erhöhe das weltweit den Wasserstand. »Die Politik muss entweder die Welt dem anpassen«, so sein Fazit, »oder alles tun, was die Erwärmung noch mindern kann.«

Dass ausgerechnet neue Bohrlöcher die richtige Antwort seien, bezweifelt er. Außer den Löchern freilich, die Morgan DeBoer auf seinem Golfplatz hinzufügt.

AUSBLICK

Von Dauer und Dringlichkeit

Majestätisch strahlt in Sichtweite der Air-Alaska-Linienmaschine das weiße Gebirgsmassiv des Denali – des höchsten Gipfels über dem Kontinent. Selbst im Sommer in tiefen Schnee gehüllt, sieht man seiner Umgebung nicht an, wie bedroht sie ist. Kurz nach unserer Rückkehr nach Deutschland wird eine Studie des Potsdam-Instituts für Klimaforschung vorhersagen, dass schmelzende Gebirgsgletscher in ferner Zukunft nur noch zu fünf Prozent zum Anstieg des Meerwassers beitragen – weil es dann so gut wie keine Gletscher mehr gebe.

Als ich durch das Flugzeugfenster hinaus auf die Eisfelder blicke, denke ich zurück an Grönland, wo unsere Reise vor vielen Wochen begann. An die bizarre Nacht auf der nicht enden wollenden Eiswölbung, die wir stundenlang überquerten. An die Zuversicht unseres Begleiters Dines, dass in der Arktis auch neue Zeiten anbrechen, die Chancen mit sich bringen. Ich denke an Island, seine farbige Unterwasserwelt in der Kontinentalschlucht von Silfra und an die Zwillinge auf Grímsey Island, die einmal Drillinge waren. An die Fjorde und Gebirgspässe

Norwegens und Schwedens und die Rentierrockerin Unna-Maari samt ihrer geradlinigen Musik. An den grauen Verfall in Murmansk und den bunten Bauboom in Jakutsk. An die Fohlen in den Uferauen der Lena.

Wir haben Menschen, Dörfer und Städte in Aufbruchsstimmung angetroffen – und zugleich andere, die der Wandel verwirrt und verunsichert wie in Point Hope.

Was sie alle verbindet, ob zukunftsgläubig oder skeptisch, ist nicht nur ein Breitengrad. Es ist auch die Liebe zu ihrer nordischen Heimat, an der sie uns teilhaben ließen. Welche Zukunft indes der Arktis bevorsteht, scheint offener denn je.

Weil freigesetztes Kohlendioxid in der Erdatmosphäre lange Bestand hat, ist die Erwärmung, die es verursacht, von Dauer, heißt es in der Potsdamer Studie. Zwar reagierten Meere und Eisschichten nur langsam. Einmal aus dem Gleichgewicht gebracht, sei der Wasserspiegelanstieg jedoch kaum mehr aufzuhalten. Das Abschmelzen der Eisschilde in Arktis und Antarktis werde dazu immer mehr beitragen. Pro Grad globaler Erwärmung rechnen die Autoren mit über zwei Meter Meeresanstieg. Zugleich schließen sie jedoch aus, dass dies kurzfristig geschehe. Der Zeitbogen, den sie spannen, umfasst zweitausend Jahre. Bis Ende des Jahrhunderts werde der Anstieg unter zwei Metern bleiben.

Ist das nun alarmierend oder eher eine Entwarnung? »Gemessen in Legislaturperioden, mag das langsam sein«, weiß der Leitautor der Studie, Andreas Levermann. Doch ohne Abkühlung des Weltklimas sei der Wandel unaufhaltsam. »Es wird eine Anpassung geben müssen, etwa für alles, was wir in Küstennähe bauen.« Viele Länder müssten über höhere Deiche nachdenken oder darüber, wie sich tiefer gelegene Gebiete aufschütten ließen.

Bangladesch aufschütten? Florida und New York? Die Marshallinseln und Kiribati? Amrum und Sylt?

Manches spricht dafür, dass die Wirklichkeit eher wachrüttelt als bloße Theorie. Seestürme wie zuletzt Hurrikan Sandy über New Jersey haben selbst Amerikas störrische Ignoranz gegenüber den Folgen des Klimawandels bröckeln lassen. Der demonstrative Schulterschluss des konservativen Gouverneurs von New Jersey mit US-Präsident Obama lässt zumindest hoffen, dass sich nun auch die Politik ändert. Dann könnte sich auch China als Klimasünder nicht mehr so leicht hinter den USA verstecken. Es kam ja in der Geschichte durchaus vor, dass Preis und Risiko einer Technologie die Abkehr von ihr nahelegten. Sonst flögen wir heute noch mit Zeppelinen und Concordes.

Auch könnten grüne Technologieschübe, egal, ob in Europa, in Asien oder Amerika ausgelöst, irgendwann heilsame Effekte haben. Entscheidender aber scheint mir, ob unsere Wirtschaftssysteme und Märkte in der Lage sein werden, neu zu denken. Das klägliche Scheitern des Emissionshandels, der Klimaschädigern die Neuausrichtung erleichtern sollte, macht da wenig Mut. Zudem scheinen allein die Beharrungskräfte der Ölindustrie vieles zu versperren. Zwar finden in nahezu allen Ländern, die wir bereisten, Umweltschützer und Wissenschaftler, die auf eine Abkehr von fossilen Brennstoffen drängen, zunehmende Beachtung. In der Praxis aber gibt die Politik meist dem Drängen der Öllobby nach, wenn sie nicht sogar selbst drängt wie in Russland, die Eisschmelze doch lieber dafür zu nutzen, schnellstmöglich auch in der Arktis Bohrtürme aufzustellen – und so den Klimawandel noch zu befeuern.

Es ist das immer gleiche Dilemma: Solange Entscheidungsträger noch in der Krise kurzfristig besser leben als langfristig mit der Lösung, ändert sich nichts. Nur Grönland und Island geben derzeit einer anderen Wirtschafts- und Umweltpolitik Vorrang. Während Point Hope weiter an dem Wunder arbeitet, gegen die Anwälte der Ölindustrie zu obsiegen.

Laut *New York Times* hat diese Alaskas Küstenregion fünfzigtausend Arbeitsplätze in Aussicht gestellt. Dabei leben dort kaum zehntausend Menschen. Zudem klingt das in den Ohren der Alten dort allzu sehr nach den blumigen Versprechen des Atomtüftlers Edward Teller.

»Wir lieben unseren Alltag mit dem Meer und den Walen«, zitiert die Zeitung einen Bewohner. »Andererseits lockt manche hier womöglich die Dividende aus der Förderung. Hätten wir die Wahl, zu früheren Zeiten zurückzukehren, wir würden es tun. Aber einen Weg zurück in die Vergangenheit gibt es nie.«

Dabei sollte das, nach allem, was wir wissen und erleben, auch für die Öllobby gelten.

DANK

Allen, die mich auf meinen Polarreisen unterstützt haben, gebührt mein herzlicher Dank. Zuallererst gilt das für die Arktisbewohner selbst, die uns als Gastgeber und Guides, Experten und Wegbegleiter nicht nur aufrichtige Antworten gaben, sondern oft auch Türen und Herzen öffneten.

Für professionelles Handwerk bei Recherchen und Drehs bin ich meinem Team dankbar, das zu Beginn des Buches genannt ist. Es war – wie so oft – das beste Team, das sich ein Reporter wünschen kann. Zudem schulde ich den Entscheidungsträgern im NDR Dank, vor allem Frank Beckmann, Patricia Schlesinger und Dirk Neuhoff, die ermöglichten, dass es auch in Buchform nicht bei einer halben Polarkreisreise blieb. Im Piper Verlag danke ich Ulrich Wank und Nele Mengler für ihre stets aufmerksame Betreuung. Dazu erneut Thomas Montasser in München für Unterstützung und Rat.

Für Wohlwollen, Geduld und Rückhalt danke ich, wieder einmal, meiner Familie. Dabei bin ich glücklich zu wissen, dass ich die Spannung zwischen Fernweh und Heimweh, die nicht nur Reporter in Bewegung hält, mit ihr teile.

Und es ist an der Zeit, mich einmal bei allen Lesern und Zuschauern zu bedanken – vor allem bei jenen, die mir gelegentlich schreiben, sie erlebten diese Reportagen, als wären sie selbst dabei. Das freut mich. Nicht, weil ich ihnen das Reisen ersparen möchte, sondern weil es für Autoren der schönste Lohn bleibt.